一位沪商的创业感怀

笑傲人生

苏志平 ——

著

东方出版中心

图书在版编目（CIP）数据

笑傲人生：一位沪商的创业感怀 / 苏志平著. —
上海：东方出版中心，2021.5
ISBN 978-7-5473-1816-4

Ⅰ. ①笑… Ⅱ. ①苏… Ⅲ. ①苏志平 - 自传 Ⅳ.
①K825.38

中国版本图书馆CIP数据核字（2021）第059469号

笑傲人生： 一位沪商的创业感怀

著　　者　苏志平
责任编辑　张爱民　黄　驰
装帧设计　钟　颖

出版发行　东方出版中心
地　　址　上海市仙霞路345号
邮政编码　200336
电　　话　021-62417400
印 刷 者　上海盛通时代印刷有限公司

开　　本　710mm×1000mm　1/16
印　　张　18.25
字　　数　276千字
版　　次　2021年6月第1版
印　　次　2021年6月第1次印刷
定　　价　88.00元

序　言

一个人，小时候不能没有梦想。因为梦想总能给人以激励，让人在疲惫时奋起，在绝境中逢生。如果没有梦想的指引，再多的付出也容易变得空虚而缥缈。

我小时候爱看书，常常被书中的故事所吸引。久而久之，对写书人也肃然起敬，作家、记者在我眼中就是圣人。心想，如果有一天，自己也能成为作家、记者，书架上有署自己名字的图书，报刊上有署自己名字的文章，该有多好啊！曾经怀揣文学梦想的我，在少年时代常被自己醉心的优美诗文弄得神魂颠倒，待神魂颠倒的状态过后，便有了勾勒某种意境的强烈冲动，于是拿起笔来胡涂乱抹，这就是我走上写作这条道路的原始动力。

记得年轻时在部队机关的那段日子，身边都是一些满腹文才的人。我当时只是"文革"背景下，一个在"冲冲杀杀"中混了一年的中学毕业生，一个实际只念了小学六年书的毛头小伙子。在那些满腹才华的"文曲星"面前，我就像街头一个饥肠辘辘的乞丐，为讨半个黑馒头受尽他人歧视。这使我那颗痛苦得几乎要流血的心更加压抑。我的整个胸腔就像一口锅，一口高压锅，压力加大，再加大，就要爆炸了，可还是释放不出去，仿佛全身的血液一下子都汇聚到了心里似的。说心里话，当时，我难以接受那样的自己。爹娘给了我争强好胜的性格，岂甘心在别人面前低着头做人，我情不自禁在手背上深深地咬了一口，那牙痕似的圆圆齿轮，那么地坚韧强烈。

"不就少吃了几年墨水吗？"我喃喃自语，尽管声音很小，却是发自内心的震动，我必须突破小学文化水平的瓶颈，而书让我插上腾飞的翅膀，让我在知识的海洋中徜徉。

当年在大机关学习，都是建立在自学的基础上，没有言传身教的良师，也没有指点迷津的益友，唯有书是帮助我不断自我提升的导师，我的精神食粮。还记得，高尔基的书常令我爱不释手。他书中的名言警句数不胜数，引人入胜，尤其是他那种自学钻研的精神，像在我心窝里添了一把火，点燃了我心中的火苗。高尔基只读了几年私塾就当了童工。在恶劣的环境下，他仍然坚持看书学习，常常因为偷偷钻在被褥里看书，被老板娘的木棍毒打，全身上下挨满了木刺儿。我想，一个只上了几年私塾的高尔基，凭着他的勤奋和刻苦，最终成了伟大的文学家；而上帝给了我如此好的学习条件，还怕自己落伍不成？

每个人都是一部书，都有自己独特的故事。这个故事或长，或短，或精彩，或平淡。再精彩的人生，也有风雨交加的日子。再平淡的人生，也有阳光灿烂的岁月。人生苦短，转眼到了花甲之年。岁月无痕，沧桑有迹，回首跌跌撞撞一路走来的经历，总有一些光阴难以磨灭的东西留在我们记忆里，有苦涩，有欢笑，有感动，有泪水……这些情感的精髓，牢牢地占据在我们灵魂的最深处，总不经意地在我们的精神世界里如蝴蝶般翩翩起舞。

回首往事，我努力过，付出过，也有很多收获。我觉得，一个人不管遇到任何困难，都不能对自己失去信心。生命的长短用时间来计算，而生命的价值却是用成就来计算的。不管路有多远，不惧事有多难，把握住今天，脚踏实地，一步一个脚印地朝前走，就是追梦者的选择。古代的伟人说得对，人有一死，或重于泰山，或轻于鸿毛，不能带着遗憾走进坟墓。新东方的俞敏洪说得对，梦在青春在，有梦就永远不会老。

最后，我想用下面这首小诗《笑傲人生》来表达此时此刻的感受：

千年的时光中

生命几世轮回

唯有理想以不变的姿态

召唤着步履沧桑的我

靠近光明

如果这世界还有理想

还有纯粹的光明

还有执着的你

我必将矢志不渝

追寻心中的梦想

诗言志,歌咏言。是为序。

目 录

第一章　心　声

曾经年少,拥抱着阳光;曾经奋发,追逐着梦想;曾经坎坷,似迷途的羔羊。新朋旧友,扶老携幼,相濡以沫,演绎真情,原来一辈子也是快得如白驹过隙。一年又一年,转眼已过花甲之年;几许沉淀,几许感触,又有几许温暖,也有几许薄凉,有些事也都在不经意间,成了习惯。

我欲举杯邀明月,对酒当歌,人生几何? 人生之路苦短漫长,红尘琐事千般无奈,何人可以看破红尘,何人可以纵横人世,何人可以快意恩仇,何不洒脱地走自己的路,无论坎坷,无论风雨,豪情抒写人生的喜怒哀乐。

一、人过花甲

有一次,我从广西钦州回沪探亲,巧遇一位许久未见的朋友。聊天时,他对了我说了这样一句话:"我钱比你少,却活得比你自在。"

面对这句极其普通的话,我愣了半天不知如何应对才是。我不得不承认,这句话深深地刺痛了我。每当夜深人静时,我常会扪心自问,我忙忙碌碌几十年,到底图个什么? 如今蓦然发现,我最大的苦恼就是很难找到真正属于自己的答案,活在消沉的泥潭中。我就像一只螃蟹似的爬东爬西,忙忙碌碌。

那时,每个月要赶七八班飞机,每次五个多小时路程,腰椎间盘痛得直冒冷汗,咬紧牙关才能挺过。我从不向妻儿抱怨,儿子给我一个微笑都能让我觉得是一种奢侈和享受。多半探家很少能得到小辈给予的心灵安慰,所以我只能对着好友无奈地说:"家家有本难念的经。"

而此刻的我,心里却觉得荒凉苦涩,唉! 梦里泪落知多少……下面这首《梦与泪》很好地表达了我的真实心境:

乔迁入住朗诗公寓，
处处万家灯火弥漫。
欢声笑语余音萦绕，
我却梦中孤枕凉寒。

新寓虽好莫若冷宫，
话语依旧却添伤感。
情感寂寥相互安慰，
儿孙笑语梦中寻遍。

此生好若一架机器，
齿轮磨损已逾大半。
发动机仍冒着白烟，
却终究有耗尽一天。

人老更期小辈温情，
万千思绪化作劝言。
莫说老朽唠叨无限，
老辈总盼后辈更贤。

可怜天下父母心，而小辈们能珍惜和敬重老人的心思和期待吗？在我的花甲之年，我献给了自己一份厚重的人生大礼——28万字的自传《浮沉岁月：一位沪商的血泪创业史》，2012年由世界图书出版公司隆重推出，至今各大书店和网络书店有售。作为我的多年商海浮沉、峥嵘岁月的真实记录，这本书是留给后人的一笔珍贵财富。这本书的核心理念是，一个勇于承担责任的男人，是世界上真正的强者。无论是在艰苦创业的道路上，还是在为家庭创造美好生活的日子里，都应该成为顶梁柱，为事业、为家人撑起一片广阔的天空。书中的一言一句都是作者心灵的写照，每一个字都浸渍着作者辛勤的汗水和辛酸的眼泪，希望后辈们能够从作者对人生、对事业的回顾中得到一点启发，受到一点激励和鼓舞。

在这本书里,我对此唠叨了许多,希望子孙们能成大器,而他们却还未能跟上时代发展的步伐。但我不甘心失败,他们血管里流淌着我的热血,岂能对自己的期望宣判死刑? 我在期望中安慰自己:儿孙们总有一天会明白的,我对他们有信心,他们都比我聪明,这时代给了他们太多的优越环境和条件,因此会有任性的一面。

妻子也为此而生气,但毕竟是自己身上掉下的骨肉,尽管累得叫苦不迭,心里还是放不下小辈们的事儿。说心里话,这次与小辈分居搬到美兰湖"郎诗绿岛"新公寓,老夫妻俩原本就图个清静的晚年。唉,人老了心就软。妻子的筷子还没动,就对着桌面上的饭菜发呆,自言自语道:"小张(宝山家里的保姆)煮的菜,儿子和小孙子吃得惯吗? 苏洋、苏程(孙子)喜欢吃的虾,冰箱里还有吗?"

我禁不住笑了起来,米粒子差点喷在妻子的脸上。我朝着她说:"你真是老蜡烛,离儿孙没满三天就像落魂似的。"

她叹了口气说:"自己生的,能硬得起肚肠吗?"

饭后,她急急忙忙收拾好厨房,又回宝山儿孙家去了。

转眼60年过去了,我没有一天是真正为自己活的。我渴望一片属于自己的乐园,在这片乐园里满目都是一派秋天的景色。现在有很多人只会吟咏春天,真没道理。我倒觉得秋天的景色更华丽、更恢宏。人到了中年,更懂得热爱生命。不论在哪个城市、哪个县城的公共活动场所,我们都可以看到一群群老年健身者的身影。在中老年的舞蹈队中,微风吹拂过的彩带如杨柳曼舞,仿佛成就了一幅幅剪影。在落叶纷飞的林荫道上,并肩走过的那些已过花甲之年的夫妇,挽着胳膊,说说笑笑,他们陶醉在彼此营造的和谐气氛中,共同寻味着秋天独特的韵味。

在加拿大温哥华,几位从中国移民加拿大的国人说,外国人的生活习惯和思想理念与中国人不同,要比我们更懂得享受生活的乐趣,他们对子女的教育和义务,就是从小就培养他们独立生活的能力,子女成年后,就像木栅出生的一匹马,自己寻找草原,寻找归宿。老人们都在海滩上晒太阳,寻找大自然赋予人类的景色,他们多数都有自己的小汽艇,七八十岁的老人还穿着很性感似裸非裸的短衣裤裙,在汽艇上赛过年轻人的浪漫和狂热,他们在艇上狂吻尖叫,在雪白的浪花中寻找冲刺的激情,他们手里的照相机、摄像机忙着不停运作,仿佛在探索海洋世界珍藏的宝贝。

沙滩上围着的老人,他们有的在喂鸽,有的抱着宠物喝啤酒,有的泡在海水里和老伴聊天,他们每年都有计划出国旅游,花甲之年却每天像新婚夫妇度蜜月一般,不是他们有钱任性,而是他们的理念和别人有区分,用国人的俗话说,儿孙自有儿孙福,这在他们的文化、教育里已养成了习惯。怎样珍惜每一天余存的生命,却成了老年人心里的共鸣。并不像我们上了年岁的老人,他们几乎多数被困在传统观念里发愁,有钱不舍得自己花,处处都为子孙们着想。

有的老人生在上海还没去过市区,外滩啥样有时只能在电视机里收看。我老亲家他们俩就是这种典型,他们手头多多少少也有上百万元的钱。我儿媳是他们的独生女,我们也只生了一个儿子,从经济上不需要他们慷慨解囊,可他们平时省吃俭用,退休工资不舍得花。女儿、女婿穿用下来的旧衣,不舍得让女儿丢掉,他们补补洗洗穿着,而对他们的女儿、外甥从不吝惜。他们常给外甥买鞋买衣,给零花钱,我儿子和儿媳一家出国,他们给了十几万元。我妻子常劝他们好好善待自己,可他们就是宁可自己少衣少食,也要让小辈们丰衣足食。

大部分老人都明白,子女长大成人后都想按照自己的意愿生活,如果你还像年幼时那样无微不至地关心他们,这种关心就会成为包袱,你若还想要他们循规蹈矩地做事已经行不通了。俗话说老来识相,意思是要实际,该跳舞的时候便跳舞,该旅游的时候便旅游,喜欢吃什么东西就吃,为满足老人自身合理需要而进行的一切活动,我觉得值得提倡。

我打算垂暮之年也要如此。剩下的生命愈是短暂,我愈要使之过得丰富而有意义。我渴望死于尚能劳作之时,同时让小辈继续我所未竟的事业,我大可因为已经尽了自己所能,而感到安慰。

在60岁生日那天,回顾自己走过的路程,我曾赋诗一首《六十华诞》:

今天是我六十岁生日
眼前芬芳馥郁的鲜花
如万里高空色彩斑斓的朝霞
桌上层层叠叠的蛋糕

似西子湖畔巍然屹立的雷峰塔

沐浴着浓郁的温情
洋溢着醉人的微笑
啊,我凋零的生命之花
又一次绽放了
在此时这个无比激动的时刻
我领悟到了人生真正的幸福
幸福不在于我拥有了多少财富
而在于我从精神上享受了
这奋发进取的六十年

我,举起酒杯
衷心感谢
亲朋好友为我送来生日祝福
深切感恩
父母双亲赐予我舐犊深情
万分感激
贤惠妻子给予我一个幸福的家

六十年
在历史的长河中
不过匆匆一瞬
六十年
在宇宙的轮回中
不过弹指一挥间
然而,对于一个人的生命来说
六十年,却是人生沧桑巨变的缩影
花甲之年,已入岁月之秋
蓦然回首

漫漫人生路上
留下的是那一串串永远也抹不去的回忆

自我出娘胎的第一声啼哭开始
一个天真烂漫的孩子
被岁月的风霜逐渐磨炼成一个
担起家庭责任的丈夫、父亲、爷爷

我是农民的儿子
贫困,激发了我改变命运的决心
捕鱼捉蟹,街头卖瓜
只为了早日走出苦海
龙门跳、狗洞钻
我忍辱负重、不畏艰难
只为了在生存中寻找新的希望

我挖掘了生命所有的潜力
为能拥有美好的未来而奋力拼搏
成功来之不易
付出我毕生心血的事业——恒荣
在风雨中诞生

这是一个荆棘丛生的世界
每天都有无数人
在商战中默默倒下
也有无数人
在生与死的边沿痛苦挣扎
我时刻警示自己
不要被胜利冲昏了头脑
更要承受得起挫折和失败

任凭征途多么崎岖坎坷
再大的困难也将被我征服于脚下
我要向这个世界挑战
南征北战,冲锋陷阵
伤了,舔干血痕
累了,咬紧牙关

在这条漫长的人生之路上
我走过阳关大道,也走过独木小桥
那里有深山大泽,也有平坡坦途
有杏花春雨,也有塞北秋风
有山重水复,也有柳暗花明
有迷途知返,也有绝处逢生

路太长了,时间太久了
影子太多了,回忆太重了
过去的一幕幕,如一座座丰碑
深深地镌刻在我的脑海中
永远也挥之不去

我不是圣人,也有悲愁喜乐
我不是铁人,也有脆弱一刻
我和常人一样
有血有肉也有情
我也需要亲人的理解和呵护
更有望子成龙之夙愿
真的,我无时不期待
儿子能扛起半片天

人过六十,已走完人生大半个旅程

母亲常劝我说
岁月不饶人，该回家歇着了
我也知道身体不如当年
但我深知
人的生命只有一次
我不甘让夕阳的余晖
渐渐消失在对往事的回首中

记得有个诗人曾说过
春蚕到死丝方尽，蜡炬成灰泪始干
我也曾对上帝说过
只要我生命的蜡烛还在燃烧
就愿为明天燃尽最后一滴烛油

上帝笑着说
看看你的两个小孙子
多么可爱
你也该满足了
是啊，我这一生别无所求
只要我的家人快乐幸福
这，比啥都好

生命是有限的
我还能享受多少个生日
这并不重要
重要的是
我将实现一个长久以来的夙愿
把六十年来的人生感悟记录下来
给自己余生一个交代
也为后辈们传递信心和力量

为了实现这个多年以来的梦想

我在工作之余的两年时间里

一直笔耕不辍

今天,梦,终于圆了

我的《浮沉岁月》

在北京世界图书出版公司出版了

——这是我的生命之书

也是我今天将要在生日宴会上

献给亲朋好友们的一份人生之礼

举杯吧,我挚爱的亲人们

这酒杯中

盛满了我对你们浓烈的爱意

举杯吧,我亲爱的朋友们

这美酒中

蕴藏着我对你们最衷心的祝福

祝福我们大家

——永远幸福、快乐!

二、回 故 乡

　　"家"这个字眼在国人心目中具有至高无上的地位。我多年来的一个习惯是,不管在外再苦再累,不管处在多么焦头烂额的状态,一旦回到自己温暖的家,看到熟悉的、温暖的一切,所有的不能自抑的伤感霎时烟消云散,心里踏实下来。这不由让人无限感慨:有自己的屋子,有自己的家真好!

　　当今社会,房价一直稳步攀升,中国人买房的热情看起来却丝毫未减。房子在中国人生活中的重要性是显而易见的,它在某种程度上意味着国人对生活的理想,是关系到一辈子的大事,这让国人对房子有着别样的情思。外国人很难理解中国人的房子情结,在他们看来把房子作为一种生活理想是不可思议的,在西欧国家,人们更愿意去租房子而不是买房。而在中国,由于人口众多,社会保障体制还不够完善,人们更加向往稳定的生活,这个稳定生活就包含有稳定的工作收入和有属于自己的住房。在国人看来,有了稳定的工作,就不用成天为如何不被老板炒鱿鱼而惶惶不可终日,不用颠沛流离四处打工;有了属于自己的住房,就有了固定的窝,不用打一枪换一炮地想着换房子。稳定是国人目前最向往的生活状态,也催生了国人的买房情结,在房价疯狂上涨的房市里还是不断有人前仆后继地去买房,因为没有什么比有属于自己的小窝更重要的了。

我一生搬过几次家,对住房很敏感。什么单元式住宅、公寓式住宅、复式住宅、花园别墅等各式各样,我都住过。不论在哪里,只要住得久便对房子产生感情,非不得已我是舍不得搬的。这次我搬到"朗诗绿岛"就有一种怀乡的亲切感,从机场下来拉着旅行包直接住了进去。论风俗,搬进新居那天要放鞭炮,摆几桌酒席图个热闹,但我把这些排场都免了。尽管不作声息,亲友们还是送来了一束束贺喜鲜花。听妻子说她早几天就请了静安寺高僧在新居做了"洒净"仪式。

"朗诗绿岛"处在美丽的美兰湖畔,这是全上海最大的一个人工湖。走进美兰湖罗店北欧新镇,一种浓郁的异域风情让人顿时辨不清到底身在何处。波光粼粼的湖面在柔美阳光的映衬下格外明亮,矗立着的钟阁与各式红墙黑瓦的洋房错落有致地分布着。闲庭信步间,可以看见不少极具特色的雕塑,使人眷恋起这种厚重的艺术气息。细细一逛,还可以发现这里总会有不少即将迈入新婚殿堂的情侣,穿着漂亮的礼服,簇拥到小镇中最心仪的景色前留下最唯美的瞬间。

去北欧走得多的人,或许能一眼瞧出这里的场景多少会和瑞典著名的西格图纳小镇十分相似,因为罗店北欧新镇就是将其完整地"搬"到了上海。可能在这里,我们找不到10世纪瑞典首任国王宣誓加冕的地方,也发现不了瑞典第一枚硬币被刻印出来的作坊,但这里还是有些同样的建筑,同样的街区名,甚至同样的美人鱼铜像。

美兰湖景区就位于上海市宝山区罗店北欧新镇内,它以茂密的森林、清新自然的空气、浓缩的北欧精华建筑群落为特色,被誉为"北上海最美丽的地方"。

景区以美轮美奂的美兰湖为中心,四周建有北欧风格三层不等的围合式建筑。其间有亦购亦游的奥特莱斯购物广场和集餐饮、娱乐、休闲一体的北欧风情街,北欧城堡般的五星级美兰湖皇冠假日酒店,北上海顶级会议地标性建筑美兰湖国际会议中心。

这里还有充满娱乐趣味的美兰湖主题公园,全国十佳球场之一符合国际PGA标准36洞北森林南湖泊高尔夫大球场,汇聚国内艺术名作的美兰湖国际美术馆,众多品牌参与的亚洲最大的美兰湖婚纱摄影基地。

除此之外,景区内还有水上旅游项目、北欧钟楼、红桥、鳄鱼山、龟岛等休闲景点。

这次迁入新居,妻子做了重新分配。她睡里间卧房,我的卧室和书房在厅口一间里。他们都说我是个夜猫子,晚上不是在写东西就是开着音响在看录像,不闹到凌晨一两点是不会合眼的,这已成了我的生活习惯。为了不影响妻子休息,我和妻子分房睡已有两年了。早晚她来我房里收拾卫生,送干净内衣和早点。

她笑着对我说:"现在流行一种口食法,早上吃'皇上'的饮食,中午吃打工仔的饭,晚上吃乞丐吃的东西,这样有利于健康。"我在家的日子,她是我的保健医生,说起来你也许会跟着笑。

回到家,小孙子程程用天真可爱的目光瞪着我说:"爷爷坏,你回来奶奶就陪着你住在乡下。"他小嘴噘得油瓶都挂得上。我听妻子说两个小孙子一些很好笑的事情,他们争着和她一起睡,为此常吵架。先是划拳,赢了就跟奶奶睡。但还是免不了争吵,有时出拳慢,重来划,两个常闹得面红耳赤。为了化解这矛盾,他们还排了日程表,每人隔一天轮流和奶奶睡。

"要遵守公平条约哦。"大孙子苏洋冲着弟弟认真地说。

"谁都不能赖。"小孙子程程靠在奶奶身旁说。

这公平的约定平息了风波。那天我回来正巧赶上程程和奶奶睡的日子,程程才对我发了脾气。

说实话,"朗诗绿岛"的环境和室内的温湿度很适合老人居住,有花园露台、60%的绿化率、室内新鲜空气持续循环、墙体保温系统、降噪系统、光环境控制系统全齐备。除了给人一种尊贵感外,更有一份格外清静的舒适。仿佛在大千世界里能静静地听到鸟语歌声,那光鲜的褐色莺是那么多情好客,每次回来能听到莺在窗外歌唱："您好！您好！您好！"

我的心异常激动，感到一种从未有过的亲切和跳跃的神秘感：

> 朗诗你播种了未来树
> 而你的绿色令我太欢欣
> 因你呀，未来树
> 诗情画意
> 让人忘却疲倦、寂寞和烦恼

我好似在熙来攘往的人群中寻到了心灵休憩的摇篮，我向往着对诗境进行实地踏访。早晨，我散步在朗诗香侬墅后花园，是河是桥、是花是蕾、是蝶是绿、是诗是画，这儿有永不停息的蜕变。光影交错、潮起潮落、花开花落，我的呼吸汇成了风，气流从荷叶和河谷吹过，这是一个喃喃自语的世界，一个我所能化为自然之声的世界。

我像个熟练的取景人，眯起双眼遥视对岸，这时我仿佛觉得对岸有棵香樟树在亲切地向我招手。或许我听懂它的心声："您还认识我吗？"我凭直觉从桥头走去。啊！这香樟树是从我家的老园子那儿拆迁搬过来的，腰杆上刻的"天道酬勤"这四个字还能辨别出是我的笔迹。这还是受我老父启发，他教导我不断努力创新，莫要有点成就就心满意足、得意忘形了。是啊，很多时候，当我的内心因取得一些成绩而欣喜忘我的时候，想起父亲的教导，要再接再厉，奋发向上。是呀，山外有山，天外有天，这世界比我有本领的人层出不穷，活到老，学到老，学无止境。

这香樟树很通人性，它那枝繁叶茂的绿叶轻轻地吻着我的脸。我笑着对香樟树说："几年不见，你长得像个大姑娘了。"

它含羞地笑着，似花非花的那一种明媚娇艳：它似花全身散发出醉人的香味，但又不像花那样，秋冬季节花落凋零。我所爱的是它，四季体态坚实，任自己的想象在空间中驰骋，让人打破禁锢的生命疆界，得到心灵的启发，摆脱了纷繁的社会生活所形成的种种尘世的躯壳。它有一种抵制害虫的天质，跨越萎靡和衰老。它不苟且、不俯就、不妥协、不媚俗，为自己营造了神秘与完美。我与它的感情非同一般，对它可谓有舐犊之恩。从它细小得如手指般的个儿起,我为它挡风遮雨、呵护它、养育它,让它丰衣足食,个头慢慢长得像小伙子一样壮实。我老园子被政府规划拆迁的当儿,房子和建筑物拆了我都不心疼,却唯独对它恋恋不舍。为了它我和拆迁商前前后后僵持了一个多月,最后达成让它迁植在美兰湖畔的约定。我和它有缘,现在又相处在一片土地上,在美兰湖绿色世界里欢笑。

临别时,它的每片叶子仿佛是人的眼眸,透过微风,我似乎看到了它内心的依恋和感恩的表白,那么强烈和真挚。面对此情此景,我即兴写下一首小诗《魅影》:

湖畔两岸少行人
滩涂青衣水底清
抬头望天鸟儿飞
木香花艳春江满

"文章合为时而著,歌诗合为事而作。"我心灵沉湎在如此佳境,使我在诗的世界里禁不住呼唤:"啊,美兰湖呀! 美兰湖呀! 你营造的快乐美丽的环境使我迷眩。"在美兰湖和我的"朗诗绿岛",处处都能采摘到最美的诗集。

人都有一种对曾经的爱依依眷恋的习惯,对生育你的圣地是那么刻骨铭心,魂牵梦萦。

这幅动人的景象是恒荣诞生的母地,它让恒荣 250 轧钢生产线的规模被哺育成国家认可的 500 轧钢生产线,从一天产能 50 吨的落后工艺发展到一天上千吨的产能。我能有今天是它给了我原始资金的积累,成功与失败的经验。就像父母给了我舐犊深情,我曾经对它有过一千一万个许愿,你是恒荣的妈妈,孩子的心是永远不会离开妈妈的。我曾对它有过誓言:今生今世不会背叛你、舍弃你,即使政府要你移迁新居,在这块土地上也永远抹不去你为恒荣作出的贡献,我会带着你的灵魂寻回你在我心中的尊敬和风光。

2005 年的那一天,我带着恒荣的血肉之躯在广西钦州落户了。

"恒荣是我,我是恒荣!"

我把上帝给予我的生命都给了恒荣,它的成败,它的欢笑,它的哭泣,都是我生命中一步一个烙印的经历。谁能聆听我心中的感慨。

我告别了香樟树。登上桥头,放眼望去,我的发源地在美兰湖只是一片茂林,拥着几处娉婷的尖阁,白龙田也望不见踪迹,只能沿着绸缎似的林木和高尔夫球场回想"恒荣"诞生的童年。

小时候常听老人们说白龙田的故事,我也看过堂叔苏云奎在上海的报纸上讲述白龙田的传说,这故事从我懂事开始令我感动至今。

传说在300年前,天上的小白龙和玉帝的三女儿相爱了,小白龙天资聪明,又勤奋求进。它那银白色的肌肤和明亮的眼睛就像当今港星中的刘德华,博得天下女孩的喜欢。玉帝的三女儿娇美可爱,活泼灵秀,但她生在贵族,情感禁锢在天牢中,寂寞无奈。她真想抓住几缕柔风,让风将心语慢慢吹到小白龙耳际,她每天夜晚静静地给小白龙写情书:"当你不经意想起我的时候,我已经想你很久了。每天在梦中,在呼吸的一刻,都会出现你的身影,闻到你身上的味道。我真的好想你,渴望和你在一起。"

玉帝三女儿的强烈思念令小白龙的内心产生了一种期待,一种莫可名状的躁动,乃至痴迷狂热——听着外面的风声、雨声都以为是玉帝三女儿的脚步声。小白龙壮了胆,悄悄地与玉帝三女儿约会,这事触犯了天条。玉帝大怒,将小白龙押上刑场斩首,玉帝三女儿跪在地上苦苦求父皇开恩,说她已经有了小白龙的骨肉,如果得不到父皇的宽恕,她愿与小白龙一起去死,在阴曹地府做夫妻。她从刽子手手中夺刀就要自尽。玉帝慌了手脚,三女儿为了小白龙连性命都可以不要,让他感动了。玉帝即刻下旨:死罪可免,活罪难逃。于是将小白龙从天上赶到人间。

听老人们说爷爷的爷爷的爷爷看到小白龙从天上掉下来。那小白龙在我们村的田头翻来覆去打了一圈滚,刹那间天摇地动,泥沙罩住了半个村庄,一块几十亩的油菜田变成了一个大坑。小白龙日夜思念玉帝的三女儿,它心急如焚,疯狂地在坑里打着滚。这坑一天比一天大了起来,但这坑里没水,在小白龙奄奄一息时天上起了倾盆大雨,这雨好像冲着这坑来的,坑里水满了。小白龙突然从水面跃出半空,卷起了千丈浪花,这坑就变成了一条大河,听说这雨是玉帝三女儿的泪水。一年后她生下了小白龙的孩子,她带着孩子从天而降,在白龙田河里与小白龙团圆了。故事就从民间传开了。

我童年时,雨天常在这白龙田河口的横水沟里捉水鱼,老奶奶吓我说:"下趟再不要去那地方,触犯了白龙可没命的呀。"

村上的男人们都不敢下白龙田河游泳,白龙田河在老百姓心中成了圣地之河。

此刻,太阳欲落,金红的火焰从天边一直烧到脚下。在这片引人怀念和追忆的热土上,蕴含了大自然中的强大激情。从回忆中走回"朗诗绿岛"——心头那片灼热的故地,我扑入它的怀抱就痴话连篇。这"朗诗绿岛"的禽鸟声是那么熟悉,一切令人那么愉快,到处都是无限欢欣,完美无瑕。这美兰湖不仅环境引人入胜,且出门都是乡邻熟人和亲朋好友。还有商店、酒店、棋牌室,休闲的时候和友人一起喝茶聊天,有兴趣的时候聚在一起"斗地主",我小姨子和她的好姐妹,还常打包带来我喜欢吃的糯米圆子和糕饼。

说来也怪,我们一家人在宝山住了近十年,隔壁邻居是谁都不晓得。俗话说抬头不见低头见,但市区人各忙各的,互不串门,各不相认,就是天天照面也只是点点头,隔壁邻居只当陌路人。幸好我一年只在上海住一个月的日子,否则我这喜欢凑热闹性格的人会疯的。人到了一定年纪,想家恋家更会心切,生意再忙,静下心来就跑回了家,梦中所演出的不是花缘红尘,却是醉在亲情的微笑和妻子的影子里。

再见吧!寂寞冷酷的窝,我回到了美兰湖这个我喜欢的地方,那里能寻回我的真谛,寻回快乐的老家,还有我曾经走过的足迹。我轻轻地在"朗诗绿岛"的耳边说:"把我的晚年交给您,让我的夕阳在这大自然怀抱写下更多的诗歌。"它笑了,仿佛对我说:"回来吧,这才是你快乐的老家。"

三、追　梦

在海南,多少次在去机场的路上,细雨纷飞,椰树伤情。向来很少多愁善感的我不知为何想起柳永《雨霖铃》中的诗句:"多情自古伤离别,更那堪,冷落清秋节!今宵酒醒何处?杨柳岸,晓风残月。此去经年,应是良辰好景虚设。便纵有千种风情,更与何人说?"尔后觉得情绪有些低落。冷冷清秋,落叶残红。放眼处,天高地远,征雁南迁,已见秋意浓。又是无眠之夜,心绪阑珊。只身徘徊月下,孤影苍穹。凝眸处,寒星闪、闲云淡、月独冷、情已牵……

昨晚梦见自己去流浪,荒凉的戈壁,一望无际……心里有了你——我的事业,我的梦想,戈壁也能变绿洲。

不管遇到多恶劣的环境都没有让我感觉到害怕,我对梦想的追求就是最强大的武器,它能战胜一切困难。

苍凉、风沙、黑夜让我害怕了吗?心里有爱,还会害怕任何事情吗?

在梦里,我走了很久,感觉自己快要死掉了,没有水,没有食物,白天的风沙大,吹得我睁不开眼,吹乱了我的头发,但吹不乱我对梦想的追求。

嘴上开始起血泡。皮肤黑得像出生在非洲,烈日下的生灵苟延残喘着,热烈的太阳燃烧了最后一滴雨,这无烟的火山包围了我,心中想着我的梦想,如那清泉沐浴……

鞋,早就烂了。光着脚走在尖石上,从来没走过这么远的路,好像把一世的路都走完。出发前的潇洒早就荡然无存,就像在城市里乞讨的乞丐一样,就像在黑夜里迷失方向一样的无助,没有人帮我,没有人能告诉我,我应该走向哪里。

我没有目标地一直向前走,每走一步都像光脚走在刀刃上。天空中的云朵好像在说:"走向我好吗?"

尖石把我的脚扎得血直流。我已经麻木了,困难折磨着我,死神狞笑着向我张开了手。肉体的痛苦我早就无所畏惧。我知道你——我的事业和梦想,就在不远的地方等着我。

你在那里等着我,我仿佛看到了你。

我没有力气走了,一下摔倒在地。膝盖撞在石头上,我疼得晕了过去。

不知道是什么时候了,天已经快黑了。也许我被疼醒了,我试了试,疼完全占据了我的身体。只好爬着向前,你知道我在找你吗?我的梦想!知道黑夜里我的寂寞吗?我实在无法忍受疼痛,满地的残花被风卷起,不知道还有多少距离?而你的影子,我的梦想,一直被我拥在怀里……

以前总是对匍匐在地上的乞丐投以憎恨的眼光,现在我知道了。试着改变原来的方式是很艰难的。五彩缤纷的彩霞像蝴蝶的翅膀落在水面上,并逐渐暗下来,然后隐没在墨色苍茫之中……

眼泪如泉涌。不是为自己眼下的痛苦,而是我又靠近了你一步,我的梦想!因为有一种对梦想的追求和对事业的爱支撑着我一直活下去,同时我也看到了远处有一个人站在那里,穿着黑色的衣服,一动不动,仿佛等待了上千年。

我知道一定是你!只有你,我的梦想!

像被打了强心针,精神一下好了很多,我试着站起来,可是不行,腿恐怕早就残废。我想站起来,我想朝你奔跑,张开双手。越来越近了。尽管还是在爬行,我想把滚烫、焦干的嘴唇贴在你那犹如盛满清凉泉水的嘴唇上,用你蕴藏在心中的万千柔情,滋润我焦渴的喉咙。

我终于到了,看到了你,我的梦想!真的是你,此时此刻,就像一个受了巨大委屈的孩子看到妈妈一样,"哇"的一声大哭。抱着你的双腿,紧紧地抱着不放手,就像在大海中看到一块救命的木板。我没有力气了,我太累了。我的梦想,我耗尽了全部体力,只剩下一个追逐你的心还在坚强有力地跳动着。

我的爱人——我的梦想!我用我的眼泪为你筑起彩虹好吗?为了你,我愿失去一切的天空;为了你,可以把大海填平,你的泪水慢慢滑落在我的唇间,是那么咸。这空旷的戈壁飘荡你凄迷的呻吟,沙漠里的生物撕心地哀号,亲爱的上帝,快点拯救这对恋人,他们的爱揉碎野蛮的厮杀,柔和的光芒重现午夜,黑夜被撕成了暴雨,绿洲在静静地重现。我的梦想,追求你的泪水成了仙浆,让我有了无穷的力量。我说只有你,才能让我创造更多奇迹……

多年以后,我老了,沙滩上,留下串串的脚印。沿着脚印向前看,我仍然和你手牵着手走在一起,我的梦想!朦胧间,幻景现,烟波浩渺的滩头,你在驻足远眺,那深情的双眸,几多爱的激流……踏着相思的浪潮,我赤足奔跑,跨过万水千山,做你今生的红颜,我的梦想!心海的浪花激情地翻卷,多想靠在你那有力的臂弯,用我一世的痴情与你相伴,我的梦想!就算岁月无情,青春不在,可那高山流水的深情,将载入生命的存盘,我的梦想……

我要用一首发自肺腑的诗《熠光》来讴歌你,我的梦想——

　　　滚滚长江,东流入海
　　　卷起千层浪
　　　在大江和大海的交汇处
　　　有一个古老的小镇
　　　斑驳的石板路

曾刻下多少岁月的印痕
也见证了一位战士
创业的梦想
我喜欢梦想
梦想
辉映着火红的炉心
梦想
如钢一般发射的箭

星移斗转，潮起潮落
饱受酸甜苦辣
承载人生波折
梦想里长大的男孩
在酝酿明天的成功
斗转星移，潮起潮落
梦想里长大的男孩
有了钢铁一样的意志
有了大海一般的胸怀
十八岁
梦幻一般的青春岁月
我穿上了水兵的军装
红色的帽徽和领章
多么自豪
和我一起
守卫着祖国蓝色的海洋
面对辽阔的大海
我站在风急浪高的甲板上
警惕的目光
像飞翔的海燕
向着蓝天

迎着风浪
梦想
在东海
像满天星斗
熠熠闪光
追梦
在南海
像白海豚热恋三娘湾
掀起雪浪花
搅动南海千层浪

创业的日子
刻骨铭心,永生难忘
从东海之滨的大上海
南迁广西钦州
开辟北部湾新的疆场
站在荒无人烟的滩涂上
我穿着溅满泥浆的短裤
晒得脱皮的脊背像火烤一样发烫
满脸的汗珠使人睁不开眼
脚板陷进了污浊的泥浆
赤裸的躯体被蚊虫叮咬
还留着斑斑血迹和伤痕

"喂! 师傅,水泥到了,快来卸车!"
司机指着我大声嚷嚷
别怪他错认了打工仔
连神仙都认不出
这是"恒荣"的老板
两手粗茧

一身泥浆

围海造田

建造五千吨级的海轮码头

托起两万平方米海上钢厂

三百六十五个日夜的浴血奋战

恒荣钢铁

成功的凯歌

在阳光、沙滩、海浪中

奏响

终于盼到了这一刻

加热炉张着红嘴火舌

一枪出红钢

一吨多重的钢坯

速度每秒十五米

如箭飞射

刻一身美丽的螺纹

划一道弧线的闪光

轧辊是旋转的时间

方锭是冲刺的选手

通过步进式收集台的飞剪

像排列整齐的士兵

期待着出发

向地北天南

鸣笛启航

掌声响起

书记和市长祝贺鼓励

是激励我们的

无穷动力

然而

内心的喜悦

只是短短的一瞬

脑海中浮现出

是新的梦想

南海凭鱼跃，钦州任鸟飞

恒荣钢铁工人

要在蓝天大海上书写

更加波澜壮阔的篇章

站在金鼓江大桥

浪潮尽头

是我们骄傲的钢城

通过 ISO9001 质量认证体系

荣获国家颁发的生产许可证

诚信、团结、优质、高效

恒荣钢铁的企业精神

是勇往直前的动力和信心

地方领导的信任

家乡人民的鼓励

更有亲人的谆谆嘱托

促使我

拉开第三次创业的序幕

追求新的梦想

新的梦

在大海的对岸

在经济高速起飞的

日本、韩国

走出国门

选项、考察、谈判、签约

恒荣在绘制新的发展蓝图
为了明天
为了更加光辉灿烂的愿景
现在
我又伫立在海滩之上
浪潮袭来
像一条新的起跑线
从东海之滨到南国边陲
从宝山古镇到钦州钢城
钢铁铸就了我坚强的性格
大海哺育了我宽广的胸襟
就像北部湾的海浪
高潮迭起
汹涌澎湃

面对大海
我在思索
人生该如何度过
钢铁该怎样炼成
面对大海
我在呼喊
追梦、追梦
永不言败
是男人
就该有
钢铁般的意志
就该有
大海样的胸怀

再一次

去风口浪尖上摔打吧

哪怕向苍天

再借人生五百年

人生像幻灯片,它在现代的黑暗背景上,放映出明朗的片子,展示了成功者与失败者在荆棘路上如何跋涉,这些光耀的图片把人生每一个潮起潮落的梦披露给你看,每张片子只映几秒钟,但是它却代表了整个人生——充满了拼搏和无穷的梦。

梦,从我意识到它的存在开始,它就是我最神秘的缘分,我在《浮沉岁月》的书里留作见证。人生的经历让我懂得了沧桑,还有成功的不易,让我能够更快地学会珍惜。当我走遍万水千山、穿越沙漠和大海,就像鱼之于水、大地之于阳光,我的梦还在继续,顺着时光里的一粥一饭、一草一木,我仍在努力完善梦中的理想。

有人说,人老了就容易满足安逸的生活,就没有了追求和理想。正如书已翻到了最后一页,故事到了结局。对于这样的说法,我并不认同。人到了花甲之年,要的不仅仅是现在所拥有的这些,而是想看到生命的奇迹。而奇迹并不易绽放。也许在所有不被看好、无人尝试的错误选择背后,会有不曾见到的可能、不曾设计的未知,未知让人恐惧、引人好奇。

我在有生之年除了对原有产业有个交代外,还有一个梦想的天空。一路这样沿着艰难的路牌走下去,迫使自己腾空而起,创造新的奇迹。

某天,我很认真地对妻子说:"60 岁过后,我想投资文化艺术产业,干一些自己喜欢的事情。"

她笑着说:"你还想长嫩头发,尝鲜。"

我打断她话说:"随着时代的发展,一个城市、一个企业、一个家庭,甚至每一个人都跟着不断发展变化,人们都向往着时尚的生活,我就想开一家时尚的艺术制作公司。"

"这方面的人才呢?"妻子接着问。

"世界之大,人才济济,网上招聘便罢了。"我轻巧地说。

实际要招聘优秀的人才比大海捞针还难,妻子了解我的性格。吃准要干的事,只要有足够的愿望,流着眼泪也要干。当然我也知道,上天不会厚待任何人,好的结果都是在一次次风险中成长起来的,要成就自己,唯有迎着刀锋而上才是最好的选择。

我和一位文采斐然的年轻博士在复旦校后的咖啡馆谈过这个项目,可以联手经营。他当总经理,只需投资 15%,可享受 30% 股权。我投资 85%,其中 19% 股权用于激励业务尖子(尖子股)。我享有 51% 的权益。这分配方案定了,我就毫不犹豫了,但他还担心有一定的风险。他觉得现有的年薪已有 20 万元,项目办得成功当然好,若失败了不仅会失去现有固定的收入,还得赔本。

他对我说他婚后还没有自己的房子,他妻子是复旦大学的硕士生,他们还住在复旦大学的宿舍里,做梦都在想挣钱买房。

年轻博士说:"我可以流露街头,但是我要为我的书安一个家。"

听了这话,我的心里好感动,但我相信他会做出明智的选择。我的理想不仅只是爱好而已,在美兰湖畔就能看到我的梦不是蛊惑的台词。每天有成群结队的新人穿着美丽的婚纱,新郎抱着新娘细嫩的腰,摆出了浪漫的造型。

> 美兰湖的水清澈如镜
> 新娘美丽的脸庞
> 倒映在水中,微笑
> 婚纱飘起的那一刻
> 紧贴的口唇和跳动的心
> 被一道闪亮的光
> 留下了永恒的见证

这突如其来的感悟,让我觉得自己的选择是对的,这项目是有丰厚回报潜力的。很多作家、摄影师、作曲家、艺术家、导演、企业家,他们创造的东西影响了千千万万的人,我在关注着各种时尚杂志和社会习俗的格局,以便创新更时尚的艺术。

美兰湖的几家婚纱摄影公司,对于它们的作品质感和服务我是有怀疑的。我不会局限于几个景点、几个造型、几张"千篇一律"的照片,这种死板的格局。无论是站在传统道德还是时尚的角度,我都不想用伪善、谎言、媚俗、狭隘、平庸、装腔作势的模式。我所投资制作的作品,体现的不仅仅是时代感,更要注重突出艺术的创新价值,让艺术在想象的大世界里天马行空,纵横驰骋。

结婚是人生的大事,我觉得可以通过制作童话般的爱情剧集,来演绎他们相爱的故事,并根据他们的感情发展,定制情歌词曲。剧中有天使的美妙歌声,有新郎激情的诗章,还有感动的热泪,以及疯狂的拥抱。通过电脑特技展示他们内心的澎湃和涌动的喜悦,让他们勇敢地把生命坦露给真实的自我,或者做一个幻想中的自己。

好的形式本身就具有内容,从恋人们走过的路所留下的足迹中寻觅策划。也许是烟火味中的一份感动,也许是一个励志的故事,多年后他们会为自己导演的故事而微笑。

复旦的那个博士对我说:"艺术就像琥珀。琥珀是什么,它原本是松树上流下来的汁液,软的、完全不成形的、黏糊糊的东西。刚从树上流下来时,什么都不是,但是经过几亿年,它被封存在地壳里,经过地壳的运动和岁月的变迁,最终变成了晶莹的琥珀。"

他说得有声有色,那充满睿智的目光炯炯有神。

对于我来说,生活就是那些松树上流下来的软的、不成形的、什么都不是的松脂,只有经过艺术家以及我们的努力,通过漫长岁月的精心打磨,把它变成一块宝石。

博士说:"我们可以用制作剧本、写成小说、汇编杂志或者诗歌的形式来呈现。"

虽然他很年轻,但我很尊重他。他们夫妇俩共同翻译了英国19世纪伟大的道德学家、社会改革家塞缪尔·斯迈尔斯的作品《品格的力量》。我从视频中看到他们的宿舍。简易的桌架上叠满了书,一张狭窄的木桌孕育着他们的梦想——一本本新书诞生的地方。

他对我说:"读史令人明智,读诗令人聪慧,演算令人精密,哲理令人深刻,伦理学令人有修养,逻辑修辞令人善辩。总之知识能塑造追梦人的创新力量。"

博士对我开办艺术制作公司颇感兴趣,只是他担心风险问题。但我认为,要想闯一番事业,风险是避免不了的。规避风险的首要,就是对自己有信心。而自信的力量来源于有足够的人才和活动能力。我很尊敬这位年轻的博士,期望从他的勃勃生机中获取力量。

英国哲学家罗素曾经说过:"一个追梦不息的人,根本就没有工夫去留意他的衰老,因为这是保持年轻的最佳方法。"

是呀!转眼我已经 60 开外了。但朋友们都觉得我精力旺盛,兴趣广泛又浓烈。加之上帝给我安排在 6 月 1 日儿童节那天出生,我的性格也许比 20 多岁的小青年还活泼,朋友们给我起了一个外号"老顽童"。我觉得有梦想的人,他的精神面貌永远是丰盈饱满的。

老之将至需要防止过分沉湎于往事,人不能生活在回忆当中,不能生活在对美好往昔的怀念之中。我这把年纪的人,应当把心思放在未来,放到需要自己去做点什么的事情上,要去尝试开门才知道我们面前的梦想大门尚未开启。我期待着梦的诞生,追梦是我鲜明的目标。我渴望死于尚能劳作之时,同时知道,小辈们将继续我所未竟的梦,我大可因为已经尽了自己所能而感到安慰。

四、笔　　缘

很早就有一个发现:我与笔有缘!一直都有一个梦:成为一名作家。漫漫人生路,带梦想一起飞翔,因为它是我一生的呵护;芸芸众生中,带梦想一起飞翔,因为它比金钱更贵重;悠悠求学路,带梦想一起飞翔,因为它比荣誉实在。在我成长的历程中,我很庆幸自己选择了奋斗。不论经历多少风风雨雨,我都会坚持奋斗下去。

我在当兵时,多么渴望自己的作家梦成真!梦想的种子在心中发芽了,它就是我迷失方向时的罗盘针,不断指引着我向前。每天工作之余,书就像养育我的母亲,其中的一字一句如一口口乳汁喂我成长。

对我来说,笔就如士兵手中的武器,而笔下的人生则是血淋淋的战场。人有人缘,笔有笔缘。人行东、西、南、北、中,常常是受理性的支配;而游刃于稿纸上的笔锋,则常常受感情的召唤。每每下笔行文时,思绪在大地与天宇之间、在人生的悲喜之间穿梭,于是文字像涓涓之水,汇成了悲喜交加的一条条河流。在这样的大河里行舟、冲浪或戏水,其乐无穷。

我和笔前世结了缘,与笔结缘是一种乐趣,与笔结缘是一种幸福。它给了我少女般的热血纯情,当今世上有人喜新厌旧、移情别恋,也有无言的结局,亦有朋友为利反目。但笔从一开始就成了我的战友,不论穷与富、乐与悲,从我走出军营营商以来,笔一路相伴,从不舍弃,它是我的武器,是轰向敌营的炮弹,是我心灵里燃烧的一束光,召唤致富的火炬。它不断为我注入新鲜的血液,将自己的精力花在自我完善方面,而不是对着自己的弱点唉声叹气。它似一位知性的、美丽的、才华横溢、温柔体贴的妻子,为我孕育了一颗优雅的心,给我的生活带来轻松和愉悦。我和笔曾有白头到老、生命不息笔墨不停、死后同葬的约定。

"人有悲欢离合,月有阴晴圆缺。"将此哲理伸延到社会,那就是跌宕起伏的历史。我既为月圆而歌,也为月残而泣——因为我深爱生我养我的中华大地。以此构成我的写作方式是:笔随生活原色而动,以不愧对天地良心。古人画的标准像,看上去都差不多,远没有文字生动。说某个男人漂亮,文字描述可以找到四字成语,如玉树临风。说长得难看,也有不少,如尖嘴猴腮、面目可憎、其貌不扬等。

手中的笔,虽然已经被电脑键盘所替代,但是,当初握笔凝思,笔尖摩挲稿纸的那种姿态和情怀,依然如影随形地铭刻在我的心中。于是,我想到了与笔结下的那份款款的深情。可以说,是一本本厚厚的小说拉近了我与笔的距离。爱读小说,是我从小就有的习惯。小说里动人的情节、优美的形象、曲折的故事、精美的文字,时而若涓涓细流,时而若惊涛拍岸,每每在我的心室里颤动。掩卷后的宁静里,耳里依然能聆听到或细腻或粗犷的一曲曲感人的音乐,令我思绪久久而泪滴衣襟。

我非天才,亦非蠢材。我相信天道酬勤。

部队这所大学校,给了我进修深造的机会。我喜欢看书,喜欢写作,尽管我才疏学浅,但我很执着。我曾写过长篇小说《参军》。那时候电脑还没出世,我写了也有二百多页近十万字,手指间磨出了血茧,结果被投进了废纸筐里。但我没有灰心,我觉得失败对我来说就像在军训时与对方交手。胜败乃兵家之常事,而失败乃成功之母,那废纸筐里珍藏着我焚不灭的梦想,我就像一只受伤的狼,疯狂扑向自己的目标。

啊!终于我的文章在《人民海军》和《浙江日报》刊登了!

看到这发表的文章,我觉得它们不仅是稿件,更多的是让我看到了自己的希望,我紧紧捏着手中的笔,脸上露出悠悠自得的悦色。

如果再仔细推敲一番,成功中含有内因外因两个因素:内因不外是指一个人自身所具有的文学基因。一块石板,天上的雨水再大,只能从它的体躯中空流而过;一块海绵,则能把雨露甘霖本能地吸吮于身。一片带电的云,当天空放电时,可以听到雷鸣电闪交响乐的奇伟雄浑;一棵与艺术绝缘的枯木,无论多么雄伟的大自然的乐章,也如同子虚乌有。当然,石板与枯木,可以成为城市大厦的一块地基,或是高楼上的一叶木窗,它们同样是有益于生活的建筑材料——它们可以与文学成为朋友,而成不了文学自身中的一个。

中国有一句民间谚语,"谁道人无烦恼,风来浪也白头",似能为这种笔锋的转化找到依据。20年后的我,已非童真年代的我。浪里白头的我,文学本能地转向我经历的风与浪。

文学的包容量,是非常广阔而博大的。但不管文学的矿山有多少,作家只侧重于开采自己最熟悉、感悟最深的那一座。它像是你的影子,招之即来,且能与你对话。于是,在电脑屏幕上,我昔日感悟到的一切重现了。

一天晚上,妻子已经进入梦乡。在读过一本书后,无法宣泄的情感,搅得我心浮气躁而坐立不安。这时,眼光落到的笔筒里的一支笔,被我顺手拿起,翻出孩子书包里的一个破旧的作业本,不停地写着书中那动人的文字。最后,直到睡前把那纸烧掉,我也平静下来。谁知,一个偶然的不经意之举,渐成习惯。而后,抄书的时候又多了我个人的感想,或者几句话,或者一首不伦不类的诗。这样的纸张积攒多了,我就把它投向火炉。好像我情感的精灵在闪烁的火焰里,实现着神圣而庄严的涅槃。

高山流水,瀑布清泉,楼厦园林,俊男靓女,被我拼成一幅幅可爱的画卷。爱的倾诉,是花朵的盛开;情的奔涌,是飘溢的芳香。想不到,小说拉近了我与笔的距离,生活却叫我对笔痴情与眷恋,大有那种至死不渝的架势。有段时间,只有在睡前凝视着笔筒里的那支笔,才能在彼此的身影里读出各自的孤独;有时,竟让我的眼眶湿漉漉的:它失去的是笔走龙蛇的潇洒,我失去的是莺歌燕舞的浪漫。

岁月使我的身体逐渐衰老,却使我的情感一天比一天茁壮。无论是卖菜或者干其他的买卖,这一过程接触到的种种事物,拨动着我易感的心灵,积聚的情感逐渐膨胀。一个午夜,躺在床上,凝眸窗外明月,膨胀的情感终于爆裂。

我一骨碌从床上翻身跃起,扑到桌案,扭亮台灯,一下子抓住了那支笔。手紧紧地握着笔,泪水夺眶而出——笔是我宣泄情感的工具,更是我不可须臾离开的恋人。

别人在宣泄情感时,或许是唱一首歌,也可能是一声嘶吼,或者摔盆砸碗,而我需要的却是这支可爱的笔。读书与生活熔铸了我与笔的深情,不论我劳累回家,还是出差在外,或半夜回到宿舍,我总得让笔舒展筋骨,就像少女练瑜伽,坚持每天操练,保持魔鬼身材,而我的笔劳作于人生之海的潮涨潮落中,它和我性格一样,快乐的时候欢笑歌唱,悲伤的时候仰望星空,疲惫的时候尽情酣睡;它对我说:"老伙计,是你打开了我的心扉,让我有了英雄用武之地。"

真的,捏笔已捏出了指茧,手指间皮厚得像猪爪子似的。妻子常半夜敲书房的门:"老头子,早点熄灯睡觉。"她笑着说,"年纪一大把了,还笔不离手。"

是的,我没有理由不珍惜与笔结下的这份情缘,而且会永远地灿烂在心中。

流年似水,弹指一挥间,我已跨入人生之秋,花甲之年。其间奋斗拼搏了40个年头,从穷人堆里走了出来,搭上致富列车,实现了财富梦想。我的后半生不甘在对往事的回首和夕阳的余晖中度过。人老了,总想做自己喜欢的事,为自己后半生设计一个晚秋的乐园。常言道,情动于中而形于言。在美兰湖畔,一杯香茶在手,看百花争鸣,一代一代新人如晨起的朝霞。我要用岁月的灵感来为自己写一首生命之歌。我要用诗讴歌诗意的生活。

人尽可以被毁灭,但却不能被打败,我可以拄着拐杖走,但却不能对自己失望,因为笔还能为我展开极限的笑颜,让我凋零的生命之花又一次绽放。

窗外的风吹起来了。"风啊,你吹起来吧,摇动我呆滞的目光,成两条波光潋滟的溪流。我将以你的慈爱,重以手指,蘸着时间。"我已经忘却了这诗人的名字,却永远记得这诗。风吹起来了,带来远方的寒意,远方的歌,远方的希望。

古希腊哲人柏拉图说过,如果你有两块面包,你当用其中一块去换一朵水仙花。

诗意地生活,或许应该是陶潜"开荒南野际,守拙归园田""采菊东篱下,悠然见南山"般的悠然自得。

诗意地生活,或许应该如李白"仰天大笑出门去,我辈岂是蓬蒿人"般的飘逸洒脱。

诗意地生活,抑或许应如易安居士"知否?知否?应是绿肥红瘦"般的温婉简约。

人的一生短短几十年,就按长命百岁来算,除却幼年懵懂时期与老年蹒跚岁月,然后再除却睡眠,真正可利用来创造价值与享受生命的时间也就那么三四十年。从这里便可看出生命是异常宝贵的,应该在短暂有限的生命里珍惜能够珍惜的时间,方才不负上天赐予你的这条生命。

然而,在生活急剧变化的现代社会里,我们既不可能像陶潜一样隐居深山,也不可能如李白一样率性而为,更不可能学易安整日对红花绿叶诉愁思。难道诗意的生活只青睐古人,而将忙碌的现代人摒弃在外?

答案是否定的。不能隐居,谁说我们不可在心中开辟一方心灵田园?不可率性,难道在适当的时机也不可放纵一下自己的情感?不要多愁善感,就不能倾吐自己心中的愁思吗?

清晨起来,品一杯清茗,手捧一本《归去来兮辞》,让千百年前的悠悠山风,伴随着自己的精神,放飞到自己静谧、温馨的心灵田园,让自己的心沉淀、沉淀,在现代都市的躁动之中收获一份世外的宁静。这难道不是在诗意地生活吗?

在宝山体育馆,我的两个孙子,在篮球比赛胜利之后忘情地在雨中的球场狂奔,任由汗水、雨水甚至还有激动的泪水混合着流过脸颊,打湿衣襟。他们的激情感染了我,我接过大孙子的球,朝着球篮中心投去。啊!我这时感觉自己又年轻了起来,跳跳蹦蹦,像一个活跃的孩子。有人对我的这种举动感到不理解,问一场小球赛的胜利何以令你高兴至此。但我说,这正是在诗意地生活,尽情地狂欢。我从不收敛自己的情感,让它自由地奔放吧!

心里有了顺心的事情,可是身边没有听众,这时候如果将这些事情都锁在心中,只能徒添自己的烦恼,不如选择一种现代的方式诗意地生活吧!在自己的博客上写自己的烦心琐事,就像对花草倾吐自己的愁思一般。花草不能言语,但是这些"美花草"却能替你排忧解难,让心中的不愉快更快地消逝。这难道不是一种很好的选择吗?

网络连接了每一个角落里的人,网络连接了无数颗心,网络凝聚了爱的力量,网络给了我们一个交流的平台,也给了我们一个温暖的空间。我常夜间上

QQ 聊天交流,网友中有男有女,有老有小。这情景给我带来了朝气蓬勃的轻松感觉,这使我按捺不住内心世界的冲动,它就如跨入了大千世界里,似雨非雨,似醉非醉,在神秘中寻找另一半的乐趣。

嘀嘀嘀……

"奶奶!"小孙儿苏洋突然喊着。

"宝贝啥事?"妻子急着问。

"爷爷和小姑娘在说话。"小孙儿噘着小嘴贴在奶奶耳边轻声地说。

孙子告状了,妻子假装生气地安慰孙儿说:"今晚不给爷爷吃饭!"

"哈哈! 你这小叛徒,竟敢出卖爷爷!"小苏洋怕我打他屁股,机灵地躲在奶奶背后。

生活多么精彩,家是多么温暖,亲人的微笑,就有写不尽的诗情画意,这种灵感也只有懂得生活的人能体会。

其实,要诗意地生活,也就是要照顾我们的精神世界。哲人的话说得好,在物质丰富的时候,千万不能亏待了自己的精神。唯有如此,我们才能在钢筋水泥的现代都市里,如古人一般诗意地生活。

临末,我照例要"附庸风雅",吟一首诗《雨墨》,不过这次是献给自己的:

秋风吹落了枝头上一片片黄叶,
根丝曲径已失去了生育细胞。
躯壳虽然已饱经风雨剥蚀,
却依旧心脏跳得那么疯狂。
我的忠实战友仍挺着腰杆,
昂首气壮,风采不减当年。
雨墨如奔腾不息的海浪,
长空作纸写不完我的故事!

第二章 悬 崖

.

曾经有一位经验丰富的老船长,当他的货轮卸货后在浩瀚的大海上返航时,突然遭遇到了可怕的风暴。水手们惊慌失措,老船长果断地命令水手们立刻打开货舱,往里面灌水。"船长是不是疯了? 往船舱里灌水只会增加船的重力,使船下沉,这不是自寻死路吗?"一个年轻的水手嘟囔着。

看着船长严厉的脸色,水手们还是照做了。随着货舱里的水位越升越高,船一寸一寸地下沉,依旧猛烈的狂风巨浪对船的威胁却一点一点地减少,货轮渐渐平稳了。

船长望着松了一口气的水手们说:"上万吨的巨轮很少有被打翻的,被打翻的常常是根基轻的小船。船在负重的时候,是最安全的;空船时,则是最危险的。"

这个故事说明了一条道理:成功的道路千万条,成功的人生也有千万种,选对适合自己的那条路,走好自己的每段人生路,你一定会是下一个幸福宠儿。

回首过去,我还算幸运。总结自己的成败得失,我必须感恩。如果不是摸爬滚打几十载,一次次跌倒又一次次爬起,吃一堑长一智,我就不可能走到今天。我不仅要感谢成功,也要感谢失败;不仅要感谢幸运,也要感谢所有的挫折……

一、面 对 衰 退

2012 年国外国内都面临经济衰落的局势。这对我们从事型材生产的厂家来说是两脚踩在悬崖上了。真是勤快人被懒汉笑,厂家在亏损中熬着生产,歇业的厂家少亏，坚持生产的厂家反而多亏。厂家难活性命，贸易商倒有碗稀粥糊口。企业普遍亏空没有增值税可交，地方财政收入大减。

才几个月，我公司就亏了250多万元，库存积压钢10 000余吨，市场低迷得令人头发根里都直冒冷汗。按常年的市场规律，上上下下转机很快，而当时的市场行情就像人得了肿瘤，让人慌得心惊肉跳。

就拿我家的住房前后几年价格的变化来对比，从最初一平方米4 000多元跳到20 000多元。前期钢铁行业在拉动内需中挣了钱，因而很多厂家都盲目投资，用于改造工艺设备，扩建生产线，导致国内钢产量翻倍增长。唐山的大小钢厂和各种型钢生产就像无计划生育年代的人口增长一样，难逃无计划生产的厄运。钢铁老板们都抬着头，期待国家出台妙手回春的政策，但同行企业的处境已被市场逼到了悬崖。钢材出厂价和市场价倒挂，产品生产成本竟高于出售的价位。小厂发愁，大厂哭笑不得，市场冷静得可怕。经销商门前堆的钢材就像丑姑娘的脸没人看。

一次，我去广州拜访汇马公司董事长孙来顺。孙董40多岁，为人精明。他是个既英俊又有才华的男人，说起话来嘴巴不饶人。他总是滔滔不绝，聊天时要是与他有不同观点，几乎都没机会插上话。但我很喜欢听他有声有色的演说。

"苏总啊，我亏死啦。钢材生意做了20多年，现在这碗饭难吃呀，进货的时候市场有点小差价，出货就亏本。应收款几千万，这钢材饭已到了世界末日了。"他情绪很激动，眼球都不眨。

"是呀，孙董。我们厂家更加难活，几乎踩在了悬崖，跌下去就粉身碎骨了，我们都在求生中熬着。"

汇马公司在广州是个大户，实力雄厚。在深圳、海南等地都有分公司，在这场危机中，同行们都有同病相怜的感觉。

孙董说："不是我没能耐，而是这市场太烂了，烂得令人从头到脚冷得发抖。"

我笑着说："这穷日子也要过，苦日子也得熬，国家不会袖手旁观，见死不救的。"

孙董似在嘲笑："你们等着吧，我觉得没戏唱了。相关部门已经说了，房价远远还没降到合理的价位。这意味着短期内不要抱市场有好转的念头。"

我接过他的话直奔主题："做生意就有输赢,挨了打就要自卫,人总不会被尿憋死。"

孙董笑了："那你厂生产的钢材给我代销吧,我挣点养家糊口钱就得了。"

我笑着说："哈哈!你这大老板还哭穷。孙董,现在这市场专家说话都不管用,也只能烂泥萝卜擦一段吃一段,能保本已经超水平发挥了。"

我喝了一口水,继续说："孙董,目前的市场没有救世主,也没有哪一个能人说句话就会好起来了,我们都走在悬崖边沿,只能自己救自己了。"

孙董收住笑容板着脸说："有戏没戏就看十八大精神了。"

我深有同感地说："是呀!现在我们这种厂,生产一天亏一天,要是停停开开,断断续续维持这状态,好的技术工都留不住,固定的销售商也会另找生路。"

话说到这里,我的头更痛了。供电局还要收几十万元的电容固定月均基本费。唉,这不是要企业的命吗?可是又有谁来拯救我呢?自己酿的苦酒自己喝。我对此持消极看法:我们这种买坯轧制的厂家迟早会被市场竞争打入墓穴的,没有任何选择和控制的力量。

孙董听了我的衷肠之言后说："苏总,这啥年头好谁都不知道,但钢铁这碗饭气数已到了尽头。广州的所有码头、仓储钢材堆得老鼠都钻不进,很多钢材锈得颜色比秋天落在地上的枯树叶还黄,甚至外层已经脱了壳。那些来买钢材的客户就像挑媳妇,瘦了不要,肥的不喜欢,对他不点头哈腰、百般殷勤就屁股一拍走人。"

孙董越说越来气："一吨挣 20 元还赊账,利息都不够,这是人做的生意吗?"

他若怒若怨,愤不欲生。我像所有人一样犹豫、沮丧、叹息,不知何方才是目标,既空空荡荡又心气高远,总之无语的痛苦难以忍受,它是真实的痛苦。俗话说穷人的性命,生意人的钱呀。赔钱的生意是在割我心头肉啊。我觉得脚下是一道道地裂,前面都是障碍物,心口收紧,在这不可收拾的行情中透不过气来。

我和孙董告了别,坐车回广西钦州,路上赶了 600 多公里。我对自己说,我一生做事不欠任何人,对父母尽孝,对朋友尽义,对家人尽责。如果有什么亏欠,我只亏了恒荣,我把它从上海带到广西钦州落户,历尽了千辛万苦,从金融风暴的死人堆里刚爬出来,又面临这次厄运。它生活在多灾多难的悬崖上,把昨天的艰险装进自己的口袋,却为我洗去了疲惫和倦怠,让我在阳光和温暖中产生火热的激情,一次次战胜自己。

"老板你回来啦。"

厂里的员工围过来,将关注的目光投在我的脸上。他们始终把自己与恒荣的命运捆绑一体。我宁负自己,也绝不能负恒荣每一个员工。在他们面前,我即使心里再有苦楚,还是一副若无其事的样子。一个带兵的首领,任何时候都要具备战斗的必胜信心。他们情绪好坏取决于我的神色变化。

我叫司机小李从车上拿了两条烟和几瓶白酒说:"从广州带回来的,晚饭我也在食堂和你们一起吃。"

厂长蔡皆昐咐食堂加几个菜。二分厂年后作业率只达到30%,仅生产了两万多吨,还亏了200多万元。场头上还堆着几千吨坯和螺纹钢。我不是在安慰自己,那些厂和有存货的经销商亏大了,幸亏大厂承包给冷水钢有个稳定的回报,还饿不死,否则100多个员工的工资,歇着每月也得上百万元的支出,这笔账似一座山压得我发慌。

眼前厂子被讨债鬼缠着,我不是除邪捉鬼的钟馗,但我有钟馗的精神和胆略,这精神源于员工对恒荣的忠诚。

我走进车间,几个机修工正钻在520开坯机的升降台下做保养。广西的夏天,人如同被关在蒸笼里,头脸像刚出笼的馒头,发根都在冒青烟。

"老板,啥时能开轧?"机修主任陶永明探出头问。

"月中,福建福安有8 000坯发来,你们把枪膛擦擦亮,仗有你打的。"我安慰他道。

永明从上海开始跟随我,至今已十几年。他技术底子厚,吃苦肯干,把恒荣当家似的护着。设备上每颗螺帽螺钉就像长在他身上似的,每天少不了摸摸擦擦。我那感激的目光投向正在忘我工作的一个个背影上。

夕阳在山头剩下半个脸,干黄山正在释放出它在一天中所吸收的热量。二分厂两头河水烫烫的,好似天然的浴池,在这里洗一把脸、泡个澡,老天从不收费。这河沟里的一群白鸭像船一样徐徐划行,有的把长颈倒插在水里,红色的蹼趾伸在尾后,不停地扑击着水以支持身体的平衡。不知是在寻找沟头底细微的食物,还是贪恋那深深的水中的凉爽。有的已上了岸,在柳树间如一个个绅士来回地踱着步。

我仰起头，看到天空如灰色的雾幕，一些碎屑落到我脸上。我对着清冷车间那没气的烟囱说："老伙计，我更是心寒气短，这市场快烂破船舱底板了。上了这条船上的人都有淹死的可能。"

"老板，吃晚饭了。"徐斌在食堂门口招手喊。

我从炉边兜了出来，走进小食堂，桌上有我爱吃的肉丝黄芽菜、红烧肉。厂里的几个骨干在桌边围着，蔡皆(厂长)手里的白酒瓶盖刚打开，一股酒香味扑鼻而来。他妻子赵建华还端着小铁锅炒黄豆芽。学明坐在凳上沉着脸，周工一人独坐在小板凳上抽闷烟。我知道他们心里在想啥心事，厂子快揭不开锅了，工人有的还在闹情绪，堆着的钢材一天天跌价，这不是朝天算盘明摆着吗？

"我也来点白酒。"我端着碗对蔡皆平静地说。

这时闷着不吭声的学明开腔了："老板，蒋久仁去大丰的钢厂上班了。"蒋久仁是负责生产的作业长。

"知道。"

我端着酒碗接着说："酒还得大口喝，恒荣塌不了，2008 年金融风暴把我剥得只剩一个骨架，还不是好起来了。"

周工把手指间的烟屁股扔进了烟缸，这烟屁股还冒着星火，躺在缸底的水里发出了微微的嗤嗤声。

蔡皆端着酒碗碰了碰学明、周工的碗说："老板做决策，我们干好手里的活。"他一口喝了半碗。

我本滴酒不沾，但今天却破了例，深深喝了一大口，这酒真妙。不到一会儿，烦恼、压力、悲伤、恐惧都没了，只是一张通红的脸伴着我呼呼进入梦乡。唉，人要睡着不醒多好啊，永远躺在这太平的世界里。

醉了，失去了感觉，但那财务上的账本是抹不掉亏空的呀。公司的台账主管陈凌告诉我："老板，海南、广州、钦州现总库存 11 220 吨，均价成本 4 240 元，市场交易价 4 040 元，是否要抛货，请指示。"

天啊，这个请示让我毛骨悚然。黑暗的缝隙在我的脚下张开了大嘴，我好像坠入暗无天日的深渊，心扑通扑通地狂跳。眼前一根根竖立在公路上的电线杆魔鬼似的伸向天空，发出恐怖的声音，我想这次在劫难逃了。

正在我犹豫时,泰都李总和广州钢材交易中心刘健明董事长对南方市场做了分析,并向我透露钢材会跌到啥价位就看市场需求。从目前市场的气候来看是黑云压城城欲摧的趋势,钢产业定会一败涂地,其中很多没有竞争能力的弱者已从悬崖上跌了下去。

刘健明董事长说:"这市场已经变态了,它已经是根据市场的需求,而不是以生产成本来定价了,目前市场的需求还是看国家领导人开放的胆略。"

李总接着说:"到6月底还有11天,钢材至少还要往下跌100—150元,他们泰都的高炉昨天开始歇下来检修了。"

听了他们的分析,我如坐在血淋淋的针头上,马上致电陈凌:"陈凌,按现市场价抛货,快……快……"我结结巴巴地说,好像在生死存亡的阵地上发命令似的。

唉!刘董深深叹了一口气说:"中国的商会统一起来就好了,国外的进矿价一个口径报价,不能被外商牵着鼻子走。"

李总接着说:"减少成本是一个方面,但也拯救不了市场,你有空间跌,他有空间跌,而眼前的肚量只需一锅饭,跌价也吃不了多的几锅饭,根还在于供大于需的弊病。"

他们你一句,我一句的,听得我心里如同打翻了一缸黄连汁,满满苦味。

我认为一个人精神上的缺陷可以通过求知来改善,身体的缺陷可以通过运动来改善(打球有利于腰肾、射箭可扩胸利肺、散步可助消化、骑马使人反应敏捷),但这市场哭肿的脸也不会有谁帮你擦,磕头求菩萨也不会让市场好起来。人在悬崖只能搏一搏,死马当活马医,就看"妙手回春的神医"了。

二、寻找出路

人在悬崖边沿垂死挣扎的一刻,总盼有人拉一把,这是求生本能。二分厂就像病入膏肓的人端着药罐头到处求医,东求一张方子,西抓一把药,但病始终得不到控制,而且还在恶化。

进一批坏亏一批,我真想认输把厂子关了,待气候好转了再开。当我脑海里企图退却的一瞬间,却看到上百个员工眼中流露出的失望、悲观、沮丧。我的老伙计流着眼泪还自嘲地笑着,仿佛告诫我:"回避、躲闪、辗转、折腾都毫无作用,既然来了就要迎着刀锋而上,这才是最好的选择。"

夜深了,窗外黑得伸手不见五指。无情的市场让我的心房变成了地狱,在冰窖般的小房里,地狱之门一次次向我和恒荣二分厂敞开。我仿佛走在夜间荒无人烟的山路上,只听到、看到自己一串串血淋淋的脚印和无助的哭声。

"跌价!跌价!跌价!"这丧钟敲得我跳楼的心都有了。

厂子关还是继续顶在风口浪尖上,让我很为难。如果不关,单枪匹马、孤军作战,必败无疑。现在唯有寻找一个支点,借助国企品牌的优势,从自产自销转为代加工生产模式,这是唯一规避风险的途径。

可看现状,我所熟悉的厂家70%都停产了。国企也都在限产和减产两者之间过渡。现阶段这种疲软的市场,叫苦连天的声音覆盖了沉默和希望,能不能找到救苦救难的菩萨,就看我的运气和造化了,我这人就是顽固不化,永远跟着前方的路牌,死不回头艰难地走着,不达目的誓不罢休。

凭着这种勇气,老天有意传递给我一个让人振奋的信息——广钢金博公司正在扩大贴牌加工业务。

金博公司是广州国资委和广钢所投资的国企,广钢的董事长兼金博董事长、广钢国贸董事长王亚任总经理。

我和王亚在广钢国贸的业务合作中认识并成了朋友。他是一个有谋、有略、有冲劲的年轻干部。28岁已经担任广钢销售处处长,我与他是在国贸常务副总李志忠请我吃晚饭时相识的。

我和广钢国贸已成交了6万多吨的钢坯,他们负责从云南昆明进货定量、定向销售给我厂,双方都挣了钱,合作得很愉快。

说来搞笑,陪同李总一起来的朋友,说只能听懂我三成的话,还说我的话比外国人的都难听懂,像外星人似的,说话"哒哒哒"像开机枪,旁人连插话的机会都没有,很多地方的同行和朋友都有同感。

王亚抽着烟,烟头的白灰还冒着红光,缭绕着暗淡的烟霞。他对部下说:"苏总说的是上海罗店那边的方言。"这让我惊奇又敬佩,看来他是个上海通。我从他那如炬的眼神中能判断,他不仅仅是久经沙场的"将才",还是一个高瞻远瞩、品格极为高尚的人。品格是世间最强大的动力之一。崇高的品格,是人类本性最完美、最理想的体现,因为它展示了人类最美好的一面。真正卓越的人,存在于生活的每个领域中,他们勤勉、诚实、守法,他们对目标矢志不渝,他们受到人们发自本能的敬意。信任他们,对他们充满信心,在思想言行上仿效他们,都是再自然不过的事情,因为正是他们支撑着世间美好的一切,若没有他们的存在,生活便会毫无生趣。

王总是安徽马鞍山人,毕业于安徽工业大学,才 40 出头,古铜色皮肤,中等身材,他的眉毛仿佛总是向上扬起,嘴巴却给人友好的印象。从他壮实的手臂和胸肌能断定他是一个打高尔夫球的高手。他很精明,但是个有诚信、重情义的儒商,又是一位卓越的指挥官。

王总和我的想法不谋而合。他为将广钢"五洋"牌发扬光大,考察了很多厂家,并已在广西贵钢、广东揭阳加工生产。但这几个厂家的设备工艺只限产在 14 mm—25 mm 的规格,因此他们正在落实贴牌加工 10 mm—12 mm 规格的厂家。生产 10 mm 小规格螺纹钢既要持有生产许可证,又要考虑物流成本,还要将加工费卡设在厂家的生产成本喉口。既要马儿跑得快,又要马儿少吃草,所以要找到生产小规格螺纹钢的厂家并不容易。这市场已将厂家推在死亡线上,好比人到落难的时候,饥不择食,贫不择妻,凑合着罢了。

王总说:"这加工条件确实很苛刻,也许我们还得做赔钱的买卖。"他把广州市场的螺纹钢和进坯、加工费细细做了测算,如果按广市目前的价位必亏无疑的,只能就近销往南宁、海南一带,这样还有利可图。但是我们不能局限在眼前的风险上,而是要从战略和战术上考虑如何规避风险,从被动局面扭转过来达到双赢。

王总的一番开导在困惑和绝望中给我带来了生机,让我明白所做的一切不仅仅是为了生存,更是为了创造价值和意义。我感慨地说:"王总,我们已建立了合作的基础,彼此都知根知底,我也知道市场目前的困境,我只要不亏便是了,我们一起共渡难关。"我的话十分恳切、真诚。

"小吴,你和苏总谈个操作方案,拟一份加工合同上报给我审阅。"王总呷了口红茶认真地说。

"好的,按领导指示办。"小吴点了点头,把手里的笔记本合上后说,"苏总,下午我们谈几个实质问题。"

"嗯。"我一口便答应了。

但不知怎么,我一时转不过弯来。小吴是原广钢国贸负责销售螺纹钢的科长,我和他打过很多交道。他做事的风格过于谨慎多虑,而且是个慢性子郎中,为此我常与他发急。而今天他的风格像突然换了个人似的,令我措手不及。

下午我和他边喝茶边聊事,小吴开门见山地说:"苏总,我就打开天窗把话亮开了,目前这钢材生意难做,10 mm—12 mm 螺纹钢每吨加工费我们只能出350 元,成材率1 比 1,你厂这条件能否接受?"

"加工费每吨 350 元?"我又重复地说,以为自己的耳朵出了故障可能听错了。记得去年广钢国贸给我厂的加工费每吨 450 元,这也是小吴经办的。

我站起来激动地说:"小吴,这不明摆着让我做亏本的生意吗? 你可不可以只打自己的如意算盘。按你们广东俗话说,算得田里草都长不出来。"

小吴无动于衷,眼睛眨来眨去观察我的表情,他杀价刀不留血迹,他的冷静不在于他手中有多大的权,而在于他以往的习惯。

"苏总,你我吃这碗铁饭闭着眼都不会将米粒子吃到鼻孔里,这市场就像一眼望得穿的玻璃缸,谁都一目了然。"他擦了擦茶桌说,"你们测算一下加工成本,我们亏了没积极性,你们亏了也没积极性,我们只能从严从紧从实际出发。"

他笑中带着一种挑战性,敢于从空中抓住闪电,从泥潭里抓住自己的头发拔出来。

小吴是王总的得意门生,精明、强悍,但他身上却少了王总那种统帅大军的将军风度,在他职权范围内的事也不能当机立断。

我是个急性子人,肚里憋不住半句话,想做的事从不拖拉,恨不得立竿见影。

"小吴,咱们朋友归朋友,生意归生意,只要能保本,我也不和你婆婆妈妈的。"我呷了口茶继续说,"这事就这样定了,你拟份加工合同,但量一个月不得少于7 000 吨,确保连续生产,否则就没戏可唱。"

"好,过两天我带广钢股份公司技术质量监管处陈总去你们厂转一圈,要让陈总认可才是。"

"好吧,我在厂里恭候。"我和王总告了别。

　　加工的活是不得已而为之,能不能保本,风险都存在,但至少比自产自销的风险小,这气候谁都没有稳挣钱的事儿。

　　那天晚上我做了一个怪怪的梦。我梦见自己遇见了宋江,他对我说:"你要做好最坏的打算,这次来势和那年金融风暴一样残酷,而且退势慢,你别有非分之想。指猫念经,指屁吹灯,这形势逼得你上我梁山了。"宋江哈哈大笑:"苏总,算上你,咱梁山又多了一个绿林好汉了。"想起这奇怪的梦,我偷偷笑到肚子疼。我到哪里上梁山避风港哟,这世界四处都是荆棘。

　　厂里的员工听说我接到了加工活,沉闷的脸上有了笑颜。而厂里的几个头目却耷着脑瓜在发愁,厂办公室里面鸦雀无声。是呀,加工一吨螺纹钢用多少水、电、煤,有多少损耗,没有半点遮遮掩掩,就像人脱了衣服啥都明摆着,他们算来算去觉得费劲有压力。这活儿扛得了吗? 他们没有把握。

　　"别闷着了,能养家糊口就行了。"我冲着他们大声大气地指责不休,把积压在自己内心的感慨发泄了出来。

　　"这加工费是给得紧巴巴的,但也许能让我们厂渡过难关。"

　　这时厂长蔡皆发话了:"老板,供坯必须和生产的节奏跟得上,否则这账叫天皇老子来也算不过来。"

　　"这不必担忧了,我和金博公司有这样的约定,确保加工量的底数和生产的连续性,少于底数加工量补偿每吨 50 元,而我们不能按合同量按时交货也同等补偿。"

　　我的一番话像一根充气的针儿,那垂瘪的球一瞬间鼓了起来,他们的头都抬了起来,眼光中射出了一道希望。

　　第三天,金博小吴和广钢技监处陈总来了。陈总在钢铁行业可以说是一位老前辈,从他对轧钢工艺和设备性能的审视目光中判断,他既专业又有工作热忱。他对车间里生产流水线的每一个环节都做了认真仔细的考察。

　　陈总考察后满意地说:"可以签加工合同了,相关手续回广钢走程序即可。"

　　"好的。"我和小吴异口同声地说。

　　我注意到自己的脸热热的,一缕兴奋透上心来:"厂子有活路了。"

　　几天后,我和广钢股份公司、金博分别签了协议书,又和金博谈成了在海南战略合作的意向。

广钢牌的螺纹钢打入海南市场,我们得到了海口市场的代理权,这时我心中激荡着成功的喜悦,信心也随之增加了一分,内心在不断地呼唤,前进,前进,再前进,用我的坚韧对抗我所遇到的每一个障碍,即使摔倒了,我也要抓一把沙子在手里。

三、海 南 之 梦

曾经去过很多海滨城市,感觉可以去的海岸线只有海口最长,像青岛吧,就栈桥那块可以去走走了,却因为人太多的原因让你无时不感到浮躁,早上清净些,你却得跟别人抢着起早了。在海口,你可以随时沿着滨海大道走,随便找个地方坐下来,看看远处的大海,平静一些自己的心灵。海南真的是一个美丽的地方,尤其是晚上,徐徐海风,淡淡心情,到聊天吧坐坐,泡上一壶细茶,哦,生活原来就是这样,平淡无奇,但心旷神怡。

我八年前在海口黄金海岸买了一幢别墅,面积有400多平方米,有大半亩花园,别墅后面还有天然的温泉池,只需几步之遥便可到达沙滩。买的时候花了230万元,现在至少值1 000万元。这样在海岸线上的别墅已经是绝版,国家不再批建了。这别墅装饰得豪华舒适,是按西欧的风格来装修的。从窗口和阳台望去,四周都是眼花缭乱的粉红色鲜花,花棚木架上还盘交着淡色的紫荆花,那种纯白的沁人心脾的白梅凛然绽满白花。园东几棵椰子树上挂着一球球椰子,像看门的大将军,腰里挂满着铁雷,英姿威武。园地上四季铺着绿色常青的草毯。

青青的椰树挺拔
暖暖的艳阳高照
鹿也回头微微笑
天涯海角多美好

美丽的海南岛
银白沙滩蓝色波涛

幸福的路儿一条条

南国红豆生出相思多少

长长的海岸如画

悠悠的渔歌萦绕

琼州海峡涌春潮

海阔天空更妖娆

美丽的海南岛

五指山拥万泉水抱

甜美的日子步步高

椰风海韵抒发意犹未了

　　我走进园地,感觉就像被一群温柔多情的姑娘包围着,她们展示着自己的美。那娇艳鲜嫩的花瓣像涂得猩红的指甲;爬在墙上的常青假葡萄藤,远远看去好似姑娘脊背上那条黑长的大辫子;那繁茂的枝叶在风中摇晃的视觉,像她热情奔放的性格。这种感觉像海上飘来一阵轻风那么清新,又像她的口唇贴着我跳动的心口,仿佛有一股温流贯穿了全身,使我充满了若有所求的强烈欲望。

　　美,谁都想追求,可我心里装着一份永不能卸下的苏府天职,它让我时刻保持清醒的灵魂。歌中有一段词儿:爱江山更爱美人。对这词儿我并不赞赏,爱情如果没有面包,仅凭甜言蜜语,画饼岂能充饥? 这美人不是仙女,也需要油盐柴米,衣食住行。在这个现实的世界,有许多美人由于享受不到物质的好处就移情别恋走人了。因此我赞同把这词儿前后调过来,确切地说应该是:爱美人更爱江山。

　　"男"字,老祖宗们画笔点睛,道出了真实含义,在字形上"男"是"田"和"力"的组合。可想而知,一个在田地里出大力的人,岂有不辛苦之理? 我们都上有父母,下有妻儿,对上是父母的支柱,对下是妻子、孩子的依靠,因此我们在任何时候,都要保持清醒的头脑,不能泥足深陷,无法自拔。

　　海南是一个美丽的世界,微风吹过好似一片落叶那么轻柔。街头穿着半露的女孩又像羽毛擦过你的唇边,使男人们那么紧张、那么迫切、那么迷恋。

人都不是圣人,都有七情六欲,若与姑娘美丽的眼睛相遇,她眼中的光会走进你的心里。俗话说,英雄难过美人关,是的,很多男人都走过了艰难的路程,而却没走过美人的防道线,结果鸡飞蛋打。

人间百态,尽现眼前,海南的街头,飘来的风都是香的,很多意志薄弱的男人经不起诱惑,便成了红尘中的牺牲品。说这些并不是说,我们去海南就会跌在色情的染缸里淹死,而是让男人从教训中明白这样一个道理:男人要有自己的一番事业,也要时刻警示自己,不要随波逐流,纠结在情路里走不出来,还是踏实生活吧。

今天的海南已经有了翻天覆地的变化,快速的经济发展把海南装饰得美如西施,闪耀着迷人的色彩。特别是海南成为国际旅游岛后,各地游客都涌了过来。原来秀英市场钢材月均吞吐仅仅 5 万吨,现在月均吞吐量已达 20 万吨。海南地下有黄金,谁都想挖到自己的兜里,这野心使海南市场竞争显得更激烈了。

我选择在海南买别墅,不只为了贪图享受,而是我已经对海南的景致有了一种亲切感,它让我情不自禁投入到海南这大自然的怀抱中。

我跟自己有个约定,在海南闯不出成就,我不会在花园别墅住,就老老实实和员工同住驻海南办事处吃粗米饭,睡在发臭味的房间里自罚。这话不假,那美丽的花园别墅闲置了整整八年四个月。

虽然人们经常拿海南岛与夏威夷比,但其实海南岛是一个独具特色的国际旅游胜地,其引人入胜之处无可比拟。

我和妻子都只有一个心愿,冬天带着儿孙们一起来海南避寒,我可以在此静静地作诗写书,海南将是我晚年的伙伴。

我妻子和她的姐妹在南山大寺庙里请了个金菩萨,然后寄放在庙香火盛的金殿上,她们每年来这庙里磕头烧香,每个年头寄给寺庙香火钱 3 720 元。我知道妻子为我和孩儿们许下的祝愿,在她心里这世界都是菩萨,我能有今天的造就,都是菩萨显灵。

她笑着对我说:"你走南闯北都有菩萨跟着,遇到任何艰险都能化险为夷,遇凶化吉。"

说来也凑巧,很多人都说我长相如菩萨。圆眼、肉鼻子、两条眉很短很粗、额角宽亮、腮上福分分、脖子几乎与头一边儿粗,总给人一种善良壮实的感觉。

这世上真有菩萨吗？说来也怪，几次大难我都挺过了，也许真的是菩萨保佑，我内心涌动着一种穿越黑暗的星光。

我闯荡海南已十个年头了，那时海口秀英钢材市场是海南唯一的"独生子"，它的销售面覆盖了整个海南区域。秀英钢市紧靠秀英港约3公里，码头能停靠5000吨级船舶。我就在秀英港近边买了近200平方米的商品房，那时买价一平方1100元，只需花22万元，如果在上海市区，22万只能买房的一个角。

我对海南了如指掌，闭着眼能通过空气闻出来海南的东南西北，踏在地上就知道到了海南。因为我对海南这块热土有一种心灵的感应。那高楼大厦和市政建设都有我的螺纹钢，还有亲密朋友周财吉和他的兄弟们的热情微笑。

周财吉是海南盛美亚、京华城集团的总经理。他几年如一日坚持四季游泳，身板虽然瘦长，但肌肉壮实得像钢铸铁浇一般。一张被太阳晒成棕色的长方脸，两条黑黑的眉毛、尖挺的鼻梁和两只慈善、精明的眼睛。他经营有钢材、房产、商铺出租、饮食等。

在海口，周总的品格魅力是有目共睹的。我看英国作家塞缪尔·斯迈尔斯的《品格的力量》一书，其中有这样一段经典格言："品格是个人本性中体现出来的道德秩序——品格高尚的人是他们所属的那个社会的良心。真正卓越的人，存在于生活的每个领域中，他们勤勉、诚实、守法、对目标矢志不渝。他们受到人们发自本能的敬意。"

我认识周财吉有十年了，听过很多有关他的事。周总兄弟姐妹六个，那时海南是个落后的穷岛，他家底薄，没念几年书，14岁就和表哥吴乾鹏一起闯码头了，兜里只有几张"大团结"。他们兄弟俩提了竹篮，天没发亮就守在海边，渔船靠上岸，他们用兜里的小本钱收购一些刚捕来的鲜鱼活虾，跑到街头挣点角头小钱。有时候饿得发慌，热气腾腾的馒头就在眼前都舍不得花钱买，一竹篮的水产能挣多少钱呀。兄弟俩从挣一元一角积累，风里来雨里去，一个个铜板博出了成功之路。

他们从水产起家，然后经营钢材、房产、商铺，结算方式从最初兜里的小本进出，到背包里进出，再一步步发展为银行结算，今天他们已成为几亿元身价的大老板。我从他们的创业经历中找到了答案，思路决定了企业的成败。在现实生活中,许多企业老板面对困境往往无计可施,达不到预定的目标,其根本原因就在于他们少了周财吉、吴乾鹏兄弟俩的正确思路和创业精神。

在人体构造中,牙和舌是唇齿相依的关系,但有时也会"打架",可令人难以置信的是周总、吴总兄弟俩合作了 20 多年,就像恩爱夫妻,从未红过脸。

他们兄弟俩有足够的能力住别墅,开高档轿车,但他们却住在一般的商品房里。我去过周总家,六口人在 140 平方米的房里挤着。周总一直开着很普通的车,去年换了一辆吉普,也不过 100 万元。他不喜欢奢侈的生活方式,做善事从不张扬。

英国思想家丹尼尔说:"如果一个人不能塑造自己,那么他将变得多么可怜。"是的,我觉得时钟是人生最好的象征,那时钟的针动着,你的人生是否也在一分一秒为自己塑造崇高的品格。周总就是我的楷模,我在海南转了十多个年头了,我只能摊开两手说,我找不到周吴兄弟俩这样至诚、品格高尚的朋友。

我和周总公司生意合作中途断了四年。但我每次去海南他还是那么热情、好客,就是生意忙在手里,他也会亲自陪我去三亚,或一起喝早茶。甚至我不在海南的时候,我有朋友去海南,他也吩咐弟弟周财兴热情款待。他说"苏总的朋友就是我的朋友"。记得有一次,我的几个朋友去海口度假,他弟将住宿安排在四星级宾馆,周总知道后狠批了弟弟一顿,要他调换了五星级宾馆。他对人待朋友从不势利,对朋友总是两肋插刀,二话不说。他在海南的口碑,不论是同行还是认识他的人,都会赞不绝口。

我的厂子以十年期限承包给冷水钢后,重心转向了海南。前几年在海南挣钱了吗?我自己也说不清楚,因为厂的生产和经销一体化核算,只能看整体的效益。

我和盛美亚、荣德利三家合资建成的海南盛荣股份投资公司就像一个刚出胎的孩子,落地就遇上了自然灾害,播下的庄稼颗粒无收。

2011 年末,北方已是冰天雪地,高速公路路面冰晶光滑,为了交通安全路口都封了。那小公路上爬着拖钢材的挂车,像一个残缺的老人挂着拐杖走路,车轮上绑着防滑的铁链子,屁股里冒着黑烟,摇摇晃晃地颤动着。车轮碾压过的冰面上,留下两串深深的龙纹刻痕。这冰野仿佛在沉睡,光滑的冰层如玻璃遮住了熟睡的寒冬。

北方这个季节工地施工都停了,钢材价格跌落到了不可收拾的地步,这也给南方贸易商创造了机遇,南北价位比较,除了运杂费,还有一块肉头。我和周财兴从海口赶到唐山,组织货源运往海口,我们都有一个共同心愿,打响盛荣第一炮。

节前节后,我和财兴在唐山泰钢进了 13 000 吨大规格螺纹钢(16 mm—25 mm),货到海口按当时的现货价一吨有 130 元差价,照常规过年后四五月份都有一个好的冲势,而我们却被这经验主义坑害了,一眨眼一吨钢材跌了 300 多元,而且市场冷淡得连问价的人都像生病人似的,有气无力。

唉,市场病得真不轻,神医诊断都摇头,打强心针都醒不过来,钢材已经跌破了成本价,连上海钢铁大王瞿大宝(冷水钢)都锁着眉发愁了,他指着库存30 000 吨钢材说:“亏了,亏了!”

盛荣营销部经理李永泉唉声叹气,他含愁的眼睛带着悲观的神色,杯在茶桌上噔地一敲,那玻璃杯成了碎片。

“气冲着杯子发了。”周财兴笑着说。

“咱吃一堑长一智。亏了,你哭肿眼这市场也好不起来。”

周财兴是盛荣公司副总,他从他哥身上学到了很多经商之道。财兴可贵之处在于胸襟宽阔,在拼搏中体味和享受生活乐趣。

员工们发泄内心的怨气很正常,谁都想挣钱,亏本的买卖傻子才不吭声。我笑着对他们说:“这不是你们无能,而是新公司出胎的时辰没有选准。”

周财吉总经理接着说:“越是困难的时候,越要鼓足斗志。我们几百万亏得起,但亏不起人的斗志。”

他和我商量说:“给盛荣的员工各买两套工作西装,每天早晨集队军训,必须培养一支有战斗力的员工队伍。”

周总言出必行,他激昂满怀的将帅风度给了盛荣员工在艰难时刻战胜困难的信心和无畏的力量。我和周总有同感,海南这宝地,国家已经给予了其国际性的定位。我们和海南的合作一定能成功的,盛荣的明天是灿烂的,海南属于全世界的希望之岛,也属于盛荣和我寄托的好梦。

四、越南：越走越难

我的公司从 2007 年起就与越南越日建立了国际贸易关系,并在 2008 年期间实质性成交了一亿多美金。我们之间的合作建立在双方有利的基础上,尽管在合作过程中双方建立了诚信友好的往来,还有兄弟加朋友的感情,但这毕竟是跨国的生意,越南的政策和法律是否稳定,决定了我公司与越日钢铁公司的贸易能否正常化。这不是谁说了算,国家利益高于一切,我们之间都得无条件服从。因为他们是越南人,我们是中国人,国就是家,就是父母,谁家的孩子不听父母的话,不爱自己的家?! 也就是说,我公司与越日公司的命运与两个国家外交关系密切相关。

2010 年在越南政府与广西壮族自治区举办的河内招商会上,我公司与越日钢铁公司签订了合作建厂的项目,总投资六亿多元人民币,在越南海防市工业园,征用土地 400 多亩,建造 400 多米岸线 5 000 吨级的装卸海轮码头,钦州市肖莺子市长去了现场考察,并对此合作项目表示支持和祝贺。

我公司对此项目的态度是积极、明朗、郑重的。越日公司的老板并不是宴席上的羔羊,他与我公司之间的合作,不论谈得多么默契、来往多么密切,但在利益分配问题上脸都铁绷着。我对越日公司一贯保持着谨慎的态度,越南一般银行的信用等级,中国银行未给予受理信用证的结算方式。因此越方出具的信用证需经中国银行的认可,或通过中行认可的其他大银行的担保,否则即便能交易,货款得不到保证,我宁可放弃。在这次与越日合作建厂的问题上,我认为只能从技术、工艺设计和设备进出口方面进行合作,实质性投资有风险。我这人对没把握的生意从不轻易投入。说句心里话,如果我有胆量和魄力,拥有的身家早就是现在的几倍了,也不会被那些晚辈赶在前面了。我喜欢独来独往,宁愿一人吃只羊,也不愿几个人吃头牛,是一个保守的传统老朽。况且越南这个项目,还是跨国投资,我有这种能力规避风险吗? 如果为了情义去冒险,不值得做无谓的牺牲。

我接触过的外商,他们的经营之道是"利益是友情的生命"。商场上的合作是一种利用与被利用关系,在某个合作伙伴关系上寻找自己走向钱庄的道路。不管怎样,当友情占据支配地位时,你的决策可能毫无意义了。

我公司与越日相处得很好,几年来你来我往,没有嫌隙。在保证资金安全性的前提下,我力所能及地尽力而为,视友情为合作的动力和深远的互益。越日的老板阿平基本上已不再涉入工厂的经营管理,而是迷恋在官场上施展权术。

越日的实际操作者是阿柏,所有的谈判都是他出场。这位年轻人虽然比我儿子小,但他智商不凡,脑袋里像安装了电脑似的反应敏捷、思维清晰。他和我公司苏海宾经理合作得很默契,合作上的很多事情都由他与海宾来策划和沟通。

海宾是我妻子的外甥,我看着他从小长大。他大学毕业后在宝山区外经贸部门和外资企业锻炼了几年,2002年起跟随我至今,对于他的人品和工作能力我很信任。工作是人类塑造自身品格的最好导师,因为一个人的品格在工作当中养成,并且归根结底要体现在工作当中。工作能唤起和锻炼人们的服从意识,能让人学会自律,能使人养成全神贯注的习惯,还能够培养人们学以致用的精神和为目标矢志不渝的品质;正是在辛勤的工作中,人们在各自的领域中获得了灵巧的双手和娴熟的技能,使人们在处理日常生活事务中获得卓越的才能和敏捷的身手。

近十年来,他在生意场上已具备了独当一面的能力,在钦州的知名度不亚于我。但他心善手软,在对越日问题的处理上,对我抱有一定的成见。

我公司出口到越日库内的5 000吨锻造方钢,原合同预定价是每吨500美金。但因市场经济的不景气,越日提出每吨下降50美金。海宾和陈凌不得不认可了这事实,那时美金兑换人民币的汇率是7.2∶1,如答应越日的请求,我们损失折合人民币360万元,这提议被我否定了。

当时,我也从阿柏的翻译中知道,越方资金很紧缺。所以我和阿柏谈了新的方案:将越日的信用证在中行申办了保兑延期付款两个月的手续,原合同价执行不变。越日将这笔货款做几笔轮回生意,既能填补库存的方钢亏损,这不违背我方的合同,也帮越日渡过了一轮资金危机。

要达成好的商务谈判,一方面要掌握原则和技巧,另一方面更要掌握对方的心理,诱导对方达成目的。

我和阿柏达成了协议。这让海宾、陈凌又惊讶又佩服,越日为何让这么大步，让他们不可思议，甚至对自己的谈判能力产生了怀疑。

我可以这样说：生意不是做出来的，而是谈出来的。他们和我之所以谈的结果有差距，是因为被友情所支配。生意人在谈判桌上只有利益，不存在友情。

海宾醒悟地说："跟老板学了很多经营之道，就是刀上的功夫还没领悟。"

实际海宾在很多方面已超越了我，但商人往往因朋友的笑脸而失去判断，错误的决策都是在灯红酒绿下诞生的，这是商人的致命弱点。

越日投资建设炼钢厂的时候，正处在越南金融危机和钢材市场低迷阶段，银行不给信用贷款。因此在建厂的设备投资问题上，针对两千多万美金设备款的信用证，我公司主动申办了延期一年付款的保兑手续，给予了越日积极的友情协助。这些代购设备和进出口手续基本是海宾在操作，我公司所得酬劳也仅是越中银行之间利率差价的一部分。对于出口退税，原则上越日与我公司各得一半，而越日的阿柏经理提出退税都归他们所有。双方的合同对退税所得如何分配没有相关的法律依据，反之，这笔出口设备的退税，以正常外贸出口交易来说，应由出口企业所得。但我公司从与越日多年合作和长远发展的角度上考虑，制定各得一半的分配方式，这分配方式我公司认为是合情、合理的。但也许越日与我公司的想法不同，因此产生了分歧。

我们仍然在支持越日的工厂，他们对炼钢不在行，我公司从福建福安荣兴炼钢厂那里挖了一批技术力量，签协议承包了越日的炼钢厂，即双方议定吨钢成本后，如果炼钢高于议定的吨钢成本，超出的由我公司承担；低于议定的吨钢成本的部分均归我方所得。

承包这项目存在的风险和难度有：第一，越南进口的废钢中混杂了很多生铁和合金元素的废品，这对控制炭含量的操作增加了难度，而且质量得不到应有的保证。第二，操作工很多是越南当地民工，中越的语言不通，这带来了沟通和管理上的不便和难处。但在这风险中存在着的丰厚的利润又诱惑着我们去为它冒险。越南的优势是电费极低，一度电只需 0.30 元，还不收基本电费。而我们国内南方电网价，包含基本电费一度电收费高达 0.80 元，炼钢的成本电费占了 70%。越南的劳动力和电费的成本低于中国几倍，但越日给我们的承包价都按中国的炼钢成本测算，这优势中有着我们挖掘的潜力。

炼钢这碗饭我公司没有人能端,我就把项目转包给了荣兴炼钢厂陈生,我公司负责协调陈生方和越日之间的工作,从中获利20元/吨。

陈生在福建荣兴公司任总经理,他性格开朗、为人厚道。炼钢的饭吃了几十年,他炼钢的技术就像巧妇做糕点,要香有香,要色有色,要啥造型就有啥造型。炼出的一炉炉红红的铁水就如他家酿造的红葡萄酒。我们的工厂一年在他那里买10多万吨坯,炼出的坯用户都信得过。

陈生带队去了越日。试产期间,国际市场的钢材价日益下降,就像人得了慢性绝症,病情一天比一天加剧,越日的资金链中途出现了断裂,连铸机和天车在试产中跟不上产能的配比,导致只能单炉出钢水,因而生产成本翻倍上去。设备上的病能医治,但资金链有了断裂就如人体血液流通有了障碍,会引起大脑缺氧昏迷或死亡。由于越日的资金得不到银行正常的输血,陈生去越日炼钢的工酬也不能及时到位,双方面临着极其恐怖的危机。

越日曾多次请求我公司给予资金的帮助或参股,我公司一直不作明确的表态。苏海宾经理还曾为越日方与陈生的矛盾给阿平和阿柏写了信。

说实话,我对越日有感情。从情感上出发,在越日困难的时候助一臂之力是应该的,但他们的资金缺口已经令我力不从心了。我已到了这把年龄,犯不着没救活朋友连自己性命都搭上,我只能说一声抱歉。

五、风　　暴

曾几何时,我国钢铁企业迅猛发展,但到了2008年年末,受金融危机的影响,原材料价格逐渐下降,诸多钢铁企业相继出现减产、限产甚至停产,处于微利或亏损经营中。近年来钢铁行业效益不佳,企业兼并重组意愿下降。产能依然过剩,企业效益两极分化。出口产品大幅增加,贸易摩擦冲突加剧。随着钢铁行业竞争的不断加剧,大型钢铁生产企业间并购整合与资本运作日趋频繁,国内优秀的钢铁生产企业愈来愈重视对行业市场的研究,特别是对企业发展环境和客户需求趋势变化的深入研究。

现在回首过去,形势仍然很不容乐观,甚至比当时想象的还要糟糕。每次与商界的故友重逢,人们都感慨万千,唏嘘不已。那么多驰骋商界几十年的老板,一夜之间成为穷光蛋的也有,欠了一屁股债逃跑的也有,实在过不下去了跳楼的也有。这些情况比比皆是,我所知道的一个例子是唐山一个老板,原本身家几亿元,都投到机器设备,变成了固定资产,后来钢价暴跌,生产越多亏损越大,企业面临生死存亡的险境。

我们去唐山、去江苏看,很多工厂都已经停产多年。那些地方的钢材市场以前是多么红火,诞生了多少富翁。可是一夜之间,房产界衰落了,房子卖不出去了,海南房产价格最近跌了百分之三十。房子是买涨不买跌的。产出来的钢材,被大量地堆积在钢材市场,无人问津。柴静在《穹顶之下》的纪录片里采访过一个钢材市场,那里曾经无比辉煌,每天都有上亿元的成交量,但是现在情况惨不忍睹,里边荒芜了,长满了杂草,成为老鼠和麻雀的天堂。想想十年前的钢材卖过五六千一吨,现在跌到 1 900 多元一吨。很多老板欠了银行的贷款,资不抵债,跑了。

眼下的国内钢铁业现状,可以用"乱象丛生"四字来形容。有些人坚持"痛并坚持"的经营理念。说这句话的是一位有着 10 多年钢贸从业经历的企业负责人。因为在 2014 年经历了亏损的痛,深切地感受到"痛着"的煎熬,故激发了"奋斗着"的斗志。正因为如此,"痛并奋斗着"绝不是一句空喊的口号,而是代表了钢贸行业持续发展的主流方向。一些企业"奋斗着",既有对现实的冷静思考,又有具体的行动标的和落实计划。

还有一些钢铁老板坚持的是"顺势、随波逐流"的理念。钢价长期倒挂,导致钢厂代理商盈利空间不断缩小,并开始陷入亏损的窘境。在这种情况下,一些代理商开始重新审视他们的经营模式。放弃库存,在眼下看来不失为明智之举。根据市场的变化,对自己的经营策略做出相应的调整,正是这类企业活下去的关键所在。例如,由原来的"做库存"到现在的"搬砖头",尽管舍了"面",但却得了"里"。

为了减少开支,一些企业还实行瘦身策略。在经营上,收缩摊子、缩小办公场地、精简员工等,恪守"千做万做,蚀本生意不做"的原则,只要有蝇头小利就做一点。其中,有一些非理性的做法,甚至有的辞退了所有员工,把企业牌匾塞进了阁楼,凭借一台电脑在家里孤军作战。

在金融风暴面前,钢铁企业八仙过海,各显神通。有的企业想到了互联网:"拼了,赌互联网。"这部分钢贸企业为数不多,动静却闹得不小。虽然钢铁电商交易平台没有一家是赢利的,但并不说明搞电商平台不能赚到钱,要赚就赚大钱。如有一家早年搞钢铁信息咨询的电商平台,不仅赚到了钱,还成为了上市公司,一夜之际诞生了成百个百万、千万级的有钱人。尽管在2014年经营业绩出现下滑,但其股票成为创新版块里的宠儿,是股价炒到三位数的高价股。这一个案成为行业低谷时掀动电商热强有力的推手。

在实现智能化的未来,互联网能帮助到人的方方面面,但最终还是为人服务的。在众多电商平台中,有些从其他行业的"空降兵",可谓是赌互联网的典型代表之一,在业内没有积累,在平台上往往整合不到有效资源,甚至挂出来的资源价格也是从其他网站上抄摘下来的,这样的平台从开张第一天起,就想好好地赌一把。可是,市场有一条铁律,烧钱的企业命不长。与其去赌小概率的上市,不如沉下心来做好自己,起码让平台不烧钱,靠经营养活自己。

有的企业走的是"休整,以后再说"的路子,静待时机,东山再起。不过,没有多久,这些曾经说过"再也不干了"的人群出现了分化。有的在提供绿色环保食品上抓到了再创业的抓手,有的干起了养殖业,有的销售起了农副产品,还有的办起了现代化农庄……据说,已经有跌倒以后再爬起来的钢贸老板,准备携带着再创业中形成系列的绿色食品,争取在哪里趴下就在哪里爬起来。

未来何去何从?有人给出了"借势用力,全面发展"这八个字。行业目前仍处于低谷,却没有丝毫好转迹象:行情依然低迷,生意依然难做,前景依然模糊。

我们总结一下国家的"互联网+"计划,这意味着,整个钢铁产业链在未来10年中将实现"四大转变":第一,由要素驱动向创新驱动转变;第二,由低成本竞争优势向质量效益竞争优势转变;第三,由粗放型制造向绿色制造转变;第四,由生产型制造向服务型制造转变。"四大转变"的最终目的,就是以体现信息技术与制造技术深度融合的数字化网络化制造为主线,让中国制造成为享誉全球的"中国智造"。

我的基本想法是,现在已经到了不转变经济发展方式,不进行产业结构调整就没有办法发展下去的紧要关头了。那些从事钢材生产的企业,可以做一些钢产品的来料加工。这次五裕公司老板陈明康找我合作收购一家仓储公司,我们做了市场调研,五裕公司原本有一块稳定的业务,市场有一定渠道和潜力。经我们认真慎重考虑,又找了海南盛美亚合作伙伴,三家投资人民币3 000万元,其中固定资产投入1 200万元,我们公司和盛美亚公司各占21%。陈明康年轻气盛,智商不凡,令我欣赏的最大特点就是善于经营,勇于开拓,是一个不可多得的将才,我们三方约定,五裕公司原块业务必须纳入联营公司名下,合作公司与找钢网也谈成了合作:力争一年半时间收回固定资产投资。从理论和市场论证,合作公司收益有一定的保证。

早在十几年前,我曾与陈明康有过合作,彼此都很了解对方做事风格,陈明康敢闯敢干敢于创新,而我比较小心谨慎,稳扎稳打,没有把握的事我不会去尝试,就像一个老年人摔跤,不是伤了筋骨,便是跌得卧床不起,而年轻人摔一跤,即使挫伤了,很快就能恢复站起来。面对这次合作,我觉得我的理念和做事风格,也许会影响陈明康的思路和企业的发展,不能给年轻人设障碍啊,与其这样犹豫还不如做出一个明智选择。我和明康做了充分协商,五年为一个流程,分阶段承包给陈明康经营,二年回收固定资产,从第三年起每年回报25%的红利。我知道这是一种保守的做法,也许年龄大了缺少激情。

说句心里话,我很庆幸自己当初"悬崖勒马",在钢材市场坠入深渊之前退了出来,虽然也有亏损,不可能做到全身而退,但我算是幸运的。虽然2008年我做螺纹钢亏了一亿多元,但总比那些现在还在亏损的企业好。钢材市场没有计划性,产能过剩能到什么程度呢?

之前做钢铁时认识一个同行叫老李,他是河北唐山人,是一家民营钢铁企业的老板。最近,由于中国频繁出现雾霾,大家都关注河北钢铁产业削减产能。老李想说的是,河北省特别是唐山市的民营钢铁产业能发展到现在的规模,有很多原因。民营钢铁老板并不是一群为了赚钱而不顾及任何社会效益的人。

唐山钢铁产业究竟有多少产能,目前没人能说得清。根据当时国家发的文件,唐山压缩钢铁产能的目标是,到2017年净压减炼铁产能2 800万吨、粗钢产能4 000万吨。

唐山需要压缩的钢铁产能占全国需压缩产能总量的一半,但要算清唐山究竟有多少钢铁产能并不容易,因为唐山绝大多数炼钢高炉长期处于监管之外。

作为唐山人,老李觉得这是全世界最适合发展钢铁产业的地方,这里有炼钢所需的几乎所有原料。无论是煤炭、铁矿石还是石灰,唐山本地都有。唐山还靠近首都,拥有港口,物流条件得天独厚。

此外,唐山具备发展钢铁产业的技术储备。在唐山,兴建一座高炉不是难事,建高炉的技术十分成熟,各部件都有完善、充足的供应,多年来钢铁产业的发展也积累了足够的技术人才,只要有资金就能建高炉。

唐山民营钢铁厂近年来的快速发展与市场需求有很大关系。如果不是主管部门限制国有大型钢厂生产建筑用钢,唐山民营钢铁厂的产品前几年就不会如此畅销。国有大型钢厂的产品以高端的板带材为主,多用于汽车、轮船、家电等领域,民营钢厂主要生产线材,大多用于建筑行业。近几年房地产业大热,市场最需要的正是建筑用钢,其价格一度超过高端的板带材。我们看到有赚钱的机会,难免产生"大干快上"的想法。事实上,前几年我们确实赚到了钱。

在利润的驱使下,民间借贷并不发达的唐山曾出现村民集资兴建炼钢高炉的情况。前几年,有的村子举全村之力兴建高炉。其中,民营钢铁企业老板起到了"带头人"作用,有的"带头人"的个人出资不超过10%。当时钢铁市场的火爆为出资入股的村民带来了可观的回报。于是,产能压缩年年都提,唐山的钢铁产能却年年增加。

外界把钢铁老板"妖魔化",老李觉得有点委屈。在钢铁行业赚钱的时候,致富的不仅是我们钢铁企业老板,当地村民也是受益者,虽然他们呼吸着被污染的空气,忍受着轰鸣的噪声,但他们是这个行业的参与者,谁家没几个在钢铁厂上班的家人?如今,钢铁行业面临大面积亏损,很多民营钢铁企业老板还在硬撑,在某种程度上也是为了维持工人的生计。在唐山,民营钢铁厂解决了数十万人的就业。

现在唐山的钢铁产业遇到一道大坎,不知这次能不能迈过去。唐山钢铁行业不是第一次面对压缩产能的危机,之前每次都能最终化解。但这一次,政府的严格监管加上钢铁市场长时间的低迷,让我心里越来越没底。

现在很多钢铁企业老板在硬撑。由于前几年的积累,大家还能维持一段时间,那些被拆除的小型高炉本来就处于停产状态。现在削减钢铁过剩产能的压力越来越大,老李周围很多朋友接到了拆除高炉的通知。作为当事人,老李相信政府能公平、公开地处理这一问题。老李考虑过对自己现有的高炉进行环保改造,当然这需要投入可观的成本。在成本和收益之间,在拆除与改造之间,老李还需要进一步思考和选择。以上的悲惨遭遇,我总觉得还是由于人盲目投资和贪心所造成的,别怨天怨地,自己酿的苦酒,自己喝吧!

第三章 真 情

　　"只要人人都献出一点爱,世间将变成美好的人间。"这首《爱的奉献》我相信不少人都听过,也会唱。是的,如果每个人都能以爱心待人,就会带给别人丝丝暖意;如果每个人都能奉献自己的爱心,哪怕只是一丁点,世界上也不会有那么多尔虞我诈、拳脚相向,和平和幸福将永驻人间!

　　不排除有些朋友或同事之间的感情是靠金钱和物质来维系的,但是也有真诚的知心朋友或默契的要好同事,他们之间的感情是牢不可破的,不需要金钱,也不是互相利用,只是互相帮助,共同收获友谊和快乐。

　　真正的好朋友如同一幅美丽的图画,使人赏心悦目。恰似一首悠扬的歌曲,悦耳动听;好比一篇抒情的诗词,令人陶醉其中。

　　真正的好朋友之间不需要言语的承诺,不需要金钱的索取,不需要天天的陪伴,他们之间只是心有灵犀一点通,是互相的欣赏与倾慕,是互相的心仪与默契,他们之间也许一辈子没有见过面,但是他们之间的友谊却能够与天地同在。

一、故 友 重 逢

　　一个人也许能有很多朋友,却一定不会有很多真正的知己。知己是能够在心灵上相通,能够相互了解、相互敬慕的人;知己是能够相互体谅,以心相悦、以心相伴的人。真正的知己不一定是夫妻,也不一定是能整天相互厮守的人,他们可能近在咫尺,也可能会相隔遥远。他们相互想念时不一定会告诉对方,但一定在心里时时牵挂;他们能互相读懂对方的每一个眼神,能明白对方每句话的含义;也不一定朝夕相处,但一定会把对方放在心里。阴晴圆缺时能给对方一声问候,他们不在乎对方的相貌,也不在乎对方的身份地位。他们无须刻意隐瞒自己,能容纳对方的所有瑕疵;他们肯为对方付出关爱,能为对方舍弃自己的欢娱。

那是2012年5月中旬的一天晚上,我正在海口办事处的办公室里忙碌着,突然桌上的手机震动了,我拿起手机,耳边传来久违的问候:"苏总,你在海口吗? 我是肖家守。"我从那熟悉而又略显沧桑的声音里,听出了对方难以掩饰的热情。

我惊喜地答道:"肖总,是你呀,你来海口啦!"

肖总说:"我刚到,住在黄金海岸别墅的对面,喜来登宾馆,你有空过来喝口茶吗?"

"好的,我半小时后赶到。"我有点激动。

我和肖总认识有十多年了,目睹他从一个小企业的老板逐步发展成为一个上市公司的董事长。我认识的同行和朋友很多,不是因为肖总事业有成而对他格外亲热,而是因为他的为人处世令人肃然起敬。我和他生意往来虽不多,却觉得他是一个值得推心置腹的朋友。

常言道,商场如战场。在商界摸爬滚打几十年,狡诈圆滑的商人并不少见,遇到不少小人得志、横行霸道、目中无人、装腔作势的商人。这些人即使生意做得再大,我也不会正眼去瞧他一眼。人生漫漫,说长不长,说短也不短。人不能看他人脸色生活,这是我做人做事最起码的底线。

想起原先与我合伙的恩师眭总,他自打从上海工配公司退休后,就有很多公司要聘他去当顾问。每次,眭总都会微笑着婉言谢绝对方的盛情邀请。

不过眭总对肖总是个例外,因为他发现,肖总跟别的老板不同,是一个有情有义的人。后来,眭总成了肖总的参谋长,我每次去松江市场还总能听到肖总和眭总的欢声笑语。

"老板,喜来登到了。"司机小李说。

这宾馆七拐八弯像地道,我从车里下来后只能朝着宾馆大堂的南侧一路问询找过去。穿过了小花园,又过一个小亭子,看见青竹上的绿叶在走廊的窗外像姑娘们探出的一张张笑脸,开心得眉飞色舞。啊! 今天真是故友重逢的大好日子。人间有百媚千红,我独爱青竹那秀气逼人的清新之感。

我足足走了几百米才对上了房间号。肖总握着我的手笑着,眼神如探光仪似的打量着我。

"哇！苏总还壮得像头牛,一年多不见,还那个模样。"他捏着我硬硬的肩膀快活地说。

"老了,身架骨已经松了。"我笑看对肖说。

"人不老不就成妖精了,哈哈!"我们俩都异口同声地笑了起来。

肖总热情地端杯倒茶,我毫不客气地从他手里接过茶水说:"肖总,你头发都白了。公司越大越辛苦,还得保重身体哦。"

我深有体会,当事业面临重重困难的时候,就会感到有一千只黄蜂迎面飞来,令人恐惧、慌乱、不知所措。这比喻并不夸张,我们很多的成功商人,就是在黄蜂的包围中冲杀出来的。肖总成功的背后有写不尽的创业艰难的故事。

肖总关切地问:"苏总,广西的钢厂回报效益可好?"他那脉脉转动的眼球里充满着友情和关注。

"几年挣得的钱大半都在金融风暴的那年被啃了,幸好那块宝地和码头翻倍增值了,否则要去你那里打工喽。"

"那金融海啸谁也无法抗拒,但你那种精明和勤奋的精神,上帝也会让你三分的。"

"我赤脚也赶不上你了。"我神色有点自卑,但仍很执着,拍了拍胸脯说:"你看我这老骨头里的精髓还像大庆油田满满的,还好干 10 年。"

肖总是福建周宁人,比我小十多岁,圆脸浓眉,习惯留板刷短发,古铜色皮肤有点透红,两鬓发根已白,红唇中流露着善言表达的感觉。他中等身材,特别招人喜欢的是有一双会说话的眼睛。

他在松江的钢材市场拥有一千多亩土地,全年市场流量几千万吨,并拥有 35 万平方米出租商铺和水运码头,每年稳定收益近两亿元。他近几年的经营策略逐渐从以钢材、房产为主转为以资本运作为主,不仅收购了宁夏恒力上市公司,而且成为这家公司的大股东,并担任董事长的职务。

我和肖总在业务上虽然往来不多,但友情却如山里的泉水源源不断,细水长流,他说我这个大哥他是认定了。

临别时,我向肖总赠送了刚出版的书《浮沉岁月》。这书我写了两年,书中记载了我人生坎坷的故事。

肖总拿着书感慨万千,对我说:"今晚我得好好拜读,明日吃午饭时再叙。"

"好,明天见。"

第二天,我和肖总的一帮朋友在海口好百年酒家尝海鲜。肖总从皮包里拿出了我的书向朋友们郑重其事地介绍。他激动异常地说:"这书是我大哥写的,我昨夜从 8 点看到凌晨 5 点多钟,463 页中的字字句句,大半的书中人和事我都熟啊。看我大哥平时模样大大咧咧的,没想到肚里吃满了墨水。我对眭总说,这一生我就佩服苏总,我这老哥能吃苦,60 岁的人了从唐山办厂又扎寨到广西沿海,还不减当年之勇啊。"

肖总边说边安排他秘书去拿几瓶上等红酒,他又接着说:"看了苏总的艰难创业史,我有一种身临其境的感觉,真的是感同身受啊。"

红酒还没上口,肖总追忆的激情已经难以控制内心的涌动,他的故事闸门就打开了。

肖总的老家在山区的一个小村庄,周围只有一块块山田低洼地,没有一块平平整整的田块。旱灾禾苗枯死大半,涝灾禾苗被水淹没半个头。村里大半的人都逃荒在外寻活谋生去了。他家靠种田过日子,几袋麦子能换多少个铜板啊,家里穷得叮当响。

那时肖总还在上小学,每年 5 元的学费都交不起,为这学费常发愁得哭鼻子。一次他不小心碰碎了学校的一块小小玻璃,校长板着脸要他赔 5 元钱。天啊,家里几乎揭不开锅了,砸锅卖铁都凑不满。就为了这 5 元钱,肖总从此结束了学生生涯,也就因这 5 元钱激发了他努力拼搏、改变命运的决心。

一个不满 15 岁的孩子带着几个硬币跟老乡一起来到大上海找活干。那时肖总很瘦,个头又不高。他攒了一点钱后就在街头搞了个摊头,买了铁锅制作了一只煤炉子煎萝卜丝饼。每天天还没发白,肖总就开始揭炉拌备好萝卜丝和面粉调料。生意来了他就哼起卖饼歌:

哎——哎——
叔叔阿姨快快来,
萝卜饼儿香又脆。
一毛钱儿买一袋,
天天尝口心畅开。

"这小孩真会做生意。"一个中年阿姨夸着说。

有几个老阿姨说:"这饼煎得香喷喷的,我家的老头吃上瘾了。"

眼前的饼香香的,肖总不舍得吃半只。他挣了钱要寄回家让弟弟上学。

一次,肖总饿昏在路上,是好心的过路人用水把他灌醒的。那时肖总觉得天转得几乎把他盖埋在地下,呼爹唤娘都听不见。他想:我有一个还不到15岁的弟弟,我不能死。饿得难受的时候,他就在路边喝碗水。有次他饿昏在老家路口,被乡邻送到了医院。他老父正在秧田干活,听到儿子饿昏进了医院的消息,拔腿奔往医院。肖总醒来看到父亲老泪横流,两腿泥巴,他又坚强地从病床爬起来。

肖总讲到这里,我看到他眼眶里淌下了泪水。他擦了擦说:"真的,那时我的心情,恨不得地上挖个洞钻进去。这没钱的日子,生不如死啊。"

他叹了口气说:"唉,现在我们的儿女身在福中不知福,哪里知道我们这代人是怎样苦过来的。"

肖总深深喝了一口红酒,他那激动的神色让人觉得酸楚可怜。

肖总说到他卖鸡蛋的事,脸上流露着想笑而笑不出的神态。他说:"过去上海菜场上的鸡蛋不论斤卖。我知道乡下鸡场里都是称斤论价的,我觉得这其中能钻空子,就拿蛋棚的蛋里来做比较,发现蛋大的一斤8只,小的11只。"知道了其中的蹊跷,我产生了投机取巧的念头。之后我每天下午到几个乡下养鸡场挑选小的蛋,那些饲养员见我是个小孩,嘴又甜,都很喜欢我这个天真机灵的孩子。他们闲的时候还帮我一起挑拣。每天早晨我挑着挑好的鸡蛋赶市场,人家卖一毛钱一只蛋,我卖九分钱。没想到这一分钱的作用可大了,买蛋的人都轰围在我的摊头上,几个人一围轰,两筐蛋一个早市都卖光了。别看一斤只能挣两只蛋,但我一个早市能卖出20多斤,比别人多卖40只蛋的钱,这一算一天就能挣三块六毛钱。我乐得晚上做梦都在养鸡场挑蛋,梦中抱着蛋筐喊着:'爹,我挣钱啦,挣钱啦。'"

俗话说,酒逢知己千杯少。肖总说得正在兴头上,满杯的红酒一饮而尽。他似醉非醉,又沉入那段可歌可泣的岁月中感慨万分。

"可是命运总是制造种种障碍,让你站在风口浪尖上,逃不出它的掌心。卖蛋的窍门不久就被人家学会了,我改行经营钢材。"

下面这首歌正好表达了我们共同的心声:

有时候我觉得自己像一只小小鸟

想要飞却怎么样也飞不高

也许有一天我栖上了枝头却成为猎人的目标

我飞上了青天才发现自己从此无依无靠

每次到了夜深人静的时候我总是睡不着

我怀疑是不是只有我的明天没有变得更好

未来会怎样究竟有谁会知道

幸福是否只是一种传说我永远都找不到

　　肖总老家来闯荡上海的乡邻好友,有本钱的都去经营钢材生意了。他多么渴望自己有一天也能成为这行业中的一员。但他没有做这行业的本钱,只有做这行业的信心、勇气、智慧和天赋。勇气是人类开拓事业的动力源泉。在这个世界上所取得的一切,很大程度上归功于男人和女人们的勇气。但值得注意的是,并非所有的"勇猛"都值得提倡。这里所说的勇气,并非那种鲁莽、刚烈的匹夫之勇,那种匹夫之勇同样为大头狗所拥有;这种只知斗狠的大头狗,即便在狗类之中,也不算是最聪明的。真正的勇气,不仅需要勇往直前的胆识,还需要大彻大悟的实践智慧和敢于担当的英雄气概。

　　肖总年轻气盛,他像一只埋伏在雪地里的饿狼,眼睛盯着猎物,准备随时发起进攻。当他发现从外省运往上海的螺纹钢、角钢、脚手管,很多推销不出去的都堆在马路旁或压在大卡车上,货主还常被交警赶来赶去,正在四处寻找堆货外仓的时候,他的脑海里马上酝酿了一个大胆的决策。他在市郊七宝租了一百多亩荒田,把那些积压的货都招引了过来,他不收租金,还管便饭。

　　一个月后,肖总的料场堆积如山,他便利用这些资源大造声势,采用多渠道、多元化的手段将这些货推向市场。这一招好神,四面八方的客户都像蜜蜂闻到花香一样被吸引了过来,肖总以代销的方式赢得了代理费,随着名声越来越响,生意也一天比一天兴旺。他又租了上百亩的堆场。

　　赚得了第一桶金后,他摸索出了打造钢材市场的宏伟目标。

　　说到这里,肖总的脸色神采飞扬,那种回味无穷的感觉,仿佛又回到了当年新婚之夜吻新娘的场景。他敬了桌上的朋友一杯又一杯,对我说:"大哥,我今天好开心,你的书写出了同路人的心声。来,我好好敬你一杯。"

肖总又满满斟上一杯说:"我曾一口气喝了一瓶一斤装的二锅头,挣了两万元钱。"

那是他刚入门做钢材的时候,当时的本钱只够买一车钢材,他从天津进的钢材销往上海结款后,发下一车的货。

一天厂家的老板请肖总喝酒,北方人的性格直爽又能喝。

"小伙子,你把这一斤二锅头喝了,付一车款发两车货给你,那车货款我先垫着。"

他说:"我知道北方人的脾气说一不二,在心里暗想,一车钢材 100 多吨,多发一车多挣两万元钱啊。金钱的诱惑让我连性命都顾不上了,明知道喝下去的后果,却咕咚咕咚都喝了。后来我就像一只死猪被抬到医院急救,差点丢了小命。"

肖总拿着桌上的红酒瓶叹了口气说:"想做老板难,做了老板更难。我大哥的书是一杯从人生坎坷的征途中酝酿出的红酒。来吧,老哥,为我们的往事干杯!"

同桌的朋友都笑了起来。

老友重逢,歌咏一番,直抒胸臆:

> 老友伸出了告别的手
> 往事的酒,如风吹过
> 无论相隔在天涯,在海角
> 你的手始终被我紧握在心头

回到酒店,夜深人静时想到真正的知己,当你遇到挫折时,他会为你送去温馨的话语,用心鼓励你,给你足够的信心,做你的后盾;当你意气用事时,他会循循善诱对你理性规劝;当你感到迷惑时,他能给予指点,会不厌其烦地帮助你;当你心情不好时,他不会和你一样满腹愁怨,而会用他的幽默来替你排遣烦闷;当你心情愉快时,他也会把自己的快乐告诉你;当你有所成绩时,他会送上最真心的祝福,与你共享那份喜悦,理解你付出的点点滴滴;当你感到疲惫时,他愿意默默陪伴在一边,让你释放压力。

二、写给自己的一封情书

请原谅信的开头没有对你的称呼,我知道你是不会介意的。

这是我第一次给自己写情书。是的,我得先告诉自己,这是一封情书,让自己有充分的心理准备。我想让它温暖一点,因为,爱应该是让人感到温暖,得到安慰的。不是吗?我不想吓到你,如果有什么地方惹恼了你,也望你能够原谅。一切都是出于内心的心意与情感,我相信,你是可以理解的。

那么,开始吧。我有点紧张,这是实话,不是假话。我与自己朝夕相处,须臾不离,已经60年了,但是从未提笔给自己只言片语,所有的爱意埋在心底,这么多年也就这么过来了。但我又想,60年也是一段很长很长的时间了,如果我们都早死,如果在有生之年,不留下一些值得纪念的东西是多么大的遗憾!所以,我决定提笔了。更准确地说,我决定拿起自己的写字板了。

在我漫长的一生中曾经无数次地扪心自问,你有没有试图在漫长的旅途中回望?你有没有在抬头仰视的时候踮起脚尖想要触摸到一条不甚鲜明的线?明知不可能依旧想要伸手抚握。前世为因,今生为果,依附着宿命的缠绕,走失的、错过的、迷途的,都随时光一并流失。

展开纸笔,思绪飞扬……

为自己写一封情书
只是为抚平自己的伤口
抛开烦恼
每天做一件喜欢的事
即使没有回报
那也心甘情愿
做了就没有必要后悔
后悔只会令自己更伤悲
一天只为一件大事而定
即使错误也是成就

一天为自己写一封情书

来满足自己的心愿

一天为自己写一封情书

来实现自己小小的追求

一天给自己写一封情书

告诉自己曾经爱过

一天给自己写一封情书

把世界上所有的词典摆在面前

把最美丽的词语都用上

再用最美丽的钢笔

选择自己最喜欢的隶体

给自己写一封情书

语言一定要温柔、委婉

态度一定要认真,像对待上帝

心情一定要平和,要充满爱

称呼不能错,格式不能错

内容一定要丰富

落款一定要讲究

日期就写今天

然后把信纸折成一只最美丽的蝴蝶

装进我最爱的蓝色的信封

封好口,再贴上

这世界上最昂贵的邮票

用挂号、特快专递

寄给自己

要叮嘱邮递员

认真些、仔细些

千万不能遗失

最后,一个人坐在屋子里

静静地、静静地

等……

让幸福溢满全身

不要灰心

你也会有人妒忌

你仰望得太高

贬低的只有自己

别荡失太早

旅游有太多胜地

你记住你发肤

会与你庆祝、贺喜

慰藉自己

开心的东西要专心记起

爱护自己

是地上拾到的真理

写这高贵情书

欲自言自语

助我的天书

自己都不爱，如何爱人

怎么可给爱人好处

这千斤重情书

在夜阑尽处

你要别人怜爱

请安装一个药箱

做什么也好

别为着得到赞赏

你要强壮到底

再去替对方设想

慰藉自己

抛得开手里玩具

先懂得好好进退

心窝都关过后

从泥泞重到这不甘心相信的金句

我已经老了,打开想念的地图,我发现这地图上绘着关于爱情、成长、成功、失败、回忆和未来的故事,它如装满人生星光的漂流瓶,替我保存每一个细小的感动。很想给自己写点什么,可是却怎么也写不好,只好为了这样的感触,写一封情书,为自己祝福,可我知道又没有写好!

往事如梦,岁月如歌。依稀记得,在某一个瞬间,我发现自己在梦中惊起,感情的瀑布越过了沉睡的城镇,如同置身于朦胧世界的人群中,一块熏黑了老气横秋的招牌,捡回丢失在雪地里爱的接力。尽管大雪覆盖了曲曲折折的道路,可是却让爱的记忆更加清晰。我深情地对自己说:写一封情书给自己,一封热爱的宣言书。

有人羡慕我很幸福,我感到满足,因为我有很多别人没有的东西,但我真的没有找到感觉。有人说我很乐观,可每次我都乐观到想哭,笑到流泪的时候,我忘记自己做了些什么,只记得半夜三更会爬上天台,一个人看着冷清的月亮,傻傻地去数星星,很多次都是伴随启明星的升起我才下楼。我会一个人在夜里静静地走在滨湖大道上,看着霓虹灯下的身影近了又远、远了又近。每次看到那些起来晨练的人匆匆忙忙出门时,我都会问自己,为什么夜这么短?同时看着他们匆匆的身影,我也会好笑地想到,你们晚了吧! 我都要回家了!

在每次远行的飞机上,都能听到广播里说:"氧气面罩脱落时,请先自己戴好,再帮助身边的人。"可见爱自己是多么的重要。我们也许都爱过一位老师,爱过一个婴儿,爱过一朵花、一首歌,但无论爱什么,首先必须懂得爱自己。爱自己,才能更好地爱别人;爱自己,就是对自己宽容。爱自己,为自己感动,为自己流泪,允许自己有做错的时候。其实,只要你把这种爱注入自己的心灵,给自己带来温暖,给自己带来温暖与力量,让生命的活力重新循环流动,你就能获得一定的解脱。学会与烦恼和苦难相处,人才会变得轻松快乐和坚强!

许多事被流放,被采摘,被收割,那是多么美丽的一幅画。我开始在这个回忆的早晨给自己写一封情书,我要好好地爱我自己。

因为我知道,连自己都不爱,怎么与别人相爱。

岁月的河流蜿蜒流淌,时光的脚步匆忙不歇。秋天的脚步越来越近了,每到秋天的时候,我总是在想,秋天来了,冬天不会远了吧。我爱冬天,却对冬天有着一种本能的恐惧,没有理由的害怕。所以,我一直对自己说,我要找个人陪我过冬天,不然我会死的。仿佛听到了自己的回答:是的,去海南过冬天吧,那样更能感受它带给你的温暖。等到冬天过了,我们就该往南飞了。

我笑!我想真的累了、倦了、怕了,我开始停下自己的脚步,封闭自己的世界。身边的好朋友都奇怪,为什么我的世界多了沉重的留恋而不是无忧无虑。我笑着说,我早两年把沉重的包袱给丢了,不知道在哪里遗弃了,现在想去找,却找不到了。

一天,我独自在幽美的花园中散步,想想走过的荆棘路,画面一幅接着一幅地出现,艰辛的荆棘路真的没有尽头。

轻舟已过万重山,满怀激情梦无穷。行者无疆,忍者无畏,还有无穷的路,在路上痛并快乐着。

倔强并不能证明我不爱,相反我从没有像今天这样爱着自己。爱自己坚定的目光,那目光可以点燃启航的指路明灯;爱自己强壮的胸肌,雕刻的石像也不过如此;爱自己锲而不舍的拼搏精神,向自己的忠诚致敬;爱自己滴落的每一颗汗水,美丽花蕾就是这样绽放的;爱自己的每一道皱纹,那是通往成功之路必须付出的代价。

日复一日地穿梭在宁静秀美、四季飘香的美兰湖,看着如镜子般碧清湖水里自己的影子。失落时的自己、自豪时的自己,顾影自怜,泪流满面?不,我从没有像今天这样快乐,这样感动,这样对自己有信心。

我常常觉得自己很感性,遇到此情此景,难免触景生情。感性,却并不证明我不爱。相反,我从没有今天这样珍惜生命中的时光。天地之间只有一样东西永远无法阻挡,它就是时间。时间就是生命,它迎面而来、无声无息。上帝给我在这世上还存多少时间,我不知道。但不容我叹息,植物死了,把它的生命留在种子里。诗人离去了,把他的生命留在诗句里。而我走了,把我的一生写在书里。让我的灵魂守候在过往不复的岁月里。

时光属于人生,它短暂、有限、性急,我在后边追它,却始终抓不到它飘举的衣角。平日里奔波忙碌,只觉得白发一天比一天多了,很难感受到每天在向自己的坟墓走近。转瞬间,我正在经历的现实就变成了历史,变成了时间留在世界上的脚印。

有位大作家说过：成功者在时间的浪峰上喜庆时，失败者正在时间的脚步声中叹息。

我珍惜生命中的每一天，把自己的爱和顿悟灌溉在一行行永不褪色的文字里，让自己爱上自己，会心微笑，让心回归自己，变成我生命的神圣空间和宝藏。

亲爱的自己，从今天起为了自己骄傲地活着吧，好好爱自己，不要太在意自己的失败，永远不要为难自己，如果不开心了，就找个角落，或者在父亲墓前哭一下，你不需要别人同情可怜，哭过后一样开心生活，不管现实有多惨不忍睹，你都要固执地相信这是黎明前短暂的黑暗而已，这个世界只有回不去的，而没有什么是过不去的，好好珍惜活着的时刻，让生死变得尊贵。

亲爱的自己，你天性活泼又有好奇心，不受任何人控制，凭兴之所至，但你心中无邪。

"老顽童"是朋友们给你起的可爱外号，因为你的心态年轻得令人惊奇。60过头的人还啃着手指头，走路蹦蹦跳跳，从没有一种衰老的感觉。你的体形方方正正，就如石柱一样。别看你这模样，却讨女人的喜欢，因为你是善良、有责任感的男子汉。自从一个人来到这世间，就必须承担一定的责任。责任是每个人所欠下的债务，任何要避免面临不信任和最终的道德破产的人，都必须极力偿还。责任是一种强制的义务——正如我们所说的，一项债务——每个人都只有生活中通过义务的努力和不屈不挠的行动，才能解除它。

人类所有的存在方式以及生活的每一个领域中都蕴涵着责任，责任贯穿着每个人的一生。正如个人品格的形成始于家庭，责任也同样始于家庭。在家庭中的责任，一方面是孩子对父母的责任，另一方面是父母对孩子的责任。以同样的方式，丈夫和妻子也有各自的责任和义务。在家庭之外，在社会上，男男女女们作为彼此的朋友和邻居，或者作为彼此的雇主和雇员，每个人都有着相应的责任和义务。

还记得著名作家老舍先生在《我的母亲》里有过这样一个细节叙述：在八国联军侵入北京的时候，有一次老舍在家里，八国联军进了小院四处搜查，刺刀捅到了一个箱子，八国联军走了之后，妈妈发现那里面压着老舍。如果当时箱子不是空的而是有东西，可能会把小孩压死。而如果不是翻箱子时老舍掉出来，还在箱子里，可能八国联军的刺刀就会把老舍捅死了。

对这样来之不易的生命,竟然"不加珍惜",全然抛却了。老舍终是舍掉了自己,投湖自尽,与无涯的苦难"玉石俱焚",那是特定的历史时期一个令人心酸的悲剧。是老舍软弱吗?不,他有一颗足够强大的心,鼓舞着别人。只是他太苛责自己,如果他能够爱自己多一点,就会再坚强一点,就会捱过那些苦难,捱到天明。

学会爱自己,这并不是自私,只有爱自己才能获得真正的幸福。天底下至真至善的道理,每一句都是最朴实无华的。什么道理我们都懂得,知道缘分可遇不可求,若要爱一个人,就请你首先要好好爱自己。

自爱,就是大爱!

是的,我还有这个习惯,在受挫折或悲苦的时候,为拾掇好自己的心情,给自己一点时间,闭上眼睛,想象面前有一条清澈的小溪,把过去的痛苦和经历、伤害和不原谅都扔在水里,看着它开始溶解消失。如果我的心事不能畅怀,就会给自己写一封情书。记得父亲走的那天,我的泪流湿了信笺:

"平,父亲走了!他走得那么突然,一句告别的话都没有留下,但从父亲安详的脸上能看出,他这一生无悔于自己、无悔于家人、无悔于他的信仰。"

我扑在父亲遗体上哭着,泪淌在父亲脸上,我的泪要是能唤醒父亲,我愿流到父亲醒来的那一天。多好的父亲,他与我永别了。不,他在我心里永远不会凋零。

父亲爱吸烟,但一生没有吸过什么好烟。在他的记忆中没有硬壳中华、软壳中华,因为一个普通的农民,他吸不起也没人请。他唯一一次吸好烟的记忆就是在 30 年前,他来我部队吸过双喜烟,这烟是我从首长的警卫员那里拿来的。

说起那次吸的双喜烟,父亲总会感叹:那可真是好烟呀,那一圈圈白白的烟,一股清香飘浮而出。父亲的嘴鼻轻轻一吸,那股白烟又乖乖地回进去了。

我好奇地问:"爹,你怎么把烟都吃了。"

老爸笑着说:"那白烟吸进去才过瘾。"

父亲的牙齿有点发黄,牙缝儿发黑,是抽烟熏的。可惜我退伍后他就再也没有抽过这么好的烟了。

就这样,30 年前的烟味一直活在父亲的记忆里,在我们家最困难的时候,父亲抽的是八分钱一包的最低档的烟,他连烟屁股都舍不得丢,把它拆散后,抽出里边的烟丝重新卷成烟,再抽。

我小时候曾对父亲承诺过:"等我长大有了钱,一定让父亲抽好烟。"

就这样一个愿望,可老人就是想不透。长大后,我买了好烟给他抽,他却偷偷在马介宅小店换便宜的烟抽。

如今父亲就这样匆忙走了,留下了浓浓的父爱,给予我停止哭泣的力量。望着躺着的父亲的脸,仍然那么慈祥。

这一刻,我不舍得离开父亲一步,那生命底色中沉积的父子深情的流露,是血脉中流淌的一生忆恋,我灵魂中贮藏了永怀的感恩之心。

我眼睛始终没有离开过父亲的遗体,父亲嘴上两撇长长短短的胡子,长的几根翘得笔直,脸坠得往下嗒拉着,衣衫的纽扣已掉落不全了。难道我们把辛苦了一辈子的父亲就这样寒酸地送走?我耳边仿佛听到了雷公的怒吼声:"你这没良心的不孝之子,俺雷公也要为你父亲讨个理。"我被雷公指责得哑口无言,憋了一辈子的泪水飘落在我自己心田:"爸,对不起,我没有好好孝敬你老人家。"

现在说啥不管用了,后悔啊!我的心为自己悲哀哭泣着,那哭泣声就如一个个巴掌打在我脸上。因为这世界上根本没有后悔药,我欠父亲的情债,这辈子已经无法还清了,只能弥补给在世的母亲。

"爸,儿子也活得好苦好累,只有你老人家能理解我的苦衷。你走了,我还能向谁倒苦水、唠叨几句?孩子怨我烦,半句话都搭不上。我像一个半死人,有时候常为自己的不幸喊冤,自己这样辛苦却被误为我顾全自己的面子,我的心撕裂般疼痛。老爸你活着的时候常说,做自己的预言者,让我用生命去体验,我的一生只成功了一半,而后一半的体验却令我困惑不安啊。我不能给儿子带来精神上的富裕,我感觉头很重,重到身体无力承受自己所能接受的现实。爸,你儿子的心灵遭遇了一个个寒噤,荡起一阵阵痉挛。"

曾经多么艰难地从生命的低谷走出来,从死亡的钢丝上踩过,我如飘浮轻盈的白云托着自己的目标在蓝天如雄鹰般遨游。爸,这是你给了我飞翔的热血和力量。

老天对我很残酷,夺走了父亲的生命,让我失去了父亲的关爱,失去了最至亲至爱的亲人。

"爸,你在走的最后一刻,我要让你光彩夺目,给这世界留下最美丽的缩影。"

"爸,你儿子将用自己感恩的心,编织成世界上最高贵的寿衣送给你。"

"爸,您一路走好!"

时光如水流逝,父亲的影子像隔着一层玻璃一样看着我、喊我,我却听不见。

这信就像一双眼睛,还在流露着黯淡的光泽。唉,我死后能活在谁的记忆中? 或许如水一样漫过丛林、漫过美兰湖,流向不可知的远方。

还记得,送走父亲那天,天阴沉沉的,像怨妇,却始终强忍着悲苦,不落眼泪。这不免让人觉得阴郁。这怨妇,还不如痛痛快快哭一场,然后拾掇好自己的心情。

平常生活中,为了一件小事,我们想到许多,对于事情内涵的争执,花费了我们宝贵的青春。对着镜子,女人看到健美的皮肤,正在一点点老化;男人看到茂密的胡子被一茬一茬地收割。人们端详自己,深爱自己,却又目睹自己衰老的过程,悲哀涌来,如无法阻挡的瀑布。

写到这当口,不由为自己打了个冷寒,难以明言的痛苦,令眼泪从脸上滑落。内心的渴望如此无奈,我多么想和儿子如朋友一样相处,但我们只相隔十几里路,却如同两个世界的陌生人。天啊,这辈子难道就这样吗? 我并不怨命运,也不想让别人看到自己的伤口,只能默默忍受一切。

世界上最大的痛苦不是疾病的折磨,也不是贫穷和饥饿,而是父子不能深情相拥。

有一个好友曾这样说,人生有两种痛苦,一种是得到了自己想要的东西,一种是得不到自己想要的东西。因为得到,我们怕失去,因而寝食不安;因为得不到,我们左顾右盼,斤斤计较,烦恼不请自来。到头来是自己和自己过不去,自找烦恼。一个人不论得失,任它来去,得到是福气,失去并不意味着一无所有。

一个人只有在万籁俱寂的夜晚,独坐审视自己的内心时,才会发现自己的妄心全消而真心流露。

亲爱的自己,我这一生要感谢的两个人,一个是父亲,因为他把我从马桶底下救了出来,给了我第二次生命。一个是我妻子,因为我的成就背后,妻子付出了最多,她对我是有恩的,没有她,很多工作我都做不了。我一直想说,感谢我妻子,是她给了我一个放飞自由的心灵世界。在这个雨停而风不止的人生中,我可以摇醒被世俗沉浸的心灵,让它得到呵护,每当提及"家"这字眼,免不了就有一股温暖,和睦的暖流情不自禁地涌上心头。

上辈子成千上万次擦肩而过,才换来今生今世永结同心。感谢上帝给了我一个贤惠的妻子,这是我的福气,如果没有她陪着,朗诗绿岛就算是天上人间的金屋,我也觉得不过是一座冷宫而已。

在我伤心的时候,妻子总是温和劝导:"你要学会爱自己,珍惜自己的生命。莫要太苛责自己,身体是自己的,健康比啥都强。"

我这一生拥有最珍贵的并不是金钱,也不是期望成功的金字塔,而是我有这样善良体贴的好妻子,心灵备感温暖。也许你不知道,男人理解的真正美丽就是温暖、善解人意。我妻子就是这样的美丽,她成为我举足轻重的幸福伴侣。要说事业是我的生命,妻子就是支持我生命的灵魂。如果不能两全,我宁要妻子,全世界都可以放弃。

我说的不是甜言蜜语,也不是夸大其词。我是个内敛的人,很多想要对妻子说的感激话,我更愿意深藏在心里,我觉得亲情不是一件华丽的衫子,不是用来吸引别人目光的,而是爱人心目中最美的种子。它发芽之后,就会开花结果。她心中藏有大爱,关爱人、抚慰人、呵护人。

我生活自理能力很差,如果一个人住在"朗诗",不会下厨,饥一顿、饱一顿,吃药也不按医嘱,总忘了按时吃药,这是最让妻子担心的。因此每当我从外地回来,饭桌上就会摆着我喜欢喝的鱼头汤、一碗香喷喷的腊肉,还有我爱吃的水果。妻子把我当成打仗凯旋的英雄迎接。饭后我打开厨房间的冷冻箱。哇!里面都是我最爱吃的,简直成了超市。黄瓜、茄子、西红柿、鲜猪肉、鲫鱼、小青菜、土豆,还有苹果、柚子,那一股飘出的新鲜清香味穿透了我的鼻孔。

妻子笑着说:"够你吃的吧。"

说罢,她就开始帮我卫生大扫除了。这是她的习惯,她一边整理我旅行箱里的脏衣服清洗,一边打开温水龙头让我去洗澡,并把我要换的衣服都叠在浴台上,等到我洗好澡换上衣服,妻子就拿着电吹风帮我吹干头发。大扫除完毕后,我坐在电视机对面的椅子上看电视,一盘水果放在我身旁的茶椅上,妻子烧了泡脚水帮我洗脚、修剪脚指甲。

早晨醒来,我还没起床,妻子已经在厨房里烧早饭、熬补汤(冬虫夏草),连牙膏都帮我挤好在牙刷上。说来有点难为情,脚上的袜子都是她帮着穿的。妻子对我的关怀,令我触及夫妻间最值得敬重的品质,我对着另一个我说,天涯海角有穷,只有亲情无尽。妻子譬如一朵花,不仅开出自身的美艳,还要播散出一地的幽香与芬芳来。

每次远行出征前的晚上,她会为我准备外出吃的几种药和保健品。每天早晚两顿,备一个月的药量。怕早晚的药有误,她就在药包上写明"早""晚"的字。她担心我在外忘了吃药,关照我的司机小李要按时给老板服药,并三天两头打电话探问我的身体状况。

在我出门时候,妻子千叮咛万嘱咐:"要关爱自己才能获得真正的幸福。"

是的,我体会到爱自己就是对自己宽容。为自己感动、为自己流泪,允许自己有做错的时候,只有将这种爱注入自己的心灵,才能给自己带来温暖与力量。

我有个朋友说:"天比月圆是因为其真,星比云美是因为其淡。"

这话不假,世界上的事都有个比较,如果没有比较,总认为妻子服侍丈夫是本分的事,你若和其他异性有过相处,就会明白结发夫妻那种真水无香的珍贵。

有位作家曾说过:"真味人生至平淡,如河中悠悠流水,如山间自由流云,如大地敦厚泥土。"

为自己写一封情书,送给自己的礼物,可以不在乎高兴过就忘记的事情,我希望在生活中能多演这一幕。从来都不轻易地去放弃,到如今却不明白是对还是错,我一向是个乐观的人,这样却活得很苦,一个可以让我用生命去付出的人,我却不能自信他了解我,我有很多的好朋友,他们都很自信了解我。但只有我自己知道,他们了解的只是我的表面,却不能了解我的内心,他们看到我的高兴,却看不到我的忧伤,我不知道我是不是一个具有双重性格的人。可是我却发现,我正慢慢地向这方面发展,我不喜欢这样,可我却偏偏这样做了,我不喜欢去考虑太多的问题,可我总是控制不了自己的思想。

我不是一个有责任感的人,可是为了那份责任,我宁愿去承受一生的痛苦,我知道这样也许不是最好的选择,可是我实在是做不到不这样去做。

一个人漂泊久了,就会特别思念故乡。一个人孤独久了,就会特别渴望亲人。出门在外的日子,静下来就会想家,满脑子都是儿子、孙子、妻子、老母亲的影子。我几乎每天给家里打个电话,听听家里每一个人的声音。是呀,经历了太多的是是非非,才发现想家的心情是那么的强烈,我尝到了游子的心情竟是如此的楚酸,只能在忙的时候,才可以忘记了忧伤,忘记了想家,忘记了伤。

我对自己说,是不是人到了一定的年岁,怕自己像枯竭的油灯一般,快到"油尽灯枯"的年岁,我常为此黯然神伤,心里有一种紧迫感、危机感。我的另一个自己笑着说:"亲爱的,你伟大也好,渺小也罢,富裕也好,贫穷也罢,都逃脱不了死亡,金山银山都买不来长生不老药,有谁能让阎王爷在死亡薄上忘记你的名字,有谁能够让你万寿无疆,地老天荒?"

是的,人终究会死去,却没有一个时间的预计,我只感到生命太脆弱了,随时会遇到不幸和夭折,我虽没圆满,也不是什么杰出人物,只是一个梦想者的姿态展现在这个冷酷的商战阵地上,但我的灵魂能和自然达成共鸣,这就是我在爱,我渴望着不断付出而又经受着岁月的淘洗,我年岁不高,但我总觉得自己将要与亲人永别了,好像看到阎王爷记名册上我快轮上了,我的心里就默默写下了自己的遗嘱。

我的上帝,如果那一天我突然走了,我别无所求,别忘了将我心里没说完的爱告诉我的亲人,让他们知道,不论你的父亲、爷爷留给你们多少财富,对我来说留给你们的都是一份思念、一份爱的见证。尽管我死后再不能听到你们的声音,不能再传递我的牵挂和祝福,但在这里我要对你们说,我活着的时候怎么爱你们,死后也这样爱着你们,要记住,这世界最爱你的人除了自己,就是父母,无论是为了什么,都不可以放弃亲情。

或许我这做父亲的不够好,你们可以批评我、忘记我,但你们要善待你的好母亲,没有她就没有你们的一切,这是我的肺腑之言,是我对你们的唯一要求。

我的孩子们,不论我留给你们多少财富,我没有这个权力分配,因为你母亲比我付出得要多,一切听她支配,因为母亲的心是最公正的。我只能说,老一辈留下的基业,是后辈们奋发向上的垫脚石,成功的动力。

我自己的要求很简单,选一张我微笑的画像贴在自己的墓碑上,如果哪天你们来坟前看我的时候,我的笑会带给你们永远的祝福。如果你们忙了,清明这天顾不上到坟前给我烧纸,无妨。真的,你们不要那么在乎,在世挣的钱,我不会带一分钱进棺材的。

写到这里,我的心平静多了,所有的感情都隐藏到自己的血液里去了。不知道我走了恒荣会怎么样呢,不要让我在另一世里为恒荣担心,为他们担心,我想我累了,真的累了,我想休息一下,可能这一下会很久。

"我曾无数次地想象,我的前世到底是什么。是伶人?是诗客?是绣女?直到有一天,我走进禅林古刹,与佛祖邂逅,才知道我的前世,一定是佛前的一盏油灯,因为当我点燃它的那一刻,就明白此番相遇,是久别的重逢。"

"当我在氤氲缭绕的午后,伴着窗外雨打秋风的萧瑟声。"

读到这样的句子,脑海忽然闪过很久之前的一书约定,写在雪白的纸笺之上。那时我想,若人生可得不可得,都要倾力守护心中的净土,不沦陷、不随波逐流,唯求心安,不悲不喜,安之若素。

若如此,即便前世没有修得圆满,今生依旧可以通透安然。而今,突然触摸不到随和的边缘,悟不出何为圆满,何为安然。我的今生,正以一种平缓的姿态迈进,在晴朗的日暖之下带着憧憬以及些许的茫然。那么,我的前世,是独行的旅人,抑或安贫的墨客?若前生里的我跨越千年对话现世的我,会得到空前绝后的哲理借我之身现世,还是只能空空地道一句"佛曰,莫说莫说,一说便错"?

在我未来的人生道路上,不管是阴霾、泥泞还是荆棘,我将义无反顾,毅然前行!

曾记得自己年轻时,那时还没有电灯,曾经有趴在昏黄的油灯下写日记的习惯。如今老了,多少次又在梦中回到了那时,曾历数过的一切都化为前世的一盏油灯,在宁静的夜里发出"滋滋"的声响,直至燃烧殆尽。曾经想过,从此无论爱恨都付之一炬。现世的我会在清风拂面的午后,端一盏清茶,捧一卷旧书,听一曲静音,书一章平仄,写一首淡淡的歌,化为情书给自己祝福。我知道,我在寻求一条通往幸福的路。已经找到了路标,至于前景,仍待寻觅。故而,裹了行囊在路上。

看着霜染故里,露打虫鸣,自然为之着色,风景为其沁润。纵使偶遇劫难,永远不会退缩。或许孤独,却不会荒芜。

这就是我的一封情书,送给我自己,淡扫内心优柔,求得一季平和,偷得浮生,不为须臾。

　　道一声珍重,就此搁笔。

三、梦想"国度"美兰湖

　　我总感觉自己和湖有缘。年轻时,曾经做过一个梦,梦见自己在一个风和日丽的早晨,伫立于一个美丽的湖畔,湖面波光潋滟,湖岸杨柳依依,湖上徜徉的小舟,还有人们的欢声笑语,在我面前展开了一幅美好的蓝图。后来我听别人说,梦见湖水,生活会幸福。梦中的湖象征着充满情感的想象的内心世界,一旦揭开就是人生中风生水起的那一面。

　　美兰湖,这个如梦如幻的名字,寄托了我多年的梦想。这是一块地理环境得天独厚的风水宝地,位于上海北郊宝山区罗店镇,是一个开放式景区,不收门票,每天展开双臂欢迎四面八方的游客;她处于沪太路以东,美兰湖大道以北,罗芬路以西,美丹路以南,是上海市第二大人工湖。

　　左边玲珑精巧古石桥,右边粉墙黛瓦石板街,桥下流水橹声,南北东西,三湾九街十八弄。金罗店,是诗是画,是水是雨,是母亲的笑容,是祖先的文化缩影,是我童年的梦。北侧的静安寺复修了,左边寺开放了,有客自市区来,有客自异乡来,塔更挺拔,桥更洗练,寺更幽凝,河更热闹,石径好吟诗,有帆船春水作伴,生活岂不乐哉!

　　美兰湖的名字怎么来的呢?听人们说,湖畔的北欧新镇设计灵感源于瑞典,由欧洲最大的国际性建筑与工程集团公司瑞典 SWECO 集团负责总体的规划设计。美兰湖的名称也源于瑞典首都斯德哥尔摩附近的梅拉伦湖(Lake Malaren)。

　　在那儿,大自然在我眼前展开一幅永远清新的美丽图景,四季常青的松柏,香气扑鼻的香樟树,紫红的枫叶非常繁茂,这湖身的两岸都是葱翠的草坪,不论早晚,湖面浮着野鸭、白鸽,还有很多我不认识的飞禽野鸟。水清澈见底,水深有4—6米,岸边水深不足4尺(1尺≈0.33米),很均匀地长着长条的水草。

　　这岸边的石块小路又是我的最爱。在傍晚,我常和妻子在小石路上散步,走一圈约有 3 公里路程,空气格外新鲜,有时看水,有时仰卧着看天空的行云,有时反扑着搂抱温软的大地。我立即将我的思想从低处升高,转向自然界所有的生命。此刻我的心迷失在大千世界,我怀着快感,如果我能够洞悉美兰湖所有的奥秘,我也许不会体会这种令人惊异的心醉神迷,而处在一种没有那么甜美的状态。

我妻子每天都坚持快步走,而我的两腿不听它主子的使唤,那种身不由己的感觉,觉得已被年龄束缚在绝望之中。生命在于运动,人老了更需要适度的活动,我自叹不如妻子的毅力,湖边走一圈已汗流浃背了。说来也可怜,自己的精力已经难以自强自立于世。是呀!健康贵在坚持锻炼,我的亲家杨群龙十年如一日,饭他可以一天不吃,可是他一天不走一小时的路不行。

那时他在区政府坐办公室,药不离身,医院里常常进进出出,"三高"——高血糖、高血压、高血脂成了他的伙伴。十年的坚持长跑,令人难以相信,按乡下话说,他现在的身体壮得打得死老虎。他满脸红光,秃光的头顶酒后仿佛明亮的太阳灯照着,冒着热腾腾的蒸气。

可是我们很多人,生活富裕了,体力劳动几乎被丰富的物质替代了,用不完的热量成了挥之不去的负担。在这个意义上讲,有些人享有奢侈的物质生活不一定是好事,他们以金钱操练贫瘠的肌肉和骨骼,以保持最起码的力量和基本的自立生活。

记得一位医师曾对我说,生命在于运动,做生意人不能身体垮了,身体是会报复每一个不爱惜不尊重它的人的,如果你浑浑噩噩地摧残它,它就会冷峻地给你点颜色看。我已身患糖尿病,它给了我无情的"颜色"。我的亲家老杨常讲,如果你连自己的身体都不懂不爱,何谈爱家爱家人。是呀!你有了好的身体,才能有爱他人的资本。论到我这年龄,衰老的重要标志,就是求稳怕变,要保持年轻的活力,就要坚持不懈锻炼,对生命有个承诺。

我期待清晨能在美兰湖大自然的风景中醒来,用"灵魂的相机"摄下故乡最美的云彩,摄下罗店新镇的宏图。这神奇的美兰湖仿佛懂我了,远远地看见体量庞大的罗店新镇出现在眼前,视线中不只是那些耸立的高大建筑,而是一种感觉,那隐没在天际线下的罗店新镇,美丽的美兰湖更宽大的部分,会弥散一种特别的光芒,让你感觉到它在那里。

声音、街道、灯光、泾泾河的风儿,这种光,睁开眼睛能看到,闭上眼睛也能看到,这种光吸引人眺望,靠近,进入,迷失,超乎我对罗店新镇想象的景观。是呀!让我享受自然的美感。有一次,我跟踪拍摄一对白鸽,仿佛它们笑眯眯对我说,罗店人民可以自豪了,如今罗店新镇已城市化。突然清风翼翅,音韵悦耳,自然环绕着我,而我不能越出她的围抱,只觉得美兰湖让人亲近,心头灼热的故地,我扑入她的怀抱,痴话连篇。夜幕降临,湖四周灯光仿佛植被,覆盖了钢筋水泥的干涸的表面,开出晶莹璀璨的花朵,连起来,就是河,铺开是苔藓,飞溅而成流萤,可以想见,美兰湖的生态环境是如何走向欣欣向荣的。

这是一个新开发的景区。几年前,上海地铁7号线向北延伸到美兰湖,在这里设立了一个地铁站,商业区、别墅区和度假区雨后春笋般地冒了出来。游客们乘坐地铁从市区赶来,每一个前来的游客,在将到达美兰湖时,地铁列车钻出地面开上高架线路,从车窗向东望出去,美丽的美兰湖呈现眼前。还有很多人驾驶私家车赶来,这里真是一天比一天热闹。宁静之中不乏现代气息,真是一个周末假日休闲娱乐的好去处。

如果眼光放长远一些,美兰湖的未来真是令人憧憬。美罗家园作为经济适用房和拆迁人口的导入地,其目标是引入20万人口,也就是相当于一个小型城市的人口,其消费需求和潜力都是巨大的,配合稍远的顾村,发展前景显然不可限量。

美兰湖现已成为上海一致公认的最大最美丽的婚纱外景拍摄基地。近年来吸引了越来越多的新人前来拍摄结婚照,这里成为北上海的"浪漫之都"。美兰湖的每一个角落,都是一处美景,都为每天一茬又一茬的新人们盛载了温馨的记忆。每个摄影师都会使出浑身解数,为他们留下一个个最美好的瞬间。有谁不想让自己的婚纱照锦上添花,别有光彩呢?来到美兰湖,每一对新人都可以乘兴而来,毕竟择取这么好的外景地是婚纱摄影相当重要的一环,再经过摄影师几次踩点,反反复复地确认拍摄角度,从而使拍出来的背景既保留了原始背景的美丽,又具有摄影师独到的眼光所摄录的独特的美丽。

这个时代的年轻人多么幸福,我那年代的婚礼和今天相比,多么寒酸,多么可怜,说心里话,我甚至产生对现代的年轻人一种嫉妒的心理,别说接新娘坐上高档轿车,连最普通的机动车都没有,说来可笑,摄影婚纱照的门朝哪里开都不知道,一本红册子,一辆自行车就把妻子接过门。这也许是命运的安排,谁让我生在那个穷年代,几乎没有一件事不窝窝囊囊,丢人现眼。

如今我没有悠闲的心情挖苦自己，糟蹋自己，只是百般感叹：世界上什么是最遗憾的事，绝不是无缘登上高官宝殿，绝不是没有金山银山，也不是没有琼楼玉宇；而是在你一生最幸福的一天的婚礼上，没有给自己的新娘穿上婚纱，为之流着一点内疚的泪，反过来说，我们那个年代的人，婚礼上没有红酒，没有婚戒交换，没有一辆接亲轿车，我们的心灵和精神生活都很富庶，为了摆脱贫穷，时间总觉得不够用，多么希望时间的针脚停留在白天，没有晚上，没有星期天。时间哪儿去了呢？在改变命运中流逝了，从我们深深的纹沟里走了过去。

老人们常讲：炎日刮大风，老人和孩子一起疯，年轻人的快乐原本是老人们所祈祷盼望的，孩子们快乐就是我们老一代人的快乐。但现在也有生活条件较优渥的人，心灵生活却比较失落和空闲，每天的24小时如何去消耗，反倒成了他们烦恼的事，打麻将、"斗地主"、喝茶聊天成了生活中的乐趣，要是三缺一找不到伙伴，心慌得人都呆头呆脑，六神无主，脑海一片空白，感叹活得无趣。因此，如果人生没有理想追求，仅有物质享受也是很空虚的事。

对于罗店新镇土生土长的居民来说，美兰湖的变化完全可以用"今非昔比"这四个字来形容。当年那种农村的感觉，现在完全停留在了记忆的深处。找不回原来的黄土、杂草和土砖瓦屋，听不到猪叫鸡啼的声音，闻不到素淡的蔬菜清香，找不到小溪流水的木桥，看不到犁田的农夫和牛。取而代之的是现代化的街道、建筑和绿化带，优美的广场舞曲，拥挤的人群和马路上穿梭往来的宝马和奔驰。昔日的油菜花，现在也是稀有物种，很多人花80元一张门票，赶几十里路去崇明岛看油菜花呢，还有的年轻人，连韭菜都不认识了，过去的生活真的离他们太遥远了，他们的老宅拆迁后，都分到了四五套新房，还享受很好的福利待遇，老人享有养老金，看病能报销，不管是吃的、住的、穿的，还是开的车子，已经超过了大上海的市民的生活水平，可以说，这里姑娘们都不愿嫁到城里去，反之城里很多小伙子都想找农村姑娘落户了。

中国作家毕淑敏有这样一段名言：简言之，就是在我们人类的精神内核中，存在着一个内在需要的金字塔，分成了五个台阶。在第一个台阶上，是我们的温饱需要——最基本的生存之道。饥肠辘辘，你今晚吃什么？是人的第一考虑。寒冬腊月的，你今夜睡在哪里？是火车站的长凳还是马路上的水泥管？这都是头等大事。

我父亲那个年代,农民都是脸朝黄土背朝天地在干活,没日没夜的,辛苦奔波还吃不上好的东西。一年四季,没有一天是闲着的,家家户户的一亩三分田里,都种满了各种各样的农作物,玉米、大麦、水稻、花生、瓜果、蔬菜。现在我的小孙子看到油菜花都觉得很新鲜,哪像我们那个时候生活条件那么艰苦,每次跟他们讲小时候和姐姐从土里刨出来的花生都舍不得吃,他们都不敢相信。

人是追求创造性快乐的动物,如今的罗店人都已丰衣足食,完成了自己人生的基本台阶之后,他们开始追求精神上的享受、心灵的满足。每天一早一晚,都会有附近的居民来到湖边的广场上,打开音响设备,顿时优美的音乐旋律一阵一阵地飘荡在美兰湖的上空。他们还伴随着音乐的节奏,整齐划一地跳起了欢快的广场舞。

国际会议湖畔的广场,很多人都在练习太极拳,湖岸两旁遍处成群结队的人在健身散步。他们的生活过得很充实,如果人只是为了更多的钱、更宽敞的房子、更多的应酬和名声上的虚荣,委屈自己,扼杀着自己,毁灭着自己的自由和乐趣,那人就如一部没有灵魂的机器。可以说:人生的价值并不在于永远是胜利和成功,而在于得到独一无二的属于自己的体验,在于快乐和创造自己的乐趣。

四、上岛法牧——我的爱

过去农民爱吃大鱼大肉,喝的是大麦茶,现在人们也慢慢追求时尚,改喝咖啡、吃西餐。为了顺应这个时代潮流,也为自己开辟晚年的乐园,我在美兰湖畔黄金地段开了一家上岛法牧西餐厅,就在我一手创办的恒荣钢厂原址。

要让人们从吃红烧肉到吃牛排,肯定需要一个过程,但是我相信人们会慢慢改变自己的饮食习惯,这是大势所趋。我所钟情的是上岛法牧公司的上海第一家连锁店。她距离美兰湖仅一街之隔,占据了欣赏湖景的绝佳地段,坐在楼上包厢的沙发上,湖光美景,尽收眼底。朋友们来到这里,都会对我竖起大拇指,羡慕我的眼光,把美兰湖这么好的地块拿去了。

法牧是一个价值极高的商业品牌。1997 年,上岛集团董事长游昌胜先生在海口投资创办了第一家上岛咖啡店,历经十多年餐饮的淬炼,遵循餐饮需求的改革,从复合式的咖啡餐饮进而成为美食艺术的法式西餐。上岛在全国开了1400家连锁店,法牧是在上岛咖啡基础上的一个新的项目,适合商务、谈判需要。

现代人生活方式发生了很大的变化,人们已经不满足于能够吃到红烧肉了,他们想品尝西式风情的法国大餐。法牧满足了顾客品尝正宗西餐的需要,延续创作出更精致的餐饮品牌:上岛集团法牧牛排咖啡。

法牧的商业定位很清晰,我们很早就锁定了精致豪华的高尚品位,重视"食材"的取用,服务细节的讲究,餐具、酒具的配合使用都一丝不苟。我们为了使所有方面都做到尽善尽美,租用了美兰湖地段最有商业价值的地块,接下来斥资550万元从上到下、里里外外的每一个细节都进行了完全符合法牧商业定位的装修。毫不夸张地说,"精致与品位"是美兰湖法牧西餐厅的基本诉求,"分享品位,精致生活"就从法牧西餐开始。这里的每一杯香槟,每一块牛排,都让顾客们赞不绝口。

法牧还是一个综合性的娱乐休闲区,建筑面积800多平方米,绝对是一个亲友聚会的理想之地,你可以在这里聊天、吃饭、喝茶,也可以在这里唱卡拉OK,下棋打牌。一楼的餐厅我们设有吸烟区,满足了烟民顾客们的需求,而在二楼,我们开设了无烟区,在这里,每个人都可以充分领略到有品位的装饰、舒适的沙发、有私密空间的包厢,当然还有美丽的湖景和清新扑鼻的空气。

这里已经开发出了美食一条街。吃龙虾、吃烧烤、喝啤酒、品细茶、喝咖啡,这里应有尽有。虽然现在每个月的营业收入才20多万元,但我有信心,将来随着周围新开发小区的20万人口进驻,一定会有一个相当可观的前景。法牧目前签订了5年的合同,等合同到期,我想把这幢楼买下来。从"朗诗"的家走到这里才10分钟路程,我对这里有感情,它是我童年的回忆,也是我事业起步阶段的所在地,还是我未来的养老乐园。

将来我还想再增加两层,届时功能就会更加丰富完善,服务质量也会更上一层楼。不管是在这里吃、喝、玩、乐,还是在这里小住几日、推开窗户欣赏美丽的湖景,都可以满足。过去我有过开餐厅的经历,后来我还为自己写过一首歌《走过那间咖啡屋》,寄托我对上岛法牧的爱和情怀。如果说,事业就是我的生命,那么法牧就是我的生命乐章中的一个最优美动听的音符。

根据我在国内国外的观察，喝咖啡、吃牛排的人都是已经有生活档次的人，他们更加注重生活的情趣和人际关系的和睦。法牧的主体消费人群，除了周末游的家庭，还有那些洽谈业务、畅聊人生的有志青年，出双入对的年轻情侣，我从他们身上看到的是和睦祥和的气氛。做生意的讲和气生财，做人也要和和气气。

我的上岛法牧中还隐藏着一个秘密，它对我来说不仅承载着商业的定位，更重要的是，它还承载了我对自己老年生活的心灵期待和精神寄托。常言道，时光容易把人抛，红了樱桃，绿了芭蕉。转眼自己已经年过六旬。老了怎么办？这个问题多年以来萦绕在我的心头。我的这一生当中，太多美好的时光都是在这里度过的，这里有我的爱情、我的亲情，还有我的事业。

老年人常思既往，少年人常思将来，在我的法牧咖啡屋，既能找到我对过去的怀念，也能体现我对未来的憧憬。人们都说老年人恋旧，这句话不全对，因为我虽然恋旧，但不会沉迷于对往事的追忆，毕竟我还有自己的事业，还有自己的未来。我现在每天都像过去年轻的时候一样，总觉得自己身上有使不完的劲，总有新的梦想等着自己实现。在加拿大定居的时候，每次在梦里回到我的故乡，回到那个埋藏了我太多汗水和激情、梦想和记忆的热土，我的心就会觉得无比的眷恋，无限的热爱。不管现在有了多少日新月异的变化，到处都是漂亮的小洋楼、绿树如茵的街道、修剪得整整齐齐的草坪，但是让我思念的那种土生土长的元素再也看不到了。

我基本上每天都在法牧接待来自四方的朋友，在这里做自己喜欢的事。谁不想让自己过上一种逍遥自在似神仙的生活？人老了，就要服老，儿子跟我说，辛苦忙碌了一辈子，现在到了放下身上的担子，安享晚年的时候了。

我自己都不敢相信，现在比年轻的时候还更恋家了。之前在外地半个月都没问题，现在三天都待不住了。家乡的每一寸土地，法牧的每一块地砖，都寄托着我的深情厚谊。我的亲戚，多年来的好朋友，还有生意上的好伙伴，我的大家庭的每一个亲人，都是我不可多得的人生财富，有了法牧，就有了一个很好的根据地，让我和他们随时都可以团聚，再也不用操心到什么地方去喝咖啡了。我的亲家、小姨，还有我的外甥们，都是法牧的座上宾。外甥还开玩笑说："法牧是我家，要吃东西随便拿。"和他们在一起，是一件很放松的快事。

我原来的那些部下，厂里的员工，这么多年以来，跟我一起转战祖国南北打拼事业也不容易。现在到了我反哺他们的时刻了,我会隔三岔五地邀请他们到法牧来做客,喝上一杯咖啡,共叙多年的友情。我跟他们讲,我开这家西餐厅主要不是为了赚钱,而是为了建造一个联络感情的根据地,一个老年再出发的大本营。他们都觉得我这个想法很好,给自己的老年生活找到一颗定心丸。

每天早晨,太阳刚刚升起,打开法牧的每一扇窗,美兰湖的清新空气扑面而来,和煦的阳光透过窗户,照射在地砖上,金黄色的一片,让人欢欣鼓舞,预示新一天开始了。不出门便可欣赏美景,不下楼就可以品尝美味西餐。上有天堂下有苏杭,有了美兰湖,苏杭也不过如此,我完全知足了。我也去过美国的很多星巴克咖啡店,现在觉得自己家的法牧咖啡也毫不逊色。

人们常说,人是铁,饭是钢,一餐不吃饿得慌。现在的人们早已不愁吃穿了,但是一个健康的身体也离不开合理的饮食搭配。现在我的妻子特别重视我的饮食搭配。她天天不厌其烦地叮嘱我,糖尿病饮食的第一个主要的原则就是控制饮食,这样才能达到更好的效果。低糖其实就是少吃或不吃那些容易导致血糖上升的食物。比方说,加糖的食物,像糖果、汽水、可乐、蜜饯、蜂蜜、加糖饮料以及各种中西式的甜点都应该少吃。第二个原则是少吃太甜、太咸、太油的食物,最好是不吃。由于肥胖是糖尿病的敌人,而且糖尿病患者罹患心血管疾病的概率比一般人高,因此控制油脂的摄取量非常重要。

我们现在不仅提倡老有所养,老有所依,还要注意老有所爱,老有所乐。我很庆幸自己有了法牧这块宝地,给我开辟了一片温情而浪漫的精神家园。我在这里交朋结友,处理公司事务,我还在这里寻找我的梦想。在家里待得久了,就到美兰湖畔走一走,散散心,呼吸新鲜的空气,欣赏美丽的景色。只要有时间,我还会到外面去跑跑步,出一身汗,这对人体的新陈代谢也大有好处。生命在于运动,这句话说得很对。爱运动的人永远年轻,因为他们身上总是朝气蓬勃,活力四射。

和我一样,妻子也是一个闲不住的人,年轻的时候忙里忙外,把全家上下的生活料理得井井有条。她是我们这个家的头号功臣,不知道有多少次我发自肺腑地感恩,这个家还真是多亏了她。如今她也将步入人生之秋,也到了停下脚步欣赏美丽风景的时刻了。孙子去了国外,她有更多的时间来照料自己的生活,调理饮食,锻炼身体。她也像我一样,深爱着美兰湖的一草一木。

投资"法牧"从经济回报的角度看,只有微薄的利润,很多人背后说不合算,但我和他们的思想截然不同。能用金钱买到的快乐,实在不多,但我用钱购买一个希望,购买了一个"老伴",一个给我带来乐趣和温馨的地方。在那里可以找到比金钱更贵重的东西——快活。

五、挚　友

如果人生是一次旅行,那么友谊就是昏暗旅途中的指示灯,让我们有了夜行的温暖;如果人生是一棵大树,那么友谊就是干涸时的雨露,让我们在滋养中枝繁叶茂;如果人生是一次航海的历程,那么友谊就是迎风时的风帆,让我们乘风破浪。

我一生中有几个最好的朋友,其中一个就是海南的周财吉。我和周财吉董事长做朋友已有许多个年头了。他是我最经得起时间考验,经得起艰难和诱惑的朋友,周董是我一生中最难得的知己、挚友和兄弟。

我们的相识是通过陈建武介绍的,那时我在唐山开轧钢厂,周董是我们厂在海南地区钢材销售的代理商。企业与企业合作、人与人之间交往主要取决于能否达到共鸣,互惠互利,诚实守信。我认为这是合作与交往过程中最需要考虑的关键问题。我父亲曾对我说,交朋友,心不善不可处,品不正不可交!一个人最重要的不是外表,而是内心,最宝贵的不是钱多钱少、名利和地位,而是品行。

记得2002年的时候,唐山钢厂如林,几乎每个镇每个村都有轧钢厂,唐山的钢材几乎集中在北京市场出售,导致市场上供大于需,钢材卖不出价格,厂里收益只能养厂糊口。人不能被尿憋死,面对困难只有积极地寻找出路,开拓市场,扩大销售区域,就如你的头不幸栽入泥坑,只有抓住自己的头发,努力从泥潭里拔出来,你才有生存的希望。

我厂和周董的公司就是在这样的背景下达成了合作,本着有钱一起赚、有利一起分这样的理念,我们在海口设立了办事处。办事处成立时,周总还赠送了价值上万元的红木茶桌,并长期提供茶叶。从唐山港口海运到海口港口,我们操作很简单,从小量开始做起,逐步从运作中测试对方的信誉和销售实力。

实践让我们确信,周董公司是海南钢材市场中的佼佼者,不论从什么角度考察,都是无可挑剔的。这让我觉得有一种安全感——对方是有潜力的,也是睿智的,并且拥有一种先人后己的奉献精神。我们开始一个月发两艘船的货,后来增发到四艘,以确保市场的需求量。在打开市场的基础上,彼此各司其职。我们厂家必须从质量上把关,给合作方有市场竞争力的价格。销售方要及时掌握市场信息,通过薄利多销和优质的服务吸引更多的客户。我们仅仅通过几个月的磨合和运作,很快在海南市场打出品牌,打出了人气。

从完全陌生到初次相识,再到共同面对风雨、同舟共济的好朋友,双方不仅赢得了信任和真诚的友谊,也获得了可观的物质收益。我不是在炫耀,我们所获得的精神和物质财富,不是笔杆一挥在做文章,也不是绘画绣花在做广告。我们也曾有过摩擦,有过一闪念的动摇,也有过难忘的故事,因为我们不是圣人,但我们都是一诺千金、一言九鼎的君子。

我们从唐山港口发至海口的货,很多情况下都有磅差,根据计量部门的规定,磅差允许在千分之三的范围内浮动。一艘五千吨货轮,磅差十多吨也在允许的范围内,这磅差不是个小数目,核算人民币四五万元。磅差少一点,或许能理解,厂家几乎都这样钻法规的空子,不多便少。说心里话,谁承担都会心里不舒服,我们得将心比心,换位思考。扪心自问,磅差为什么只少不多呢?这里明显存在着人为操作的因素,我们驻海口办事处的办事人员,死咬以船单计量结算为准,闹得双方不愉快。周董很大度,他笑着对他的员工们说:"吃亏就是占便宜,就是财富来源的开启,我们要当好东道主。"周董那敞开心扉的一番话,无所顾忌的交流,让我很愧疚,同时也领教了他的睿智。我和厂里发货组做了交代,必须实事求是,不要为了蝇头小利,而失去做人最起码的道德,损坏公司的诚信招牌。

海内存知己,天涯若比邻。合作就像婚姻一样,夫妻之间应该真诚相待,开诚布公,推心置腹,荣辱与共、肝胆相照,事事多包容,否则这婚姻不会长久,结果可能就是闪婚闪离,成为孤家寡人。我深有体会,寻找一个好的合作伙伴不容易,而失去它可能就在一瞬间。我在海口市场听到很多客商说,在海南要是你和周财吉合作不了,那你在海南就找不到第二个人了。这话很朴实,却有力量,让人明白:一个人自夸不等于事实,而只有他背后的口碑才最可信。一个人为什么能受到公众好评?他的可贵之处在于宁愿自己吃亏,也要多为他人着想。话虽简单，但要真正做到却很难。

有一段时间，市场很低迷，周董公司外面应收款有几千万元，我们的货款一时收不回来，这让唐山联营厂股东既担心又恐慌："如果周总运作出现坏账，我们的货款怎么办？"联营方要求中断与周董公司合作，我虽竭力反对，但也被风险缠绕，吃不好、睡不着。中断还是继续合作，犹豫不决，进退两难。在激烈的思想斗争中，猛然回想起周董平时总把诚信视作企业的生命，他留给我的那一次次的感动，举手投足中高贵的品行，善良的微笑，让我战胜了对风险的担忧，甚至鄙视自己在风浪中动摇了对好友的信念。

真正的朋友是在最黑暗的时候，陪你一起等候天亮的人；真正的感情是心在下雨的时候，甘愿为你撑起一把雨伞的人。我和周董携手，在商海中风雨无阻向前迈进。那时，我担任唐山恒荣钢厂总经理，没有采纳浙江金属方的建议，于是浙江金属洪志军和我签了风险承包合同，规定每年上交额保底，亏盈我负，并将我在唐山厂的股权作为抵押。我能理解国企的死板制度，但他无权让我停留脚步。

记得一个朋友说过，市场经济就是朋友经济；也有的人说，没有永远的朋友，也没有永远的敌人，只有永远的利益。我和周董选择做永远的朋友，如果在生意场上争得面红耳赤，伤感情的挣钱活宁可不做。因为对我们来说，朋友情谊比钱珍贵。俗话说得好，"黄金易得，知己难求"，这不是在炫耀自己如何高尚，或是夸夸其谈，我们和周总公司携手发展的历程，无可置疑，铁证如山。

周董在当地的称呼叫阿吉，家里兄妹排辈称呼老三，多数人叫他阿吉，也有人叫他老三，客面上都叫他周总，我们之间熟络便随意了，我习惯叫周总的称呼。至此，我在文中也改为周总的称呼，"董事长"听起来太严肃了，我相信周董事长不会在称呼上计较。因为我了解，周总平易近人，做人低调，重情重义。

周总曾赶到唐山看我，还在我们厂里种植了两棵松树，意味着我们的友谊已深深扎根在土壤里，风吹不摇、雷打不动，合作天长地久。2003年，我厂从唐山迁建至广西钦州，在最艰苦的时候，也是我事业成败最关键的时期，周总特地赶到工地慰问。我赤着背，两腿都是砂浆，背上都脱了皮，那时我已60岁了，压力和风险让我坐卧不安，因为我知道一把年纪了，倒下便没有翻盘的实力和机会了，我的年纪不容许失败了，就是拼死也要赢这一仗。他见我那时的模样很感动,鼓励我说:"苏总,就算有天大的困难,你至少还有我。"这般古道热肠的话,是一种发自肺腑的真情,是我的精神支撑!

他对厂区规划提出了很多好的建议,为我们建成花园工厂,从海南拉来几棵二人手臂围不往的大榕树,种植在我们厂区,这几棵大树像打开的绿色大阳伞,给人一种生机勃勃的感觉,同时也象征着朋友的力量和友谊。钦州到海口的海运费,与唐山到海口的海运费相比,每吨要低120元左右,而且运期短,资金周转快,这对我们在海口合作更有竞争力,挣钱是企业的目的,合作要考虑如何双赢,甚至多赢,不能想着赚钱多少,要多想想对方是否尝到甜头,这是周总一贯的指导思想。

我们两家在几年的合作中,不仅仅获得了一定的经济收益,更大的收获是我们成了朋友,得到了彼此的信任和尊重。相信正是共同经历了许许多多的风雨,才使我们之间的友谊更加珍贵、坚定。敞开心扉,畅所欲言,这就是信任的表现。信任身边的人,也让他们信任自己。这样感情会一天比一天深厚。

诚信是最大的财富,我们在没收到周总公司货款或定金的前提下,先发货,几千吨的钢材放在他的仓库没有半点担心。曾有几次我资金链断了,周总调拨了上千万元资金帮我渡过了难关。我总结了一个经验:人只有善良,才会以诚待人;人只有品正,才会值得信赖;人只有守信,才能领悟规避风险的王道。

几年后,周总和他表哥吴总,各自为了培养自己的孩子、弟弟和家人,将钢材合作的一块分成二家独立核算的公司。从此,我和周总从松散性合作转型成紧密性合作,还注册了海口盛荣投资有限公司,主营钢材,注册资金各百分之五十。那时,广西钦州恒荣厂被冷水钢承包了,我觉得还是收收租金求个稳定,年龄不饶人,比不上当年风华正茂的年纪了。我和周总在一起很少谈论工作,常聊家况和养生之道,他闲暇时带我去他朋友家串门,去沙滩上散步,去露天广场唱歌,去按摩泡暖泉。我们谈论的重点是,对子女的教育和培养,对老人的孝顺和小辈的责任。

周总的母亲60岁就病故了,那时他才29岁。父母养了六个子女,家里生活十分贫困。母亲天天起早摸黑,在渔村沿海提着竹篮收海鲜上市场换钱。她雨里淋着,大热天衣上都是白白的汗斑。伟大的母爱,掏空自己最宝贵的养育之本,最终不幸累倒了。

周总很怀念母亲。他每次唱歌时,第一首歌献给他亲爱的母亲——《想念你妈妈》,这首歌有这么一段歌词:"妈妈是您赐予我生命,是您用无限的爱,给了我温暖而又幸福的家,无论我身在何处,我都是您永远放不下的牵挂,永远爱你,我亲爱的妈妈。"他深情歌唱时流露出的思念,让人听得心酸流泪,句句入心。周总听到别人说母亲的事,心里就会酸酸的。他觉得现在有能力让妈妈过上好日子,可妈妈已离去了。每当他母亲祭日,周总会给妈妈烧香磕头,行大礼,以示对母亲的怀念。一个人不管有天大的本事,多么有钱有势,倘若心地不善,不懂得感恩,也是不可处、不可交的。

我母亲病危时,周总从海南赶来探望,直至我母亲病故,悼念后他才回海口。人心都是肉长的,感情并不是一朝一夕养成的,我和周总的情义,建立在品正、心善为本的理念上。周总的吸引力,不是容颜,不是财富,也不是才华,而是他传递给我的信赖和踏实,一种正能、正念、正见!他让我明白,我们合作并不全是收益,更多的是共赢和感恩。这并不是因为我个人对周总有好感,所以夸大其词。他为老百姓做了很多好事,比如修桥筑路、捐助穷孩子上学等等。对那些现实的人来说,周总是傻子。生意难做,赚钱不易,周总常和我说,我们赚钱不完全是为了留给孩子,如果有条件要乐于助人。我们不要太溺爱儿女,过于溺爱就剥夺了他们享受劳动和付出的成就感。

真正对我好的人,一辈子不会遇到几个,每次我去海南,他再忙都愿意花时间、花精力陪着。海南哪里有新的高档宾馆开业,他就带我去享受,欣赏现代建筑的艺术和创新风格;哪里美食可口,他就陪我去品尝;我有烦恼,他会耐心开导。家里人去海南过春节,周总忙着安排住的、吃的和旅行车辆。我老婆说,周总那么热情又客气,真不好意思常去海南了。我在海南的新房装修后,他送了三台40多英寸索尼彩电和日本进口电饭锅。

我67岁生日,是在海南周总的岳父家过的,为筹备生日宴席,他全家和很多亲戚忙了一天,五圆桌排场,海鲜酒菜丰盛色香,那精致的蛋糕,一束束鲜艳的花,一杯杯葡萄美酒,一张张祝福的笑脸,小孩们连口叫着苏爷爷生日快乐,同辈们围着祝福苏总生日快乐、万事如意!那热情洋溢的祝福,让我度过了一个难忘的生日。

我在海口有两套房,一套海景别墅买在西海岸,第二套住宅楼买在海南之心,也是一线海景房。这买房的故事让我梦中笑醒。那时我和周总合作不长,周总通过他朋友陈家川,介绍我以230万元买下那套花园别墅,按现有限价也涨了一千多万元。第二套海南之心商品房,几乎就在大海的沙滩上,睡在床上能听到海的声音,站在窗口好像在大海的浪花丛中,两岸亮光景色,仿佛在大千世界里梦游,那深深的海底世界有着我神秘的幻想。这房周总带我去考察过几次,没等我下买的决心,周总已从自己的卡上给我付了购房定金。这房的环境确实招人喜欢,我犹豫不决的原因是,国内就我和老伴两人,想事先和老伴商量后再做决定。

天啊,我真的鸿运当头,做梦都没想到,房价涨得那么快,这房在限价前一年买的,每平方米从九千多元涨到二万多元,一年涨了近二百万元。周总是我的贵人。什么是贵人?贵人就是当我在死胡同时,为我开辟一条新路;当我困在海中央时,为我造出一条小船。周总给我带来了财运,带来了人生光明。他有远见,盛荣公司的发展,每一个规划和步骤都能与时俱进,经得起时间的推敲。他十多年前买了很多低价的商业用地,投资了房地产,如八万多元一平方米的京华城商业广场、金水门海鲜大酒店、盛荣投资有限公司等。

我和联营公司合作很简单,周财兴是周总的弟弟,财兴人品端正,和他哥一样有着一颗善良的心,周总为让弟弟有所作为,让周财兴任联营公司总经理,我们约定了公司的规章制度、经营方式和分配方案,我向周财吉董事长提出联营企业实行责任承包。这建议是有不当,在市场疲软困难的情况下,我把风险转移在周总肩上,但周总没有半点犹豫就同意了我的提议。他笑着说,苏总近70的年纪了,他对公司的支持是有目共睹的,我们必须懂得感恩。于是,公司做出了如何分配的决定,我享有公司所得利润的百分之十权益,我所投入的资金收取年息一分,并以周总的资产作为担保。

盛荣公司内部怎么分配,简直令人不能相信,周总把百分之六十股权分给弟弟、哥哥,并在他所属公司都让他们有一定的股权,他付出了百分之百的财力、精力,承担了所有的风险、压力和责任。他笑着对我说,只顾自己好不算好,全家好才是好,俗话说得好,黄金有价,亲情无价。周总那扶植家族的大度精神,一般人是难以做到的。他确实有钱,却对自己、对妻儿要求生活上勤俭、低调、朴素,他妻子小吴至今还开着普通人驾的车,儿女生活上从无半点特殊化。

人之相识,贵在相知,人之相知,贵在知心。说实话,我认识很多老板和朋友,难得能有周总那种开敞的胸怀和重亲情的境界。那种严于律己,惠之于人的高尚品行,怎能不让人敬佩得五体投地?相比之下我自愧不如。如果我们这社会能造就更多周总那样行善载德的人,人间有大爱,世界有真情,社会风气将会更文明、更正气。

联营公司在周总的关注和领导下,以诚信为本,在钢材市场赢得了信誉和尊重。海口盛荣投资有限公司荣获央视诚信档案的荣誉。周总被推荐为企业协会、钢铁协会、教育基金会会长和名誉会长。他分层次、分批次地安排下属管理人员和员工,在专业培训中心进行业务深造和传统美德教育。在培养人才和员工教育方面,周总从不吝惜,不怕花钱。他弟周财兴不论从业务、谈吐、做人都大有长进。周总的管理很严格,对员工所提出的要求,身先士卒,周总的榜样是无声的命令。盛荣不仅从经济上获得了丰硕的成果,更可贵的是培养了一支优秀的团队,得到社会高度赞扬。

"盛荣诚信央视载,优质服务树品牌,若要好钢找盛荣,一壶香茶迎客来。"盛荣承接了很多央企和国企大的项目,以及国企大钢厂的代理权。

毫不夸张地说,盛荣要在市场上或从厂家进几千万元的货,仅凭盛荣的信誉度和周总的口碑,就可先货后款,或调拨上千万元资金。我算是看口袋特严慎的,但是只要公司需要增资,我有求必应。我已把"半壁江山"的家底安心交给了周总操盘。周总有这种能耐并不仅仅是因为他做得大,更是因为他在与朋友的交往中,合作守信所积蓄的资本。

友谊如音符,我们共同谱写,奏成一曲曲美妙的乐曲。我和周总建立的感情和友谊,并不是高谈阔论、艺术塑造,也不是像狂恋的年轻伴侣,一会儿疯狂,一会儿冰冷没热度,一会儿甜言蜜语,一会闹得鸡犬不宁,一会黏得难分难舍,一会儿成了遗忘的角落,过眼云烟。我们处得简单、纯朴、实在。无论什么时候,都把彼此说的每句话放在心上,想去的地方陪着,想做的事开诚布公,闲着一起品茶聊天、散步,彼此发的每一条朋友圈都会在意,我们真正想读的,不是某一条朋友圈表达的心情,而是我们都在乎对方。

我交朋友向来求质不求量,重要的是品位和持久。联营企业年终分配,从道理上我有权审计账目,对重大问题具有决策权。实际我本人的性格,很主观独裁,不论和我公司有经济关系的企业或个人,都得把住财务权、人事权,而在对盛荣的合作关系上,不是因周总是朋友而弃权,而是他优秀的品行,让你信任,让你安心。和盛荣合作,我不承担任何风险和责任,能有固定回报,我还能有啥想法吗?周总在处理很多问题上,并不是对我特殊化,不论对谁,不会多占一点便宜、损人利己,我常记住周总的那句话,吃亏就是福,就是财富;但让我做起来真的不容易,好难好难。

这次广西钦州与周总几个朋友合作的小厂转让,针对转让款的分配问题,我的思想斗争很激烈,甚至感到委屈和无奈。钦州恒荣评估净值600多万元,按股权和双方现金投入我百分之四十,另外我还贴进二车间所有设备、厂房,而且无偿提供了合作办厂的30亩土地,这些都不算,就拿合同规定的股比,他们应得300多万元,可对方提出一定要1 550万元,理由是他们投了1 000万元,五年的利息550万元,我们不谈合同,就要这笔钱。并不让周总插手小厂转让款分配的事,周总也无奈。

我和他们合作建厂的项目,还没建成就停了下来。原因是随着市场变化和国家对小轧钢厂下了淘汰政策,而且我们的工艺没法与市场竞争,成本高产能低,即使生产必亏无疑,于是这烂摊子工程没建成便停建了。搁了五年多的那些设备几乎成了废钢,这次遇上我们大厂和码头转让却引起了一场风波。我很无奈,又感到他们有些过分,甚至有点欺负人。我可以和他们打官司,但对方都是周总的合作伙伴和朋友,又是周总介绍认识的,他们不看在周总面上也不会达成小厂合作,我和他们闹翻了,周总从中就为难了。

那时我思想斗争很激烈,毕竟一千多万元数目,而且他们不承担个调税,但看到周总极其为难的样子,我岂能只为了钱,伤害好朋友的心?如果我只为了利益让朋友寒心,我不成了拜金主义的子孙吗?我和周总兄弟般友谊,我们在激烈的市场竞争中,在花花绿绿的金钱诱惑中,风雨无阻携手走到今天,可不能在垂暮之年而产生遗憾。金子千两易得,知己一个难寻。不管有多大的委屈,我选择了朋友,因为我明白一个道理:钱多钱少可以赚回来的,而失去了朋友和人心,就难圆补缺了。俗话说得好,有失必有得,我赢得了朋友的赏识,拥有了海南的海阔天空。

周总不仅是一位白手起家的实干家,还是一位出类拔萃的企业家,同时又是一位既平凡而又伟大的慈善家。他的事迹家喻户晓,他的美名妇孺皆知。他不仅给家乡的父老乡亲修路,还资助他们的孩子上学。这些事情一做就是十几年,从来没有间断过。他做事低调,不事张扬,既不图名,也不图利,就图一个心安。

　　他们兄弟俩捐了一大笔钱为老家修桥筑路。当看到家乡的学校前有一段几里长的烂泥路，下雨天学生常常在烂泥中摔倒时，他们便又捐款为学校修筑了一条汽车都能跑的水泥路。他为人诚朴，心地善良，凭借自己的智慧获得社会地位，靠自己的良知赢得社会声誉和人们的羡慕。面对人们的夸赞，周总笑着说："我们能有今天的成就，都是社会给予的，也应该回报社会。"

　　我和周总有近 20 年的交情，有一件事还是从别人嘴里得悉的。他家乡的小学，大多数小学生早饭不吃就上学了。他看着瘦弱的学生，和表哥商量后，就派了几个厨师到校，每天免费供应学生一杯豆浆、两个馒头作为早餐。做好事十天半个月不难，难就难在像周吴兄弟俩这样能几十年如一日地做善事、做好事！我努力从言行上效仿他们，从与周总的友谊中，我醒悟了一个道理：与有品位的朋友交往，你会变得更优秀，生活会充满阳光。

> 每一首老歌，都是一段心情的回放
> 每一份友情，都是为朋友而绽放
> 如果人生是一场义无反顾的前行
> 朋友便是清晨的第一缕温暖阳光
> 光阴辗转，似水流年
> 永恒不变的，唯有真诚的友谊！

第四章　背　　影

有些背影,总是晃动在时光中,挥之不去。笔尖沙沙滑动的声音静了下来,闭上眼睛,那孤行的背影又浮现在眼前。收拾一段心情,将种子揣在怀内,想象深蓝的天空,于视线到达的地方,有一种被叫作梦想的距离。

蓦然回首间,望望自己走过的路,心酸,痛楚,幸福,开心,快乐,爱过,恨过,痛过,疼过,想过。如今所有的所有都成为我生命中无法抹去的美好记忆,永远地藏在我心里的最底层。花开花谢已成空,潮起潮落人不同。走的路多了才发现,其实两岸的风景一直都很美丽,只是一直在走自己的路,没有关注而已。就算你做得再好,也会有人指指点点;即便你一塌糊涂,亦能听到赞歌。不必纠结于外界的评判,不必囿于他人的眼神,不必为了讨好这个世界而扭曲了自己。能够拯救你的,只能是你自己。

一、风光背后的心酸

"老板"这两个字听起来很风光,很有魅力,让人飘飘欲仙,也能吸引他人羡慕的目光,但当我走到人生的某一转弯处,驻足回望,却发现老板的背影像沉在水潭之下的一块不锈钢一样,闪着凄楚的光芒。多数人都觉得当老板一定很爽,曾记得自己年轻时刚当上老板那一会儿,也给人老板前老板后叫得飘飘然,可是时间一长,心里就像被打翻的佐料瓶,酸甜苦辣,五味杂陈。谁知道我们背后的日子是怎么过的呢? 选择了创业,就意味着选择了风险,就意味着选择了晚上睡不着觉的生活,每天被一大堆业务和客户纠缠着身心,再也不可能睡觉睡到自然醒。

古希腊哲学家苏格拉底有一句至理名言——认识你自己。中国的古人也

说,知人者智,自知者明。我曾经无数次地问自己如下问题:

你是谁?

你快乐吗?

你对自己了解吗?

你有什么感觉?

你对自己满意吗?

下辈子你还想做老板吗?

这一连串的问题只有领会过的人,才能得出答案的线索。我这老板算不上大款,但也有名车、豪宅,就是头衔金冠、银裹满身的大老板,只要他的财富是辛勤劳动所得的,这成功人的背后,就有凄痛的呜咽及哀号和悲忆。

自古以来,当老板就很不容易,有在一夜之间从巅峰掉入痛苦深渊的,能守成的都不容易。我觉得自己几十年的经历就像个还债的苦命人,挣钱耗费了我大半人生,60多岁人了,还像拼命拉车的车夫,跑得吐血倒地才罢休,这可怜谁都充耳不闻,叹苦却以为你居功自傲,这不是成了一部机器吗?难道我没有白天和黑夜,没有感情和灵魂,只是被钱使唤的奴才命吗?我几乎忘了自己也是十月怀胎的生命,一个堂堂正正的男子汉却在这现实的世界里浮沉、焦虑、困扰。

每当我在噩梦中惊醒时,就对着窗外晃动的黑影发出生命的呐喊:"我什么时候能翻身?什么时候能让我看得起自己?"

我的老师笑着说:"或许要等人类消灭金钱后,人命才能贵于财富、贵于机器、贵于安乐、贵于名誉、贵于权位、贵于一切。"

老师这话,无非是一种安慰,这辈子是没希望了,100年,1 000年,到那时我的坟上都长满了草。唉!我的命已经注定,一辈子为社会打工,为后辈们打工。我伏在老板桌上,怀着跌宕的心一笔一画写着压抑已久的热情,而桌子背后却缠着魔鬼的阴影。

下面这首小诗《老板》描绘了我此刻真实的心境:

外表风光赛过村长

心里却不如种田的农民快乐

飘泊在天涯的车夫

何时为自己好好溜达

别看家有花园别墅

我却失眠在山峡异乡

为什么我会如此生气,

因为他们只注重老板的外表

可又有谁知道当老板的苦衷

别看老板笑容灿烂

他的背影却如奴才相

我不需要豪华的外套

只想把海水染成美丽的色彩

绘画真实的自我

谁都想当老板,享受充足的物质。一旦当了老板,无论挣钱不挣钱都惶惶不可终日,脖子像套上了沉重的枷锁,但又有谁能理解你这些苦苦挣扎、万般无奈呢?

我的公司规模不算很大,员工100多号人,这段时间我是吃不下饭、睡不好觉。

"为什么?"

钢市从过年跌价至今还没见回升的势头,几乎跌破历史上罕见的低价位了。这种恶劣气候,一年半载还能挺得住,但从目前国内政策和钢市的形势和导向来看,得有几年不看好的思想准备。钢厂的业主都亏得骂爹骂娘,那些高炉厂家都亏了几亿元,中频炉几乎关闭了80%,调坯轧制的厂家哭肿了脸,很多经营钢材的贸易商亏得没法还银行贷款都跑路了,溜不走的债主被债权人逼得走投无路,有的接受不了这残酷的现实,便跳楼自尽。这残酷的市场如妖孽,底气不足的老板都死在它的魔掌。

我还幸运,厂子承包给了冷水钢,贸易亏了几百万元,没伤到筋骨,还能扛一年半载。

老板头痛的日子没人能关注和体谅,却有一些昧着良心躲在角落里的人还在讥笑。

忍耐、退让、不骂人、不生气，难道一定要等到他们骑在头上拉屎拉尿吗？那些妒忌老板们的人，他哪里会知道老板成功背后的酸楚呢？背影是一副黑暗的棺材，还有魔鬼的笑声、奴才的哭泣声。

几年前，我也有上千万元的身家了。有次和央企的子公司经理谈一份冷却块加工合同，一个民营小老板能和央企的子公司经理坐在一个饭桌上攀谈，简直受宠若惊，机会难得啊。那位经理酒兴一来，哇！一杯杯高度白酒如茶水似的喝着。

他似醉非醉地说："不是看在你与检察院共建单位份上，就是八条腿抬轿子来也轮不到你的份。"

我只能嘿嘿笑着。为了求成这笔加工业务，不顾他对我百般歧视，因为他能使我的冷却块厂活起来，也能将冷却块厂送到坟墓中去。

他要我将大杯的白酒一口喝完。天啊，我从来滴酒不沾，要我喝上这大杯的白酒，岂不是要我的命？

可他不给我片刻的犹豫，一大杯酒往我口里灌，一半灌进了肚里，一半淌在脖颈的衣兜里。

就是这样被强奸似的糟蹋，我仍陪着他狂笑。

他的陪同也帮着起哄："你再喝一杯，在原合同加工量上多增300吨。"

300吨能多挣5万元嘿，我的人格被玷污了，心灵遭到漠视，自尊被他们毁得无地自容。

这种场合举不胜举。

"你喝不喝？"

一杯白酒连杯带酒朝着我头上扔来。

一个又说："不喝把酒倒在他衣兜里。"

我像一个妓女似的被任意羞辱，为求生存被羞得体无完肤。

有位作家这样说："只要他不认识自己，他就能活到很老，而对自己的认识会导致死亡。"

尤其是背后的阴影，你越想越可怕，甚至让你感觉到人生意义的崩溃，因此我只能把自己忘了。下面一首《神伤》就是真实的记录——

歧视

心灵遭受着沦丧

抑郁

迎来的却是失望

老板两字听得悦耳

背后却是血肉模糊

我讨厌自己

为何一次次在那些人面前妥协

你是男子汉吗?

尊严何在

我只能为昨天而哭泣

老板没那么不可爱

上帝啊,求你了

如有来世

下辈子就不要再让我干这苦差事

哪怕求个一官半职

就是留个村长的位子也罢

别让我走前世的路好吗?

　　所有的悲伤、打击和不乐意的事,都看在事业的份上,假以时日,这些情绪通常会慢慢过去。假如情绪极度强烈,挥之不去,超出了正常范围,它就会滑向可怕的极端。

　　有段时间我心情很坏,得罪了分管仓储的专管员。事情是这样的:为了一根不中意的钓鱼竿,他脾气大了,把鱼竿弯成两段朝我扔来。这真让人气短,我一气之下把那两段的鱼竿扔在河里。这可得罪大了,几天后,那专管员就立马给我脸色看,以各种借口为理由,停了我公司仓储的粮源。

　　这把我急坏了,仓储空着晒太阳,这不是好比耕好的田不下种子,让良田长草喂羊吗?这分明是和我较劲。

　　俗话说:"人在屋檐下,不得不低头。"

　　老板是什么?不就是一个出气筒吗?我暗暗地责备自己。他们是你上帝,是你衣食父母,你得罪他们不就得罪了钱啊。

引句老话:"胳膊终究是扭不过大腿的,忍忍就过去了。"

晚上我就背了一袋新大米上那专管员家,他家住在五角场那幢高层楼上,我肩上扛着足足百斤重的米袋,像个搬运工,俯着背,右手撑在腰上,累得汗流浃背,上气不接下气。

"咚……咚……"

我卸下了肩上的米袋,轻轻地敲着他家的门。

"谁呀?"

我回答道:"是我,繁荣粮库的。"

那问话的女人是他的妻子。

半晌他妻子回话说:"他还没回家。"

我看了表才九点出头。于是就挨着他的家门口,坐在米袋上等着。等啊等,我不知不觉睡着了。

突然有人拍着我的肩膀唤着我的名字:"苏总、苏总。"

那声音异常激动。

我睁开蒙眬的眼睛,猛地从米袋上站起来答道:"X师傅你回来啦。"

他紧紧握着我的手,好似感觉所有的隔膜和不愉快都融化在不言中。这时已经是第二天凌晨一点多了。我足足坐在米袋上睡了4个多小时。

"X师傅,我是上门负荆请罪。"

他马上堵住我的话:"对不起,这是我的不是。瞧你还……"

他的神色自责和内疚。我虽然很疲倦,但换来了他的支持和友谊。

反过来想,普通的人不一定愿意委屈自己。老板这名字好听吗?有时候什么都不是。被金钱的诱惑变得很自卑,而一旦遇上灾难,资金链断了,那活得还不如种菜的农民洒脱,甚至负债累累,生不如死。你想尝试这滋味吗?不妨换个位子,感受这老板的饭儿香吗?做老板快乐吗?

有人说老板视钱如命,这话不全对,老板在乎钱,更在乎通过努力获得的成就感。在老板眼里,钱就是弹药仓库,有了弹药就能击退敌人,消灭敌人,是赢得战争胜利的武器。商场和战场,资金就是弹药,一旦资金链断了,战争也就输了。这就是老板看重钱的原因,甚至被金钱诱惑变得身不由己,活得不如普通人自在。

你没试过自己打落牙齿往肚子里咽的委屈,也没试过被人上门逼债的感受。这些我统统都经历过,感觉比活在地狱里还痛苦。除此之外,普通人24小时可以自由支配,而我却不能自由支配和享有,晚上睡觉眼睛都得半睁半开,心悬挂着。生怕厂里生产出乱子、出工伤、断轧辊、电动机烧了。碰上星期日,虽然已安排好自己的日程,但只要"客户"来个电话,你就像听话的狗似的,几千里也得赶过去。

记得一次,有个"客户"说他和几个朋友在北京,让我赶过去陪他们吃晚饭,我知道无非去买个单。于是我带了三万元现金,从上海飞往北京。有两桌共20人,饭后一结账,我懵了。要三万八千三百元,幸亏唐山接我来的朋友身边带着银行卡,否则脸就丢尽了。

在这市场严峻的当口,老板不仅要承受市场的压力,还要遵守国家劳动合同法。从国家政策、法律法规到社会舆论,都是倾向于员工。从同情的角度来说,我能理解,但又有谁来理解处在灾难深重、绝望中的老板们呢?

这几年电费、原料价格不断地往上涨,员工的工资、福利、三金也水涨船高。而钢材价格却提不起来,形成了倒挂,我几乎是撑不下去了。有时候真想就此放手算了,拿出租费这辈子不愁吃穿了。但是转念想想,如果就此停住、散伙了,这上百号人怎么办?推给政府?推给社会?政府能管得了吗?凭良心讲,我不是所谓的黑心老板,这些年风风雨雨,不管有多困难我都和我的员工们撑了过来,自己再苦再难,我都坚持一点,不拖欠员工一分钱,足额缴纳"三金"。我宁愿勒紧裤腰带,也要保证对员工的承诺。

说心里话,2008年《劳动合同法》实施后,我司的劳资成本将会增加20%—30%,大多数的老板们都为这事而发愁,我不得不从自身做起。公司即做出了规定,把那奔驰600和奥迪Q7耗油大的车辆都停歇在车库(除非接送客户)。我回上海都坐桑塔纳,在这艰难的日子就是一箱汽油、一张机票也得算啊。

记得有一次,几个老领导从上海赶来广西看我,回上海时航班头等舱只剩三个,我便将三张头等舱座位给了领导,跟班小年轻只能将就坐经济舱了。这本是能理解的事,可那小年轻回上海后,批得我半个铜板不值。

"小气鬼,钱捏得两头不露。"

我气得差点吐血,他或许不知道,我出差坐飞机不要说头等舱,机票都订打折的。难道我不想坐名车和头等舱吗？谁都想享受，只有那些不劳而获的人才不懂得珍惜他人的劳动成果。老板把钱看作武器，而那不懂珍惜他人劳动成果的人，把钱看作交易和烧纸。这就是老板与普通人之间的区别。

老板也是爹娘生的，也喜欢享受，但更需要做生意的弹药。

当今的老板赚钱难，做人更难。朋友也好、乡邻亲戚也好，他们有困难向你借钱能不借吗？

有一位叫我大阿哥的小杨，有钱的时候出手比我都慷慨大方，花钱如流水，而一旦手头紧了，就一次几万、几万来借钱。几年来少说借去有几十万了，但他只借不还。你不借他吧，他会跑到我妻子、儿子那里借，好像前世欠他的。

他对我说："外面都说我有个吃不光、用不光的大阿哥，我缺钱不到你这儿借，难道找贫下中农去借。"

这次他又没钱花，发急了，把我的手机都快打爆了，我不理他。

后来他妻子打电话给我说："大阿哥能帮就帮帮他吧。"

唉，我这人就狠不下心肠，只能又给了他四万元。实际大多数老板的现金几乎都投在固定资产上，流动资金不够也得向银行贷款，甚至在资金发生危机的时候还要借高利贷，这老板不是谁想当就能当的。

唐山一对夫妻，男的姓刘，在区卫生局的一个防疫站工作，妻子在学校教书。手头有点钱后，他们就和邻居老高来我厂租了一块地开炼坯厂，这厂刚投产就遇上金融风暴，1 800万元一夜之间血本无归。

老刘的妻子哭着说："老板没当成，还欠了一屁股债。"

我们村上有一个年轻人，梦里都想当大老板，恨不得一口吃掉一头牛。听朋友说有个厂倒闭了，几千辆摩托车原价2 000多元，打5折清盘。想到这笔生意能挣几百万，美得他像吃了蜜似的，不经思考把几年挣来的五六百万元抛了出去。结果那所谓的朋友拿了货款溜了，气得他傻了。

从我经历的、看到的、听到的而言，做老板的美梦容易，而要梦想成真不是件容易的事。这世界没平坦的路，也没有一帆顺风的船。你想做老板是件好事，但要有思想准备。

孙祺奇著的《创业其实不可爱》中有一段名言："创业其实是一件家丑不可外扬的丑事。"

我把自己亲身经历的老板背后的酸楚和蒙受的耻辱，原原本本毫无修饰地"端"出来,让被掩盖的背后事实毫无保留地曝光在你面前! 日的就想告诉大家,我们聊的是创业,不是成功学、不是励志,更加不是什么捷径。

我是过来人。当老板让我一个普通人变得不平凡,这为我打开了一个真相。就如歌中所唱的:"不经历风雨,怎么见彩虹。"老板的成功之路不同,但每条路都夹杂着泪水和汗水。我没有天赋异禀,没有殷实家境,没有富豪岳父,没有当官的亲戚,是一路磕磕绊绊地走过的。

有人说商场如战场,但其实商场比战场更为残酷,战场上士兵先死,商场上老板先死,生意亏了,公司经营不下去了,员工还可以跳槽,老板跳什么:跳楼? 跳海? 他们无处可逃!

一个开石料厂的朋友,打拼两年后,他告诉我,总算站稳脚跟了,问他"站稳脚跟"是什么意思? 朋友说,抛开投资不算,现在工厂收支刚好相抵。他苦笑说,其实,我是在为手下的 20 几个工人打工呐,他们每人拿了上万块的工资,我却一分没赚,好笑不?

所以说,各人有各人的难处,人与人之间应当互相体谅。有了沟通和理解,百姓知道老板们也并非全是蛇蝎心肠,为了生计,他们也在奋斗,也面临着各种烦恼,如果戴着墨镜去看老板,反而显得心胸狭隘。我有时候真的很羡慕那些没有做老板的,平民百姓一身轻松啊。

二、成功背后的无奈

以我的经历,我可以这样说:每一个老板成功的背后都藏有这样的箱子,里面装载着他辛酸的背影,有时候强行打开带来的只有伤害,我唯有把记忆的箱子抬到很远的地方埋起来。

早上八点钟到办公室,中午开会或者陪人吃饭,下午接待各种各样的人,晚上还要应酬。在中国做老板,人人都似乎很风光。开靓车住豪宅,子女入读贵族学校。风光背后,有不足为外人道的苦衷。中国的老板文化是什么样的文化? 又如何改变这些痛苦? 有人说,在中国做老板表面风光,其实也有很多难言之隐,甚至苦不堪言呐!

有一次,中国各大企业的老板们聚到一起,被问到一个同样的问题:请你用一个字来形容表述一下你经营企业的感受与体会。这时绝大部分的老板都会陷入沉思,当找人回答时,大家都是"苦"与"累"的字眼比较多,也确实这就是老板们内心的真实写照。

作为老板我们既要与市场和竞争对手博弈,又要与政府沟通处理好政商关系,还要摆平新旧诸侯大臣的利益和冲突,还有高处不胜寒的孤独,有的人连家人的理解都得不到。作为老板我们每天都在权衡各种各样的关系,我们要将自己武装起来面对这各种关系而武装的背后却是无人能懂的苦楚,只有在无人的时候独自数着伤痕。

"公司做大了,再也没有人像哥们儿那样找我聊天了,大家和我越来越疏远了。""想授权却找不到值得放心能担责任的人,开会想集思广益大家却集体沉默,都等我发话,都指望我,我是人脑又不是电脑,老这样下去难道要把我累死?""股东之间面和心不和,个个都在打着自己的小算盘,还相互拆台,都觉得自己贡献大回报小。"可以"共苦"但不可"同甘"。创业初期,大家的目的不同但目标一致要把公司做起来,所有矛盾都被创业的激情与生存的紧迫所掩盖;一旦创业成功后,大家为了达到自己的目的开始寻找平衡点,创业后的三关——"分金银""论荣辱""排座次"往往给企业的健康发展造成了阻碍。

很多公司的复杂也就是从股东团队开始的,老板像高尔夫球,一个人孤孤单单地在偌大的草坪上滚动着,股东像台球,五颜六色集中在一个台面上互相碰撞着。

老板和员工的关系让人烦恼。班子不好带,员工不好管,听话的员工不中用,中用的员工不听话,这样的状况在企业管理中比比皆是,员工很多时候的想法、行为和老板的要求是对立的。老板就像司机,既是目标和路线的制定者,也是执行者。不仅要熟悉车上的各种设备仪器,清楚知道车子本身的各种状况,还要看清道路和方向,了解路况以及交通状况,了解各种交通法规,看清红绿灯,还要为车子本身及全车人的生命安全负责。员工就像是乘客,一上车就都想找个位子舒舒服服地坐下来,有时还要抱怨车子不太好,路也不太平,有点颠簸;还吵着要听听音乐、看看电视、吹吹空调。实在不行下一个站台下车,换乘另一辆。

老板抉择之无奈。企业做到一定规模,老板自然风光,然而随之而来却是企业发展方向的抉择,这种思考的痛苦是企业员工所不能理解的。企业到底要不要发展壮大？如果企业需要进一步发展，是自己来做还是请职业经理人，又面临着处理老板与职业经理人间的种种矛盾；矛盾发生时，职业经理人拍拍屁股就可以走了，但是老板却还得捡起烂摊子。

老板风险之无奈。企业越大，犯错误的风险越大。现在，大部分中小企业的老板是因为中国改革开放的机遇而成功的，事实上他们本身的素质并不是很高。当然老板成功了肯定有其成功之处，比如有的人勤奋，有的人聪明，但他们不可避免地存在着修养的短板，包括知识修养和境界修养，很多时候，他们并不知道自己的做法合不合适或者正不正确，甚至触碰了法律，最后法律后果还得老板自己承担。

老板亲情之无奈。在这样的位置上，老板的付出比一般人多很多，等到回家的时候，小孩睡了，太太也睡了。老板与太太双方的角色就像两种职业，一个是职业老板，一个是职业家庭主妇，由于缺少沟通，两者间也越来越不可能产生共鸣。除了家人，还有兄弟等。有的人做了老板以后，由于利益的纷争兄弟姐妹反目成仇，老板成了孤家寡人。有的是几个好朋友一起做生意，开始很好，做到一定程度，每个人的想法就不一样了，有的说我还要继续发展，急需钱投资，不能退钱，最后是胡志标式的断臂之痛。

作为老板因为太忙碌，有时还要长期在外出差，陪伴家人、照顾家庭的时间就少了。一次和一位老板聊天，谈到家庭关系。他说不是他喜欢喝酒，而是生意场上的应酬没有办法，在洽谈生意的宴席上频频举杯，喝下一杯杯烧肝毁肾的烈酒，回到家里昏天黑地呕吐，还要被老婆骂成是贪酒的醉鬼，喝死你算了，还死回来干吗，喝死活该；还有的老板接待客户去夜总会、去桑拿；当他们因有钱被"男人有钱就变坏的"逻辑所套住，被老婆无端定为色狼而严加防范的时候，当他们带着一身的疲惫，迈着沉重的脚步，跨进家门，听到的是不信任的冷嘲热讽，看到的是"侦察兵"般打量的眼神时，和妻子之间隔阂就产生了，当她认为你的生意忙、应酬多、压力大、身体累这些都是搪塞她的理由的时候，你的解释就越会被认为是掩饰，关系就会越来越僵。

还有一位老板说，他每天都工作15个小时以上，没有时间陪老婆逛街，也没有时间带孩子逛公园，等晚上回家时，老婆孩子都已经睡了。因为太累有时连和老婆亲密的时候都没有精神。时间长了，老婆开始怀疑他在外面是不是有了情况，虽然她不吵不闹，但却越来越迷恋上网，对于她来说，可能我还不如一台电脑能让她找到精神寄托。小孩都和自己生疏了,每每想到这些的时候心里头总是凉凉的。

就拿我自己来说吧,回到家里太累了,真的是不想说话,有时哪怕是一个人静静地坐着,也感觉挺放松,挺舒服,我老婆也经常对我说,你忙就算了,现在倒好了,你变了,连话都少了,说我不够关心她。我们不想和家里人说自己的压力和辛苦,因为怕他们担心。这些还是好的,有些老板在外本来就累,回到家里想放松放松,可家里也不是个省心的地方,老婆还不理解,经常大吵大闹、无理取闹,整得一刻也不能消停。作为老板我们有压力有时更不能跟父母讲,父母年纪大了,不能再让他们为我们担惊受怕了,孩子还小,很多事情可能也分担不了。自己事业成功了,亲戚来往的也多了,有时来借钱明知借了也不会还,借,你就是好人一个,不借,你就是忘本了、瞧不起人了,就会变成"坏人""小人"。

这些家庭关系的协调,只有老板自己才知道,也不是什么光彩的事,平时谁也不会往外倒,现在我把这些写在书里,帮老板们找到一些安慰、一些共鸣。

老板身体之无奈。"宁愿胃里喝个小洞洞,也不能让感情上出现小缝缝。"很多老板不仅工作要动脑,而且还要陪各色人等交际应酬,结果,肚子大了,头发没了,身体垮了。老板的成功是以牺牲了身体为代价的。实际上,老板的时间是被秘书安排的,老板往往成了秘书的奴隶,做得越大的老板越是没有时间安排自己的生活。

工作的需要经常会和很多老板在一起吃饭,接触的老板不一样,但吃完饭后有很多老板要做的事却是一样,不是抽烟而是吃药。年轻的时候我们用健康的体魄开辟出了属于自己的事业,年纪大了以前都不曾在意的小毛病却成了今天折磨我们的病痛。

做企业不可能是一帆风顺的,一帆风顺地做起来可能也会一帆风顺地作死去。老板不好当,有老板还跟我说过:老板真不是人干的,想把公司结束了算了。经营企业就像一列高速驰骋的列车停不下来,社会的责任、市场的竞争、各种人际关系、自尊脸面等都迫使老板们无法自由地退出自己的事业舞台。很多时候只有在病倒了才意识到身体健康的重要性,有些老板是宁愿胃里喝个小洞洞,也不能让感情上出现个小缝缝。结果是肚子大了叫将军肚,头发没了叫智慧的脑袋不长毛,但却忘了一句话:身体才是革命的本钱。

老板孤独之无奈。在广东有句老话叫"食得咸鱼，抵得渴"，既然高高在上，就要承受在上的所有压力。人生的路上，没有早知道，我们更要关心自己，才能有更强的抗压能力。老板的交际圈很广，但风光只在表面。与家人和亲人，疏于沟通可能就出现了裂缝；与原来的朋友，经过多年的创业，要么分离，要么剩下来的就是下属关系。企业发展到一定程度，公司老板已经不可能和太太谈公司的事情，也不能和朋友说，因为这是商业机密。老板只能和几个重要的骨干讨论，但是下属和老板之间永远是上下级的关系，隔着距离，老板也不可能把所有的话告诉下属。有了烦恼，不能和家人说，不能和朋友说，更不能和下属说，老板高处不胜寒。

又有老板开玩笑说，星期六星期天找职业经理人打球的人很多，但找他们的很少，因为没有人愿意和老板在一起。不能随便外出，不能随便做事情，老板的一举一动都要考虑到企业的形象，享受不到别人所谓常态的快乐。

我问过许多老板，也问过自己，奋斗多年后，现在能约出来与你喝茶聊天、敞开心扉诉说心事，还可以想想当年的朋友有几个。实际上很多老板表面上朋友一大堆，可都是一些涉及利益关系的朋友，商场中的尔虞我诈，让很多的老板渴望交到真朋友，可这样的缘分的确很难得。很多开名车、住别墅的老板却发出这样的感伤："以前没钱的时候，朋友一大堆，喝酒、吃肉、感到内心非常充实。但现在有钱了，接触的人越来越多，反而没有朋友了。"

没有钱的时候，人对朋友的心是平静的，单纯的，没有任何防范和顾虑，没有任何想法和目的，大家凭借着一种感觉和本性的吸引走到一起。就如同孩子，因为他们纯真，所以他们特别容易交朋友，也特别容易有朋友。这也是所有成年人共同的慨叹，越长大越需要朋友，反而朋友越少，成功老板的感觉更是这样。

朋友是我们精神与心灵的需要，是我们自己选择的。没有朋友的人生就如同生活在没有绿色、空气稀薄的世界一样，让人感到压抑和窒息。没有人不需要朋友，越是感到身心疲惫的人，越需要倾诉，需要理解，需要有人把心结化解，只有朋友能满足人这种心理的饥渴和需要。

作为老板我们应该清楚一点：朋友、同事、创业伙伴，有时是分开的。一个腰缠万贯的老板，他听到更多的是恭维，是奉承，看到的是一张张的笑脸，他不了解这些动听的语言背后的目的是什么，他猜不出那几乎是同一种"笑容"

的后面真实的有多少。老板也存在着很多的疑虑,戴起了有色眼镜。以往的朋友在你功成名就的时候,感觉和你的距离就拉开了,和你在一起就会有压力了,随着你的忙碌,慢慢地就在你的生活里淡出了。作为老板,没有真朋友会使我们感觉内心空乏和寂寞。再想说一句话,告诉各位老板朋友,凌驾于朋友之上,你将交不到真朋友。

财富之无奈。很多老板,有了钱比没钱更痛苦。特别是中小企业的老板,考虑到财富的安全,穿的和吃的并不比以前更放得开。

有的老板,逢年过节头皮都发麻了,因为变相的敲诈随时在发生。有时候老板看起来大,实际上比谁都小,黑白两道都要去应酬,甚至有小混混赌钱赌输了,看当地哪个老板大,就直接跟他说,我在哪里输了多少钱,你给我拿多少钱过去。这种情况在珠三角非常普遍。

安全之无奈。哪个老板在经营当中一点不得罪人?因此,老板总是在担心着自己的生命安全,甚至于在家里都安排保镖。有的老板连洗头吃饭等所有活动都有自己固定的地方,他无法享受常人多姿多彩的生活。

很多老板特别是中小企业老板对子女的教育方式已经变得畸形。他们不敢让自己的小孩和别的小孩一起玩,把子女送到贵族学校,不是考虑学校良好的教育环境,而是考虑到安全系数高,子女送进去,大门一关出不来就安全了。星期六星期天很多老板还把小孩带到身边去上班,不是有意培养他们,而是把小孩放到什么地方都不放心。他们的出身注定了他们的命很娇贵。

变态之痛苦。珠三角老板圈子里流行着一句话:老板不是人干的。中国的老板们特别是中小企业的老板越来越过不上正常的生活,包括不正常的人际关系和不正常的心态。

责任之无奈。谁都可以死,偏偏老板不能死。不管什么老板,大大小小,总是有几百人几千人几万人等着他吃饭,如果他的离开导致企业的破产,那么很多人都面临着重新选择岗位,甚至对整个产业都可能产生影响。无形中老板对社会做出了巨大的贡献,但是正是这些使命使得老板不得不面临其他的痛苦:社会的仇富心态和自己的身心疲惫。由于中国社会长期以来形成的财富文化使得这些"资本家"在社会上承受着相当大的舆论压力;另外,每个人总有疲惫的时候,社会的责任、市场的竞争、各种人际关系都迫使老板们无法自由地退出自己的职业舞台。

　　有的老板就这样被肩上沉重的责任压垮了,甚至走到了人生的绝境。追逐风,追逐太阳,在人生的大道上。一首周华健的《心的方向》鼓励人要活得自由自在,不断向前迈进。而作为老板的你又在追逐着什么? 很多的老板在成就一番大事业后,已经不再是为了赢得财富,他们的目的已经超出了金钱本身的概念。怎么能让产品成为世人皆知的品牌,如何让企业上市。每个老板的创业经历不同但每个老板的"拼命三郎"的精神却是相同的;一个比一个高的目标,一个比一个更难的挑战,老板们又加足了马力,开始再次冲刺拼命,做企业不进则退,老板们必须给自己不断地设定新的目标,新的挑战,慢慢地这就形成了习惯,又演变成了经营的责任。

　　其实老板们又何尝没有难处? 有一个朋友,每天上百万的订单压在心头,生怕耽搁工期而遭到巨额赔偿,要是政策有变或是市场起风波,风险也不是我们能体会的。朋友诉苦说,本不善交际的他,为了拿订单,不得不巴结权贵逢场作戏,极不自我地活着,又无法逃避,人家总以为他有用不完的钱,其实除了公司十几辆车外,他连私车都没有,不节约不行啊,那种高压中的混沌实在不好受。

　　所以说,当老板真的没有人们想象的那轻松自在。这些都是老板们背后的故事。可以说,每一个老板都是一个矛盾体,在他的身上有极度自尊的一面,也有极度自卑的另一面。赚钱的时候,还好点,可当企业出现危机,特别是资金问题,你才知道这个世界什么都不可怕,有一种鬼最可怕,那就是穷鬼。这个时候就算你打电话叫他喝茶、请他吃饭,他也说没有空。这个时候我们还要给股东、员工加油打气,可谁又为我们加油打气?!

三、承德访友

　　有一年,我和泰钢孙总从唐山开车去承德,拜访好友万利通集团张总。唐山离承德不到 200 公里,一路都是高速,两小时就赶到了承德。承德,在我的印象中是一座塞外之城。以前,总不明白清代皇室为什么在北京有那么多的皇家园林,还要跑到那塞外再造一处行宫式的避暑山庄。

　　当汽车在承德整洁的大街上行驶时,现代化的城市模式建筑让我有些失望,这是我久已闻名的避暑山庄吗?不就是一座现代化的城市吗?可是当车子一个急弯,驰进一扇古朴的大门,进入一排林荫时,顿时有一种清凉之感,原来这才是避暑山庄。

那时正值夏日,火红的霞光染满了天边一角。避暑山庄吹来的微风带着氤氲的水汽扑面而来,顿时感到仿佛进入了另外一番天地,这美丽的山庄环绕着我们,围抱着我们。我们不能越过它的范围,也不能深入它的秘府。

孙总说:"这是古代帝王的宫苑。"那皇家花园和宏伟壮观的寺庙朴素淡雅。一眼望去山中有园,园中有山,群峰环绕、沟壑纵横。

张总是个博学多才的儒商,又是一个历史学家。他带我们参观了避暑山庄。他如数家珍地介绍起来:"避暑山庄是清代皇帝避暑和处理政务的场所。与全国重点文物保护单位颐和园、拙政园、留园并称为中国四大名园。它始建于1703年,历经清康熙、雍正、乾隆三朝,耗时89年建成。避暑山庄分宫殿区、湖泊区、平原区、山峦区四个部分。整个山庄东南多水、西北多山。"

张总说得有声有色,引人入胜,帮助我们普及了大量历史文化知识。

他接着说:"清朝的康熙、乾隆皇帝每年大约有半年时间在承德度过。清朝这两个时期重要的政治、军事和外交等国家大事都在这里处理。"

现在回想起来,发现张总和我与笔都有不解之缘,一笔能写出缘的空心字。他与笔有缘,对朋友重情重义。我60岁生日,他派部下专程赶到上海只为送我生日礼物。那是一支笔,但千里送鹅毛,礼轻情义重,别论这笔多少钱,它乃是我的挚友,与我一起奔驰在奇峰中。

我情不自禁地从口袋里掏出这笔,灵感的闸门被打开了。提笔、挥墨,绘一幅大好河山图,抒一纸五千年情怀。笔间的黑汁在漫延,心中的千年中华魂在漫延,此刻我的心灵陶醉在这神奇的云山胜地。

我屏住呼吸,停下脚步,生怕打扰了这幽静的景致;停止思维、停止冥想、停止推理,我怀着快感在想象的空间里驰骋。

汽车穿过林荫,眼前一片碧水,这就是塞上湖光,承德"五湖"。这皇家园林的湖泊,起名自有皇家气派,五湖分别叫:上湖、下湖、澄湖、镜湖和如意湖,湖面宽阔。由于山影的掩映和亭台的交错,远看有一种无际之感。这种园林布局也证明了中国古代园林艺术造诣之高深与成熟,五湖中都有些荷花,其中澄、镜、如意三湖荷花最盛,我们去山庄时正值夏季,湖面上一大片荷叶。星星点点,亭亭玉立的荷蕾,或含苞欲放,或吐红还羞。荷花朵大色艳,确实很美。

承德是大自然的宠儿,因为她有美丽的自然风光,更有岁月的厚爱,历史的珍藏。

山庄的景色真是迷人,但是更让人向往的还是那围绕山庄修造的外八庙。这些雄伟的建筑不仅展现了当时建筑设计者的天才创造性,还记录了我国各族同胞团结一心,抵御外敌入侵的辉煌历史。这里流传着许多民族团结的佳话,这里的"伊犁庙",传说是乾隆皇帝专为新疆香妃所建。"须弥福寿之庙"则是为了迎接班禅六世来朝而特别专门修筑的。这些全国各民族的庙宇,在当时既起到了美化山庄的作用,也起到了团结与统一的历史作用。

黄昏时分,华灯初上,夜幕下的大千世界仿佛凝固了,一切生命都悄悄进入睡乡。或近或远的山谷、平川、树林在月光下像睡熟的姑娘,那轮廓更显迷人。游历避暑山庄,就是回顾一部清王朝的历史,就是洞观一个民族兴衰的脚步,就是品尝一个时代的切肤之痛。山水无言,青天依旧,只是路上又多了许多心情沉重的行人。

张总比我小几岁,比泰钢孙总大几岁,我是通过孙总与张总相识的。张总平时脸上连一点笑容都没有,是个严肃的人。长寿眉下那双眼睛不时地闪烁着威严的光芒,50多岁了,一头黑发总是梳理得井然有序,外表强悍。不懂的人会认为他今生似乎是与幽默绝缘了,实则非也,在聊天闲叙的时候,他与泰钢孙总你一句我一句,活像赵本山与宋丹丹,是最佳的黄金搭档,逗得我们肚子痛。我总说他们俩是好朋友也是好兄弟,是合作伙伴也是一对情侣,这令人难猜难辩。我对他们可以说知根知底,但有时候我也会错乱,难道他们前世的朋友还没做够,还是同母的孪生兄弟。两人几天不见如隔三秋,不是张总跑到唐山与孙总相约,就是孙总追到承德与张总叙情,仿佛初恋的情人,热烈,酣畅,痴情。

张总端着酒杯,热情洋溢地说:"昨日一去不复返,朋友的深情斟满了酒杯,我们只想开心每一天,此刻朋友这杯酒最珍贵。"

这话说到我的心坎里去了,真是让我感慨万端呀。我们都走过了人生大半路,夕阳无限美,只是近黄昏。人老了总要去往那个地方,那个连鸟儿都抵达不了的彼岸,我会想念我的朋友,想念那些陪伴过我的大自然,想念那些也想念着我的人。多少笑声都是友谊唤起的,多少眼泪都是友谊擦干的。友谊的港湾温情脉脉,友谊的清风灌满征帆。友谊不是感情的投资,它不需要股息和分红。

孙总笑了:"那些经历过的人生啊,只要随便扯下一块都够你回味很久。一壶茶、一杯酒,生命在朋友的笑声中慢慢变老,这就够了。"

张总接着孙总的话说:"一生的时光其实很短,如白驹过隙,弹指一挥间罢了;惜别落日黄昏,转眼就是百年之后,珍惜当下就从现在开始。"

我借张总的酒敬了同桌的好友们说:"你们发现没有,我们每到承德,只要张总和孙总的酒杯一碰,第二天总是风和日丽呀。"

孙总性格有点急躁,我话还没说完便被他打断了。他对着大家说:"咱苏老兄这话中听。承德的蓝图有咱二哥的心血、智慧,还有咱老孙千里送鸿毛的奉献。老天不为咱哥几个喝彩,还向谁献媚呢?"说到这里,我想插段话,孙总和张总、天津的马总,三个磕头兄弟在承德投资技改了张总的型钢厂,把原来调坯扎制的设备,改造成连铸连扎的生产线。在他们的心里,并不是单纯只为多挣几个钱而也,而是有了这联营厂呀,三兄弟碰面牵手的机会更多了。

孙总的话说得大家都笑了,杯中浓浓的酒更令人爱不释口。

记得前年我们从越南回国,现在回想起来心还在颤抖。越南的交通比国内差多了,一百来公里,走了三四个小时,我们的客户经常去越南都受不了越南的公路。那山路如怪物畸形的背脊,车轮子爬在像尖尖粽子角的乱石上。灰蒙蒙的天空,望不到远处的景物,修筑的路段像一块块坑坑洼洼的梯田,车队排了足足几里路长,就像蛇鳞一般。这不是人走的路,鬼见了都害怕,简直是在折磨人。我们从早晨启程,深夜还在半路上像蚂蚁似的爬着,十几小时挤在车里手脚都麻木了。我索性下车跟在车子后面走,道路两边连绵的山丘,有的山坡上长着些不知名的杂树,三株两株夹在坡与坡之间。这些树枝叶短狭,叶与细枝之间满撒着锯末似的,我们能听到远远的村庄里传来了鸡鸭的啼叫声。

孙总的烟瘾来了,歇在路边嘎嘎地抽着烟,那一闪一闪的火星就像点燃了炸药包上的导火线,火花飞溅。我们早晨到现在肚里还没进一粒米,饿得肚皮已经贴在背上了,孙总憋得心都快爆炸了。此刻大家的情绪就像半个脸的灰白月亮,笼罩着一层蒙蒙的烦愁薄雾。

这鬼路像黑绸子一样,在风起风落中颠簸着。灰色的田鼠从黄土旮旯上面探出了头,仿佛在嘲笑我们:"哈哈,你的四个轮子还不如咱的 11 路车跑得快呢。"

这田鼠不看气候,我本有气没有地方发泄,正碰在火头上,我拾起小石头朝田鼠方向扔去。那田鼠很机警,便沿着芦干爬了上来,轻轻地叱了几声,便咯吱咯吱地咬着芦干,发出了沙沙的响声。田鼠的一副吃相,勾起了我的食欲,肚子咕哩咕哩叫得更响了。幸亏车后还留着半段面包,我们几个就分了填肚,饥不择食呀。

孙总的女友吴亭亭嘴里呵出的热气,像一圈圈卷起的白白花朵,笑着说:"这面包比山珍海味吃得来劲,可惜呀,几口就没了。"

我知道大家都饿了,张总和孙总饿得笑话也不讲了。车子就像蒙着眼的老牛,慢吞吞地走着。亭亭紧锁着眉间对孙总说:"这辈子再也不来越南这鬼地方了。"

天快亮时前面有了灯光,还有几辆车停在那里。

"啊!饭馆!"

我们就像见到了嘴边的肉一样兴奋,大家二话不说就下车了。那小饭馆烟气油腻,辣味、汗味混合成一种怪怪的反胃味道,这时谁都不嫌杂乱糟糕的环境了。店堂里为数不多的几张桌子,摆着猪头肉和炸丸子,几个越南人敲着桌子吼哇吼哇指手画脚地叫喊着。我不会说越南语,只能以手势示意。买了几碗杂碎汤、两斤鸡肉、几个大馍和米饭,随便找个角落坐了下来,张总、孙总也只能将就了。唉,这不是为难了张总、孙总了,我很内疚。但张总笑着说:"不妨、不妨,人就要培养适应各种环境的能力。"

张总的话还没说完,孙总突然从饭馆冲出门外哇哇地吐了起来。不知啥东西卡在他食道口,他胃里都吐出了黄水,急得亭亭差点哭鼻子,后来费了很大劲,总算把卡在食道里的东西吐了出来。吓了大家一大跳,原来是一片鸡毛!我们几个再也没有胃口吃店里的东西了。但是,正所谓"人是铁,饭是钢,一餐不吃饿得慌"。不吃饭又坚持不了,我硬着头皮走到厨房和饭馆老板商量,自己动手炒了几碗蛋炒饭。我自己觉得手艺不错。不到一会儿的工夫,一大盘蛋炒饭都吃光了。而且他们都吃得很香。

这次旅程是我们人生漂泊中难忘的回忆,真的可以算得上患难之交。亭亭说从越南那次吃了鸡毛饭后,见了鸡肉身上就起鸡皮疙瘩。孙总常拿这件事揭我的短:"苏老兄蛋炒饭真香呀。"

张总幽默地说:"咱孙总就喜欢吃越南的鸡毛。"

这两个磕头兄弟无话不说,在一起总是笑声相陪。我敬佩孙总貌不惊人,却是一个实干的成功企业家。他把泰钢打造得如美丽的姑娘穿上了时髦的衣装,男人们见了流口水。

我不仅为张总有一番大事业而倾心,更让我敬重的是他的品格。他的万利通实业集团公司是承德钢铁公司主辅分离改制企业之一,是一家拥有自主知识产权,融冶金、化工、机械制造钒、产品加工、筑安装等行业于一体的企业集团。下设有六家子公司,员工 3 500 人,产品百余种,并相继荣获市优秀企业、市工业 50 强,获最具社会责任感企业、全国精神文明单位、中国扶贫基金会特别荣誉等称号。

这些成就并不是每个老板都能拥有的。张总的产业发展方向侧重于开发国内的空白的高科技、高含量、高难度项目,他不惜财力,勇于实验。很多朋友都为他担忧,因为任何一种创新都存在着不可避免的挫折和风险,没人知道路上的艰辛和坎坷,也没人知道这路能否走得通。我从张总的指导思想和理念看出他并不纯粹为自己挣钱而奋斗,而侧重于有社会效益的科学发展。

近年他又投资 8 600 美金开发了钒电池研发中心,这个全新的领域受到了中央领导的重视,并列入"十二五"国家科技支撑计划,彻底打破国外企业在这一领域的垄断。

孙总夸奖道:"咱哥干的就是惊天动地的事,就像发射的火箭,张扬了国气。"

这话没虚头,我怀着崇敬的心情参观了万利通钒电池展览馆。展区外观造型特色,听讲解说:建筑外立和钒电池的模块、巨幕是与清华合作设计的,项目执行期内研究开发单堆功率 20 kW、能量率大于等于 75% 的钒电池模块、高储能密度钒电解液,最终形成年产 500 mW 规模的钒电池生产能力,居于国际领先地位。

钒电池因为适宜大规模储能,因此项目主要适用于风力发电、太阳能光伏发电等大规模蓄电储能设备和系统配套装备,钒电池不仅效果显著,而且大有挖掘的潜力,象征着中国科技发展。

我对这方面不懂,但那现代影像投射技术,白天与黑夜的变化,风力和太阳能发电的魅力,不亚于好莱坞大片《魔戒》。随着展览馆巨幕地推近,我的灵魂犹如穿行在钒电池的大千世界里。太伟大了,此刻仿佛又一次观赏了世博会中国馆的感觉,那么激动、亲切、震撼。

我为有这样的良师益友、兄弟而自豪、而骄傲。不管全世界的人能否听到我的心声,但我要告诉人们:你们来承德如果不去观赏万利通钒电池展馆,就白来承德了。

是的,避暑山庄很美,但只记载了历史。而张总的钒电池展馆的美,就像"初月出云,长虹饮涧",显示了现代技术的力量,更象征了未来的先进生产力。我们利用风力和太阳能光伏发电的蓄电储,夏天能享受到大自然风扇满州凉、顺风送帆船,寒冬能送常沐如温泉。

我们从展厅出来后,又在迷蒙湖石岸边观赏,大家尽是笑脸盈盈。

我一边摄影、一边睁着眼看,迷蒙湖光中的熠熠亭台、瑟瑟秋水中楼阁的倒影、缤纷的草木,这些都是避暑山庄中最迷人的景色。

湖区内碧波荡漾、岸柳低垂、莲菱蒲苇随风摇曳,一派江南秀色。正如乾隆皇帝在水心榭观秋时写的诗一样:"一缕堤分内外湖,上头轩榭水中图。因心秋意萧而淡,入目眼光有若无。"

我被承德的美景触动,为张总的事业而自豪,为我们的友情而骄傲!此刻此景充满着诗情画意,愉悦的心声好比潺潺清水婉转流畅。

四、老 供 销 员

我走南闯北做供销这活已有 30 多个年头了。真没出息,活了大半辈子还在跑供销,对这些年的酸甜苦辣一言难尽啊。

难道是我命里注定?还是我喜欢吃这碗饭?脑海里时常会想起这么一首歌:"无论我们走得有多远,也走不出你的心;无论外面有多么复杂,想起你我就不再害怕……"我们承载着父母的期待、亲人的嘱咐、好友的祝愿,还有自己内心深处那一份渴望翱翔苍穹的心,但随着时间的流逝,年华终会蹉跎,那种"男儿立志出乡关,学不成名誓不还"的豪言壮志也将被现实冲淡。人生旅途,难免坎坎坷坷,外面的世界永远比我们想象得要复杂,但即便是惊涛骇浪或是万丈深渊,开弓就没有回头箭。举步维艰之时,仍需勇敢地走自己的路,这就是我们对自己的承诺。

只身一人的他乡路,难免会有些迷茫和困惑,经常会问自己,是自己的生活出了问题,还是心态出了问题? 我们是要改变环境,还是最终被环境改变? ……种种内心的躁动,最终还是归于了平静。每天的工作还是必须得认真做完、每天要面对的人还是必须得真诚地面对、每天的生活仍需尽心地过。事情总会朝着好的方向发展,只要我们能坚定内心的自我,用心去体会,用勇气去面对,用真情去感动,认认真真的、虚心坦诚地为人处事,相信结果是不会令人失望。

同行朋友问我:"你累不累,这把年纪还风里来雨里去,你手下没有好使的人,还是对他们做事不放心? 或许你只相信自己,这世界没你地球不转了?"

我知道他们话中带着刺,但他们说得也有道理,我这人就是过于自信,总觉得自己有能耐,比他们能吃苦、有责任心。我好似一只飞翔在天空中的雄鹰,在一片梦一般美丽的群峰高耸、峡谷纵裂、森林密布中争相前往探索。

在这世界,变幻莫测的市场竞争里,我像一面刻着透明花纹的水晶面板,平平地铺在光阴里。透过它,可以隔空看到无遮无掩的人生世界。那上面的花纹丝丝缕缕,记载着时光流逝的足迹、怀念和珍藏。

30 年前我已在繁荣村工业公司当供销员,那时候的供销员和现在公司里跑业务的很相似,但是在很多企业,由于人员上的缺乏,往往原料的进入和产品的销售都是同一批人来做。所以这批人在做销售的同时也联系一些原料之类的东西进行采购。出差一顿饭贴 0.17 元,只能在露天排档填饱肚子罢了。口渴了就路边喝几口自来水。衣衫上的汗斑像印在上面的白蝶,橡胶鞋上沾满了黑色的柏油污迹,那时候舍不得打电话,坐火车也只舍得坐硬座,如果几天跑不到业务,报账还要受财务的气,像在吃白食似的,四周投来冷冷的歧视目光,我的脾气容忍不了他人的蔑视,常和那些人较劲挑战,因为我的智商就是挑战的筹码,是千里马还是头笨驴,溜达溜达便能分晓了,我是个不服输的男人,从没有我跨不过的槛。

那时候的繁荣工业公司总经理和我的关系处得还好。我父亲在村预制构件厂当厂长,县电话局预制件加工业务忙得父亲不可开交,常顾不上回家吃中饭。

那当口钢材很紧缺,我和李俞在村工业公司负责供销业务。我们俩优势互补,他很熟市区的路,好似肚里藏着地图,很少走冤枉路。而我是个十足的路盲,在市区稍兜一圈,就晕头转向,过马路李俞还要牵着我的手,生怕丢失似的。但他业务谈判却不如我发挥得好,口才和智商离我有一段距离。因此我们的结合就像盲人和哑巴,谁都离不开谁。

我明白一个供销员的职责,厂里要保证产品的销售,要采购到价格适中的原材料,要确保供销环节流畅,这样才能有正常的生产效益。

当时预制件加工场盘圆6.5线材快要断档了,父亲急得胡子都竖了起来,我也几天睡不着。后来经朋友介绍认识了供销社废品公司李经理。他帮我出了主意,以废钢串换线材,一吨线材要低于市场价几百元。这主意好极了,我们乡镇企业或多或少都有废铜烂铁,收购几百吨废钢不难。我脑子不笨、人也很勤快,一天跑几个厂家就能收购几拖拉机废钢,这让我很快摸清了废钢串换线材的门路。

有次正在送运废钢途中,一场大雪将我困在逸仙路上,几个小时过去了,车连动都没动一下,又饥又寒,我蜷缩在拖拉车斗里的草包里,脸被风雪刮得像红萝卜,直到午后三点车才开到五角场卸了废钢。我吃了一袋方便面,又赶去线材仓库装线材,那时路面上的积雪已有十几厘米厚,而且结了冰,踩在上面很滑。车装上了线材,车轮在雪地像人喝醉酒似的,东扭西扭,我小心翼翼扶着车架,迎着飘来的一朵朵雪花,不到一会儿,车上的盘圆就被雪盖上了白衣,而我心跳得像车后开了双跳灯,温暖的橙色在冰天雪地的公路上汇成了一股暖流。

"爸,线材装回来了。"我像个雪人站在父亲面前兴奋地说。

父亲不停地重复着我的话:"线材装回来了?"

他怕听错了。

"是呀,够你厂里使了。"

父亲又惊讶又高兴,他拍了拍我肩头的雪说:"儿子进屋喝口酒,暖暖身子。"

"嗯!"

我刚跨进门槛,家里的猫飞身逃窜,它认不出这雪人是自己的主人,还惊叫了几声,那猫尾警惕地竖着。我没理它,接过父亲手里端的那杯白酒就深深喝了一口。这是父亲第一次陪我喝酒,聊我这供销员怎样做才能称职,不知是酒后的感觉还是工作的成就感,我的心情无比兴奋、激情澎湃。

预制件加工场从此不用担忧买不到平价线材了。

我在收购废钢过程中,从罗店锁厂生产的下脚料中筛选了部分可以替代钢筋的可利用材,这样就在很大程度上减低了预制加工场原料的成本。

工业公司黄经理对我的业绩很满意,奖励了一个红包,虽然红包里钱少得可怜,但对我已是很大的鼓舞。做供销员能得到领导鼓励不容易啊,我的腿跑得更来劲了。

1983年,我受繁荣劳动服务部的邀请,担任繁荣综合商店供销科长、经理,创益占了繁荣村企业总和的60%。

1993年8月1日我在宝山区罗经开发区注册了恒荣实业有限公司,意味着从此我将与艰难、风险为伴。

转眼间,我已有了30多年的供销历史了,这30多年跑破的鞋、流的汗都堆积在我心里成了回忆。

要解释自己看到的一切,只因我选择的职业与这个世界贴得更近了。每一个早晨都那样清新,每一个黄昏都那样灿烂,在劳作中编汇着平凡而难忘的故事。我身边有一个老板,"文革"时期的小学文化,除了自己的名字基本不认多少字,但是他有敏锐的商业目光,当年接班进国营单位里跑供销,10多年前在外地跑业务时,在小旅馆里遇到一个上海的销售员,这个销售员代理德国的进口管道,在国内跑了一年一米管道都没卖出去,成天唉声叹气,这个老板就和他聊了起来,结果他马上就和这个销售员订了1 000米的管道。这个销售员很不放心,好心地告诉他:兄弟你别买了,我整了一年也没卖出去,你做也得赔钱啊!可是我们这位老板没有退缩,1 000米管道到手,转手就销售一空,并且很轻松地成为这家德国企业的国内代理商,现在他的公司已经成为国内同行业中的品牌企业,年营业额超过千万,完成了由一名供销员到老板的蜕变。

我就是以一个供销员的身份起家的,经历了艰辛的创业之路,从草根到有今天的一番事业,不论身价有多大变化,我还是跑在第一线。说我是老板倒不如说还是个老供销员,或是一个跑腿的老战士。

这话没有夸大,厂里进坯还要我去谈价定量,产品销售也还是我在跑腿,收不到应收款我去催。我司目前的国内业务从上海发展到广西、海南、福建、广东、河北等地区,国外几乎遍及东南亚国家。

尽管国内外钢铁市场低迷,我却不因客观存在的困境就放弃一个老供销员的主观能动性,千方百计改变被动局面,寻找生机。一旦上路,你就会发现,创业之路并不像梦中望见的那么平坦,现实并不像想象的那么简单,大多时候,艰辛、坎坷甚至陷阱和痛苦会如影随形地接踵而来,像潮水般不停地一波一波涌向你,将你围困,将你击倒……你不由地会感到迷茫、恐惧,感到孤单无助。但是,这个时候你已经毫无退路了,投出去的钱就像泼出去的水,想抽身、想洗手、想回到从前谈何容易! 后退一步悬崖万丈。也许擦掉眼中的泪,咬牙走下去,还有一线生机……

奔跑了几十年,交通工具从自行车变成汽车,从汽车变成火车,再从火车变成飞机。还记得当初那个时候飞机不是谁都能坐的,经过了层层批准后,才打电话预订了机票,取机票凭的是单位的介绍信。到现在还有人好奇,我登机过安检,虽然和他们同样是经济舱,却能走绿色通道,还可以享受贵宾接待室休息。他们怎么知道这是我每个月都要飞十几次积分所赐? 我每个月飞行里程 11 000 公里,我的保姆车一年半时间就行驶里程 11 万公里。难道我不懂得坐车、坐飞机的辛苦劳顿吗? 难道我就喜欢跑腿做供销的活吗? 谁不想在家图清福,谁不想享受亲情的天伦之乐? 我也是娘生的,60 多岁还在买卖道上玩命奔波值吗? 我不知多少次质问自己,但始终没有答案。

这次海南盛荣联营公司周财兴陪同我一起飞唐山组织钢材货源,坐了近四个小时飞机,又从北京坐车去唐山两个多小时,我们到唐山已是深夜了,第二天跑了几个厂子订了发往海南的 5 000 吨钢材。

突然接到海南盛美亚总裁周财吉来电,第二天上午 11 点他和卓董从海南飞广西南宁来我厂考察。这事我们约了好几次了,我必须赶在他们下机前到南宁,这是礼节,是对朋友的尊重和合作的诚意。当即,我和财兴订了第二天早上七点十五分从北京飞往南宁的机票,那天晚上几乎没合眼,早晨 4 点坐车从唐山赶往北京机场。财兴才 40 出头,年轻气盛,还常赛球,腿上的肌肉不亚于球场上奔跑的体育健将,但却因为这两天的过度劳累,嘴唇下都长满了热疮,还发烧了几天,他老婆心疼得掉眼泪。我虽然觉得很疲倦,但只要付出能换来生机、换来果实,就算累死在半路上,我也会含着笑而去。"十载寒窗仰圣贤,万里豪情同日月。怀众生、何惧商旅苦？慈悲切。"停靠在港湾的船只,终将要去搏击惊涛骇浪,学会在暗礁密布、险象环生的汪洋中航行。曾经纯真的你我,离开了校园,踏上了真正的人生路,无论这条路是充满鲜花、掌声还是荆棘密布、泥泞不堪,既然选择了,我们就得坚持,只要怀着一颗阳光和永不放弃的心,相信会有一个成长和收获的明天。

我不会怕死,但是我怕"心死",就是心灵的麻木和干涸。我感觉,人世间所受到的最重的罪孽,莫大于心死。我还能活多少年不重要,重要的是我能同平常人一样活得真实。找回干涸已久的心灵。再苦再累我不怕,只要能够得到亲人的理解。然而,这次儿子醉后吐出腹中怨言,深深地触痛了我的心！他居然恨我不给他机会,他只是摆设,甚至还说了一些更加让人难堪的话。我听了之后心里无比的沉重。没想到自己含辛茹苦养大的孩子,打小就把他当宝贝一样呵护着,可以说是关怀备至,那天居然听到他那样说,不得不让人寒心。

这不堪入耳之言,虽然他破口在失常一刻,却如一把尖刀捅在我心里,泪水沾失了我的眼眶,这宠爱结出的苦果那还不是自作自受啊。儿子不成器,我有不可饶恕的责任,但他的不成熟和依赖性怎能担当这市场的险恶,我不舍让自己曾经的苦难再让儿子去担当,因为我是他的父亲,他是唯一的儿子。

儿子却对我说:"我已经长大了,不要让我活在你的模板里充当傀儡。"

天啊,他怎么有这种想法,要说我视钱如命,但我却更爱子胜于生命。他只要用心去努力,就是失败了,我毫无怨言。如果只把我的事业看作一张银行存折,那么这存折我必须为他把握,否则这是对家庭的不负责任。我不是不相信自己的儿子,我只想往前推他一把,毕竟我在买卖这条道上积累了很多教训和经验,钱对我来说只是身外之物,而血浓于水的父子感情是金钱不能替代的,我为什么至今还在跑供销,就是我这儿子他不喜欢干我这行,如果我把公司掌管交给局外人,那么儿子的脸面放在哪里呢？

做父亲的都想让自己的孩子有所担当。我死后能把钱带走吗？如果儿子上进,我还会犹豫吗？

我只想告诉儿子,这世界是属于你的,父亲这把老骨头还能熬几年？你说我今天的奔波只为自己名气,那你想错了,正是家的信念支撑着我面对供销生涯中难以想象的坎坷与艰难。名气对我来说只是成就感,我愿用所有的珍贵换来你的醒悟与长进。否则,我这老供销员跑到脚直为止了。

一个老板如果放弃了供销权,那么迟早被他人代替,我之所有还在供销道上跑,就是为了掌握命运的主动权,发挥一个老兵在同行中的影响力,这不是在自封,或是在表达自己的能耐,只是在说明一个问题,我有彼此信得过的朋友,人常说,路在脚下,是呀,资源和供销渠道,就是凭我两条腿跑出来的,在海南我拥有了湖北泰钢、广州广钢五羊牌的钢材代理权,在广州和上海、广西拥有了湖北正丰盘螺和螺纹钢的代理权。三万多吨的货款,他们都放心大胆交在了我手里,这不在于一亿多元钱的价值,而证明了我的诚信和公关能力、智慧和实力,建立这种供销合作的关系,必须在互惠互利的基础上才能继往开来,销售网络也很广,而且具有市场的影响力,我不仅有自己销售的主渠道,还利用了贴牌运作的优势,在广东、海南、广西赢得了市场的主动权,我的销售战术灵活,透明,果断,市场化。从不和市场较劲,例如在广州,我和李志忠的公司合作,在海南与盛美亚、荣德利的合作,都获得成果。很多人说我做生意精明,有时也觉得自己很聪明,我与什么样的客户都能沟通,为何与儿子的距离不能走近,他到底在想什么,我们为何那么陌生。或许我长期在外对他少关爱,不给他自我发挥的空间,使得他无聊,空虚而沦落,我是一个失败者,一个不合格的父亲。但我要告诉我的儿子,爸爱你,真的好爱你。

一天,我在唐山订货,碰上船代公司房禹经理,他说起了去年沉船所发生的真实故事。那是一艘载量5 000吨钢材的货轮,出海到半路时,突然遇到大风激浪,浪涛一个又一个打在驾驶室和船舱,眼看这艘货船快要被海浪打沉了,那老船长丝毫不顾自己的安危,他不顾一切打开保险箱,这箱里有16万现金,是他为儿子长年累月积的买商品房的钱,老船长把一沓沓钱紧紧绑在身上,生怕被浪卷走,又穿上军大衣裹着,他救生衣还没来得及穿上,船沉了,老船长尸体打捞上来的时候,他的手还紧紧抱着绑在身上的钱,他命丢了,而16万钱都还在身上绑着。

幸存者对他儿子说:"你爸不去绑回这些钱,或许不会丢了性命。"

他儿子哭着说:"老爸你真傻啊。"

但他感到他老爸绑回的不是钱,而是父亲的生命。我说这故事只是告诉天下做小辈的,世界上所有父亲不论贫富都深爱着自己的孩子,甚至为你们去死。假如你父亲的思想和观点与你有分歧,或则令你不理解,那么我可以为所有的父亲对你们说,父母的爱是无私的,不求回报的,他们所有劳作都为了自己的孩子明天过得幸福。

　　我的老战友王良弟听了这故事后也讲了他的听闻。有一个中年的父亲，他辛辛苦苦承包了几百亩养鱼塘，几年来也挣了上千万元钱，却患了不治之症，他平时舍不得多花一分钱，病床下穿的那双布鞋，底都快磨穿了，在病危时还怕多花钱，他对妻子说，咱回家吧，别白花钱了，咱儿子还小……这中年父亲临死前把他手上唯一值钱的表拿了下来，他对妻子说，这表也值四万块钱，留给咱儿子，说完走了。有人说，人生最悲哀的是挣了钱而自己没能享受走了，这故事中说的二位父亲他们可悲吗？这世界上就有这样傻的父亲，为家为孩子舍得奉献自己拥有的一切，甚至生命。

　　我还在少有人走的路上，期望我的所作所为能得亲人的理解和安慰。理解，是人与人之间交流感情的桥梁；理解，是促进人与人情感的良药；理解，是沟通的核心，每一个人都渴望得到理解，更渴望被理解，每个人都渴望被家人理解，渴望被朋友理解。一个人如果得不到理解，他吃饭不会香，睡觉也不会安稳，他会觉得事业也没有奔头。每一个人，不管他的内心再强大，他仍然需要家人的理解和安慰。真的，我不想让家人有半点伤害，我只要能跑，不论在任何情况，任何环境，不会掺杂丝毫的动摇念头，我会跑到老天收我走的那天。

　　我真的羡慕那些子承父业的家庭，这样才能让事业代代有人。每个人都有自己的性情和想法，我不能将自己的想法和事业强加给自己的儿子，但我正如天下每一个做父母的那样，殷切期望儿子能有自己的一番作为，哪怕他并没有选择跟父亲走同样的道路，哪怕他的选择最终并没有让自己走向成功，哪怕他一败涂地，我都会无怨无悔地支持他，因为这样至少表明他有自己的想法，有自己的奋斗目标，而不是每天喝了酒躺在床上无所事事，或者天天跟一群朋友在打牌。

　　天底下哪一个父亲，会舍不得将自己的家业传给自己的子孙呢？谁会自私到连自己的亲生儿子都不信任，不愿意放手让他去做事情呢？可是，我的最大的苦衷在于，我心疼自己的儿子，我了解他，他虽然很聪明，脑子很灵活，只要愿意学，什么都一学就会，可是他吃不了这份苦，不能忍受生意人的辛酸苦辣，你叫我有什么办法呢？

　　写到这里，一股诗情涌上心头：

打着背包走天下
供销员历经三十年
踏平坎坷绘宏图
供销道上军号吹
让心灵不再干涸
这片沙漠
已经很久没有雨了
因为海湾还很遥远
河流也没有临近
生命还在很远的地方
盘旋着云
还没有找到故乡

只要有一点点绿色
就会唤醒
你记忆中的森林

看着一点点
久违的希望
又站在这广场上
站在这比沙漠还荒凉的地方
你会感觉到
有一股甘霖
从你的身体涌出
你会走出沙漠
回到自己的房子
让自己空洞的眼窝
注满泪水
对着夜空
让你的心灵不再干涸

"干涸"的本意是讲河流、湖泊因无水而干枯。我们的心灵蕴含有我们的气质(而非性格),我们的欲望与本能。按照我的理解,干涸的心灵就是这个人已经类似于植物人,他既没有气质,也没有欲望,更没有本能。他不会表达自己的需求,也不会对外界的刺激产生任何反应。他不会向别人索要什么,也不会理睬别人对他做的一切。以交朋友为例,他已经没有交朋友的想法了,他不需要朋友;就算其他人很想跟他成为朋友,并为此做出百分之百的努力,他也无动于衷。只有来自亲人的理解和安慰才能让心灵不再干涸。

我走过了岁月的峥嵘,驻足回头观望自己时,才发现自己,已然面目全非。生命在一季又一季的寒暑交替中渐渐苍白,青春也被时间的长河荡涤得毫无色彩。

如果有人问我,世界上最为珍贵的两样东西是什么? 我会回答,一样是水,一样是亲情。人类没有一刻可以离开水而生活,水就像母亲一样养育了我们,给予我们以生命,滋养了我们的肉体。同样,人类不能没有亲人,更不能没有亲情,亲情就像水一样滋养了我们的心灵。如果一个人的心灵已经干涸,就像是世界上突然没有了水一般,那是一件很可怕的事情。

似水流年,流年似水。曾经的自己,也有着高亢激昂的情怀,希望用自己看似坚硬的翅膀,飞出一片自己的天空,当凄凉地走过了青春飞扬的年少时代,才发现天空比自己想象的更为辽阔和高远。总觉得自己仍有精神和力量去为自己心底的梦想和希望去搏斗,然而,当岁月的潮汐漫过,与青春的脚步碰撞时,青春韶华,在岁月长河奔涌的波浪里,也荡然无存了。曾几何时,那些满怀的凌云壮志,也仿佛在一瞬间,消失得了无踪影,陪伴自己的只剩下这些清如淡水、读不成句的文字。

生命,似乎在一夜间缩短了许多,记忆中靓丽的色彩,已成为今日忧伤的源泉。青春,如长河中一叶孤帆,在我注视下渐渐地远去,远去……变成了一些模糊不清的印迹,溶入了这沉沉的暮色之中。时间,不会为某个人停留片刻,如一江东逝的春水,载着生命中最美的落花,浩浩荡荡地流向生命的尽头。

默默地走过了多少个曲折蜿蜒的岁月,也经历了许多次的离离合合,想伸出苍白的手,把遗失的青春挽留,而流逝的青春如挂在天空的彩虹,只能远远地看着,却怎么也触摸不到。依稀间,也能回想起,曾经有灿烂和温暖的过往,甚至还会有些许的淡淡泪痕。那些牵挂,那些思念,还有仿佛萦绕在耳边的绵绵细语,也会在某个时间,突然来袭。常常自己独坐在电脑前,沉浸在自己或是在别人的文字里,感受曾有的美丽和纯真,在亦真亦幻处,让伤感的茧一丝一丝地从我的身体里渗出,孤寂的苍老的灵魂也赤裸裸地呈现。此时,久远的回忆,如一把锋利的刀,无时不在我原本就有些凄凉的心上狠狠地宰割。写下的这些凌乱的文字,只为了曾经流逝的青春岁月。还有,那份追忆似水年华的苦涩,在心底沉湎,久久不能散去。夜风轻拂着月色,万千世界都悄然静谧,突兀地站在生命的一角,遥望着那些流逝的青春,我泪流满面。不知是伤感凋零的风,还是在留恋昨夜的星辰。一切的一切终归空寂。在这个干涸的春天里,我们同样在渴望一场酣畅淋漓的雨降落心田。在没有春夏秋冬的城市里,我们忘记了季节的交替,那些苗圃里旺盛的花草已经无法让我们找到欣喜和愉悦。

在没有庄稼的钢筋水泥网中,我们已经差不多快要忘记油菜花的金黄和秧苗的翠绿了,我们已经记不起因为在油菜地里打滚而被父亲追着打的童年,我们已经淡忘了在清晨醒来看到种子的新芽探出头来的惊喜。我们现在习惯了在办公桌上养一株水生植物。它们努力生长出的根须想要攀抓在琉璃杯上,但是最后还是漂浮在水中,未来似乎永远无边无际。尽管略为嫩黄的叶子看不到饱满的生命韵味,但仍然在顽强地生长,即使再缓慢也从没有停止过。工作的间隙对着它发呆的时候总是觉得怪怪的,已经无法用本来就很差的生物知识给它归类了,或许在它蓬勃的细胞里也饱满着对怪异的我的种种疑惑,那一刻我笑笑,尴尬的自嘲!

在紧张忙碌的两点一线的生活方式中,我们习惯了快餐的生活方式,速战速决俨然已经成为了一种生活态度,温婉缠绵那是多么奢侈的事情。岁月的无影之手在心灵上一刀又一刀地刻画出沧海桑田,我们在这种逝水而去的岁月里竟然总有一种昨天还在校园里的恍惚。我们是在从小看着长大的屁孩儿也来到身边找工作的时候才惊叹自己已经老了,急急忙忙地找来当年的毕业照一看更是唏嘘不已。

在物欲横流的城市里,我们已经对交易以外的事情失去了关注的热情和耐心。我们消费着这个欲望爆满的城市,同样也被它消费着。我们用高贵的理想、廉价的时间、卑微的青春诚惶诚恐地支付,有的人收获了财富、爱情、名利,有的人带着伤痛绝望而归,而更多的人收获着平淡,在那些别人根本无暇顾及的背影中老去,我们甚至来不及计算得失又要忙着下一笔交易,生活是什么?它就是一个不断的妥协中老去的过程?现在进行时?一般过去时?过去进行时?将来时?将来进行时?没有人告诉我们什么是生活,但是却在日复一日中体会着如何过日子。

我们爱并恨着这个鬼魅的繁华都市,无数个霓虹灯下每天都在续写诱惑。我们的爱人在这里迷失,我们的爱情在这里弄丢了。这里不分白天和黑夜地上演着欺骗和被欺骗,我们的感动也已经渐渐变得像西南大旱中迟迟不来的雨水。因为我们宁愿自己不受伤,哪怕在内心深处已是龟裂遍布却仍然层层包裹着。然而却又总在不经意间,内心深处那些柔软的地方就被触痛了!西南的大旱、玉树的地震让活着的人对生命感到脆弱的同时也充满了敬畏,有多少的人在瞬间失去了生命,连一句告白的话都没有,或许在某个初春的雨夜,在浓得拔不开的黑暗里凭栏而望,淅淅沥沥的细雨声就会把你带到悠远的过去,那些已经永远成为过去的爱人、朋友、亲人、邻居也会踏着时光的云梯淋着雨款款而来和你不期而至,与你倾心交谈,可是,可是那些曾经的恩惠和关爱早已随人西去。

在经年累月的奔波里,我们的心灵已经污浊不堪,更需要一场及时雨来洗涤。其实生命只不过是一次华丽的绽放,如果想想在地震中西去的玉树人,对生活的抱怨也好苦闷也罢就在那一瞬间释怀了。有什么放不下?有什么得失可以这般的计较?幸福的讨论是一个严肃的课题,幸福的定义向来都是千人却有万般不同,但每个人都逃不过自己内心最真实的感受,活着的人不但要加倍快乐,还要更多地去给予别人帮助,让更多的人得到快乐。

不知道这是否才算得上是一种真正意义的生活的态度。

第五章　感　怀

　　时光荏苒,岁月催人老,再有能耐的人,也终究被岁月打败,再任性的人,也得败在时光面前,不知不觉,发现自己也该总结人生了,打点行装,捋清思路,带着人生的信条,怀揣终生的教诲,酿造陈年的生活美酒。

　　人的一生,难免会有失误,生活总是不怀好意随便开一个玩笑,这时心灵像走在独木桥上,稍不留神就要失衡,面对跌落深渊的危险,如果嘻哈一笑,大智若愚,反比神经紧张要安全得多。有时候,花并不是最娇艳的,雾也并不是最恼人的,命运并不是已注定的,有时候,刻苦并不是最真实的,微弱并不是最渺小的,留恋并不是最怯懦的,绝境并不是最痛苦的,缺陷并不是最可笑的,抉择并不是最无奈的,这些曾经似懂非懂的格言,生活慢慢证明了它们的真谛。

一、我　傻　吗?

　　过去的农民只凭经验种田,年年守着自己那一亩三分地,并不需要多少理论知识,照样可以把庄稼种得好好的;但现代农业都是大面积批量化经营、庄园式管理,过去那一套老黄历已经不管用了,种田也要有文化,懂得使用高科技,从培种、育秧到防病虫害,都离不开知识和技术,在有些地方,农民学科技成时尚。

　　开公司、做企业更需要知识和技术,仅仅凭经验更是不行的,拿我自己来说,在商界摸爬滚打几十年,在那些逝去的岁月里,经历过不知道多少风雨挫折,也不知道有多少曾经的梦想被无情的现实吹打得七零八落,如今重新收拾行囊,反思自己的成败得失,总觉得自己这几十年做企业都一直停留在经验主义的沙漠里苦苦挣扎,找不到一条坦途。如果扪心自问,才发现自己在骨子里仍然保存了保守的理念和不思进取的观念,究其原因,我认为这都是自己内心深处的自满自足、小富即安的小农经济思想在作祟。

现在很流行一句话,就是"要把企业做大做强,就必须转变经营理念,创新发展模式"。一个企业不是越大越好,而是要找准自己的突破口,做到"人无我有,人有我新",管理和思路都应当走在别人前面,才能在现代日益残酷的竞争环境中立于不败之地。我们不能用农民种田的眼光来发展企业,不能自己绑住自己的手脚,眼光要放长远,思路要常变常新,只要找准了路子就要勇于改革,要勇于打破既定的做法和套路。另外,传统的"以规模效益为中心"的管理模式显然已经不能适应新的竞争环境,切实转变经营管理理念成为企业寻求持续发展的必然选择。

我还总结出了一个经验教训,就是不管做什么,都离不开合作伙伴。俗话说,一个篱笆三个桩,一个好汉三个帮。在家靠父母,出门靠朋友。人生风风雨雨几十年,在我的人生旅途中,如遇上能相知相识的合作伙伴,彼此相携走上一段,那是多么美好的事。现在我已走了大半辈子历程,那种单枪匹马、浪迹天涯的孤独感更加强烈。

但是,我仍然要感谢上帝赐予我的伙伴,让我在孤独的人生旅途和商业生涯中不会一直那么孤独。曾经的朋友帮助我成就了曾经的辉煌,我相信,未来的路子怎么走,在很大程度上仍然取决于能找到什么样的贵人助自己一臂之力。

这次,借着二分厂拆迁技改的机会,我决定寻找一个有共同追求的合作伙伴。

我想起一句很耐人寻味的话:"思路决定出路。"还记得爱默生说过:"思考是人生的种子。"如果没有思考,没有不断地变换思维方式,一个人怎么可能成功呢?唯有在人生旅途中不断反省自我、不断修正自己的行为才能使人摆脱肤浅,走向睿智。

曾经有一个夜晚,万籁俱寂,连湖里的青蛙也睡了。可是我躺在床上,辗转反侧,无法入眠。我在脑海中不断地思索:"钢材生意那么难做,市场又那么低迷,谁愿意跟我合作呢?"

我的脑海里像是在翻相册里的照片,不断地掠过一个又一个人的身影。这个不合适,那个又不合适,那找谁呢?一时找不到合适的合作人选,但是我又不甘心。一个人做不成的事情，也许两个人就做成了呢。再说，我一直觉得二分厂迁建技改项目的成功，有很大的优势和潜力。怎么能够说放弃就放弃呢？坚守到最后的人，才是最终的赢家。

那晚一夜没睡。第二天，我将合作双赢的想法和感悟毫无保留地告诉我的挚友周财吉，求得他的支持和指点。我了解周总，他总是个热心人，他很快把我这事和海南美丽都卓董事长说定了，双方达成了共识，这让我惊喜。

事情进展得出乎意料，很快我就和海南美丽都卓董事长、周总经理、陈副总三位有实力、有品格的老板谈成了携手合作的方案。二分厂拆迁新厂的资产均不属投资份额，迁建新厂投资比例为四比六，我百分之四十，他们三人投百分之六十，得益和亏损按投入比例分担。迁建的新厂用地不收租金，合作期为五年，满期后联营厂的产权归我公司所有。如期满后有意向继续合作，另商约定。

真没想到，合同签订后，公司上下全员说我傻，填上了一个厂子，还得投百分之四十的资金，却只享百分之四十的股权。

"老板真老傻了，还是智商衰退了？"我的手下员工们纷纷议论。

他们这么说其实是不理解我，但这些话让我不免伤感。他们其实是不懂我。很多员工跟了我走南闯北几十个年头了，理念还停留在一加一等于二的算盘珠上呢？老实说吧，我这么做并不是真傻，而是有自己的想法。这次合作，我不是为了眼前的利益，而是为了从他们经营园地中把营养迁植过来，开阔视野、拓宽自己的思路，还可以净化思想、洗涤心灵，从而进入他们博大的境界里，使企业水准和品位塑造得更完美。与其说这次合作我有私心，倒不如说是丢了芝麻得了西瓜，何乐而不为呢！

从另一方面看，优势是不可估量的财富。卓董是万兴钢厂的股东，万兴的老板是他的姐夫，万兴和我们是近邻，联营厂的坯源就有了稳定的供应商。周总是海南钢材协会副会长，他公司全年销售螺纹钢10多万吨，这对联营厂的销售也提供了出路。陈总是海口电器系统的霸王爷兼房产商，他的人脉和经营理念能为联营厂提供足够的信息和管理经验。

听到我上面的这些分析，你还会说我傻吗？

亚太十大杰出管理培训师翟杰在合作共赢的书中做了这样的比喻："我们都多次听到小孩问，大雁飞那么高、那么远，难道它们不知道累吗？"

　　成群的大雁成"V"字形飞,就是团队的成功典范。为首大雁负责引路,可帮助两边的雁队形成局部真空,而每一只大雁双翅扇动的气流,可以形成一股巨大的推力和浮力,让后面的大雁节省体力来滑行。领队雁累了,就退到侧翼,身后另一只雁顶上,同时他们的叫声也是相互鼓励的,这样比一只大雁单独飞行要多出30%的距离。人实际上也是一样,要是能拥有一支像雁群一样互相鼓舞、互相借力的团队,离成功还会远吗。

　　企业之间"强强合作"是社会的发展趋势,我积压太久的愿望如水银泻地,不可阻挡,在这次合作上我很真诚。我知道,诚信是一个企业的生命,也是一个人的道德底线。

　　企业就是一株不断生长的绿植,我们在土壤里长大,希望自己能成为绿洲,甚至大海。不过在成长的风浪中,一株绿植岂能挡得住风沙的袭击?

　　回顾2008年那次金融风暴,要是没有各方的支持,近一个亿的亏损顷刻让我人仰马翻,无还手之力。就因为绿植在政府的大院,有各方长期合作的企业支撑,才不会被那次风暴淹没。在我资金链将断的当口,他们都曾不计利息,借资金帮我渡过了难关。这暖意,没有经历过的人是不会懂得和珍惜的。

　　商战之中,我万水千山走遍,在追求梦想的路上,渴望有个伙伴陪着,即使前面的道路坎坷艰辛,我将不会担忧和害怕,内心深处也不会孤寂,如人老了有老伴陪着,共勉相扶,才能跟上春天花开的脚步。

　　新厂的合作伙伴,我不只图他们的财力。人常说:"不相配的伴侣不会幸福,不适用的窝不会称心,不对号的鞋穿着难受。"我注重的合作基础正如我所说需要思想和思想之间的共鸣,思想与思想联系在一起,才能一团火焰点燃着另一团火焰,成就一个大的绽放。在为自己寻求利益的过程中,坦露真诚换来的是金子,谋求算计意味着失败。

　　盛美亚总裁周财吉说:"如果大家都想让自己多得一块面包,那么这种合作没有必要了。"

　　我从他的品格中寻找到一种动力、一种启迪。合作的意义在于寻找市场的另一半,我在迁建新厂的利益分配上显得大度慷慨这种做法并不笨,我的事业已经加入了卓兴官、周财吉、陈家川这支优秀的队伍,他们是商人的骄傲,也是我的骄傲,他们不仅创造了财富神话,而且将成为我开掘商业巨子的成功秘诀。

卓、周、陈并非出身于经商世家,但他们的经商观念和谋略的确令人叹为观止。他们胜人一筹的经商理念来自多年的商业积累和超人的智慧,在谁都逃不掉的经济大泡沫危机中,他们三家联手、优势互补、趋利避害,在房产业(京华商业城)摸出了一条生路。

人们在日常生活中总结出一个道理,就是新抹布不好用,旧抹布也不好用,半新不旧的抹布最好用,在管理学上这被称为"抹布效应"。不管是一个人,还是一个企业,当他们刚出道时,因为还没有完全适应环境,会遇到种种难题,但是一旦形成了工作思路,熟悉了工作流程,真正进入了角色后,一切都会变得如鱼得水,就像一块抹布用到半新不旧之时。一个运转良好的企业,一直能够保持着创业时的一股劲、一股热情、一股拼搏的精神,在与时俱进的同时发扬艰苦创业的传统,把抹布效应用得恰如其分。

一块新抹布,由于没有适应,没有实战,就很难发挥自己的长处。在他们激情燃烧的岁月里,卓董事长说:"每天喊口号、做美梦、听讲座、拜大师,可曾得到一分一毫的实惠吗?"只有在实践中抹出自己适用的半新不旧抹布,你的生命才能突破多元智能的系统,将全脑思维创新思程,情景式、体验式、启发式、互动式,你的舞台会抹得更鲜艳。

在目前这种大气候下,他们有把握承包京华商业城的胆略,令人震惊。京华城装潢 3 个亿,15 年的租金 6 个多亿,那么大的投资,风险有多大?

我被问道:"如今你敢吗?""你不怕破产吗?"

说实在话,我没有这实力,也没有这胆略,但我为此而振奋。我仿佛感受到了一股进取的豪情,一股精神的力量。

卓、周、陈三位大老板,他们并不仅凭我在合作问题上大度、慷慨,而是觉得无论从经济效益还是从友情出发,这笔生意都有很大的合作空间。最重要的基础在于,我的心态摆得正,有事业心和不朽的精神,这才是双方合作胜算的筹码。这是他们对我的一致看法。

二分厂从别人的地里迁回自己的家,好似一个被公婆冷待的童养媳回到了母亲的怀抱,那种亲切感让心倍感温暖。

记得我娘常说:"儿子,金窝银窝不如自己的狗窝。"

是啊,你住着人家的房,踏着人家的地,人家要你怎么样都不为过。现在我站在自己的码头岸边,手里捏着迁建项目的合作协议书。这一刻,我放松极了。员工期待回家的眼神、钢厂里闪亮的灯光,我激动的身子在风里晃动,像一个天真的小孩对着大海奶声奶气地说:"我的二分厂将要搬回自己的家园了,一颗快乐的心将送给恒荣一个最热烈的吻。"

二分厂迁建的原因在于工艺和设备都老了,从成本到质量已很难达标。去年国家出台了产品新标准,从明年起执行等级提升。335的二级螺纹钢即将被淘汰,而我们现有的生产线不具备穿水的工艺。生产新的产品必须对老的设备和工艺进行改造,而我们租用的土地面积只有20亩,长度才180米,而穿水工艺的厂房长度设计必须要250米。别说租期满了要走,即使不用,厂子要生存也必须迁建回去,我们自己的大院能给二分厂足够的生存空间。

卓董、周总、陈总到钦州恒荣钢铁公司和物流码头做过考察。卓董说:"苏总,你眼光真好,选择了这么有优势的宝地。"

他那迷恋的神情像突然发现了一个美丽的天使,闻到了姑娘逼人的香气。

我风趣地笑着说:"选择一个地方投资,就像我们男人的一生中遇到爱、遇到性都不稀罕,稀罕的是遇到了一个好女人能奉献你一片肥沃的土壤,为你孕育出无穷的花蕾。一旦遇到了一份真爱,就要懂得珍惜,用十足的热情去开发它,呵护它,让它就像火星一样发光、发亮。"

我这个比喻有点脱离主题,但说出了我的心里话,因为我确实为上海厂搬迁寻地方千山万水走遍,却只钟情于钦州港(征用这块风水宝地曾有过艰难、激烈、曲折、泪水的故事。我在《浮沉岁月》书中已略作叙述)。二分厂迁建到恒荣厂区内,卓董总结了三大优势:"第一,恒荣厂有电源和土地,比正常投资节省四分之一的成本;第二,有自备5 000吨级物流码头和仓储;第三,恒荣和广钢、泰钢达成了贴牌生产协议,并根据国家相关规定办了备案手续,提升了产品的效益和市场份额。"

周总和陈总笑着说:"搞钢厂我们是外行,卓董是专家,他认准的事,我们就有信心干。"

对他们来说,投资一个陌生的项目是非比寻常的,而他们对这项目充满信心,是来自品格的力量。品格高尚的人相互信任、彼此了解,具备真诚、公正、正直和忠厚的品德,即使在细微之外,他也不会违背自己的人生原则行事。

卓董、周总、陈总说:"我们的原则是钱要赚得开心,伤感情的钱不挣。"

周总和他表哥吴总合作了几十年,从不因斤斤计较红过脸。正因为他们有这种大海般的胸怀,事业才发展得如此迅猛。和气生财啊!

我回答股东们说:"古人云:'言之无文,行而不远。'没有娴熟的语言技术,如同没有精良的手艺,难以把一块用事实与思想凝聚的高级面料缝织成一件得体的漂亮外衣。而赚钱没有笑声,如同你和一个冷酷无情的女人睡在一起,只有痛苦和悲哀,没有温暖和热情,永远找不到被窝里的春天。"

大家听我这番话,哈哈大笑起来,都乐不可支了。

有人说男人长肉不长脑子,按比例我多长了 40 斤肉,但我只觉走路略慢个节奏而已,脑子并不傻,论智商和吃苦耐劳的精神不减当年。如果把恒荣喻为新娘,我的汗水和智慧就是新娘化妆用的胭脂,能使恒荣这个新娘更加妩媚;如果把恒荣喻为一本书,那么其中的每一个字、每一句话都是我用汗水、用心血写成的;如果把恒荣喻为一棵树,那么它的每一叶片子上都凝结了我的浇灌和呵护。恒荣就是我的生命,甚至比我的生命更重要,如果没有它,生命的意义就要大打折扣。

我不辞辛苦挑起了二分厂迁建新厂的重担,力争六个月完成整个工程,7月1日投产,将这优异的成果作为礼物献给党的生日。

这次二分厂改选我思想做过斗争,对自己有个誓言:"过了 60 岁就收网封盘,走了这么久的路,要停下来休息了,钱是永远也不会嫌多,永远也赚不完的,这辈子创的家业足够丰衣足食了。存余的生命不知还有多少,不要让自己绷得太紧,应该为自己保持一份'留得残荷听雨声'的悠闲心态。我既看到了坟,也看到了西边的归宿。不想像昨天那样玩命,也不想掏出口袋里的钱去投资改造二分厂,因为我知道一旦二分厂改造,我又得重返商场这个深山大泽的征途,我歇不下了呀。"

可不知何故,我的天性还那么顽固不化。人有老,梦无眠。草色如丝,青蔼入看无。回望流年,如白驹过隙。乍暖还寒时刻,最难将息,思绪点点滴滴。待到池塘里的荷花又重冒出了淡绿的新叶子,我感到自己又梦回大地。

"宁死在战场,不愿死在养老院。"这是我的心声,一个战士的请求。

二分厂的工程开始了,卓董委派了两名优秀管理人员,投资分批到位。联营厂成立了工程指挥部,蔡皆全面负责。陈凌、卓负责财务和请购核准。朱谷伟、陈负责现场施工。周利民、陶永明负责技监。龚学明负责调试。我身负董事会的重托,认真落实贯彻董事会的决议,促进工程好、快、省地按计划完工。

工程的图纸是我从唐山请回了顾其安亲临现场设计的。经过冷钢薛工和卓董所属的工程师复核，公认是合理的。现今的顾其安在唐山已成了一代名师，很多厂家的生产线都是他的杰作，我几次去他设计所，看到请他设计的厂家都排得满满的。他的居所好烟名酒堆得像烟酒批发部，厂家会源源不断送来。他并不贪钱，设计费厂家给多少从不计较，但估计年酬两三百万元。

这次他来钦州十多天，还带了几个女徒弟，而且不收酬金，给足了我情面，毕竟他曾是我的部下和铁哥们。

二分厂一部分新增的设备和电动机要去唐山购买，为了给联营公司节省几个铜板，我一次次亲自去冰天雪地的北方跑市场找厂家。机票和住宿，还有疏通方面花的钱都是自己掏腰包。

我觉得做事要对得起股东，不负股东们的期望，多做多累也是应该的。周财吉老板曾说过："他任京华城总经理从不以权谋益，而是以身作则做好榜样。"

妻子在旁劝我说："快过年了还东奔西忙，你还想长嫩头发？你是个闲不住的傻老头呀。"

卓总也曾对着我说："老苏啊，这把年纪该好好享清福了，有质量的生活余存至多还有两千天了。时间流逝是无情的，一旦人到钱捏在手里只能看的时候，你会后悔莫及，觉得自己可怜的。"

而后他笑了笑又说："可是话又说回来，我们投几千万不就冲着你那种赤膊上阵、永不衰退的劲？否则照目前钢厂的危机和钢市低迷的状况，再投资扩建钢厂这才傻呢？"

新厂施工正处在冬季。对于一个在上海住惯的人，像我，冬天要是不下雪便觉得是奇迹。可是在广西钦州，冬天里是见不到雪的，很多钦州人一辈子没见过雪是啥样的，那里的气温最低在6—7摄氏度。不过话说回来，在夏天，日光是永远那么毒，响亮的天气，反有点叫人害怕，而春秋，钦州却又要三天两头下雨。因此，钦州冬天建厂施工算是好的季节了。可是，快过年了，当地找了很多工程队都不愿接这活，那里的习俗和人都很想得开，小钱够花了，便守在窝里过小日子罢了。

这时我发现自己遇到困难。假如，这工程过年后启动，我们原定的计划都泡汤了,工程得延迟 45 天,对于商人来说,时间就是金钱,对于一个临近黄昏的人来说,时间就是生命。天地之间,时间是最宝贵的东西。所谓"抽刀断水水更流",时间永远无法阻挡,更不可能使它延缓半步。你稍松口气,时间就无声无息和你擦身而过,不容你叹息。

我为此而焦急不安,茶不思饭不想。怎么办呢?钦州找不到工程队,难道你就被难住了吗?守株待兔能解决实质性问题吗?我就和厂里的骨干们坐在一起商量,大家你一句我一言,蔡皆提醒说,能不能叫老顾帮忙,把唐山建泰钢的工程队请过来施工。这倒也是个办法,我心里在想,无非多了点路费,早一天生产就能挣回来,我马上就联系顾其安,托他去办这件事,顾其安把这事当家里的事一样,即日与那工程队张老板说定,先派人来工地挖基础,做准备工作。

这新厂投资我们做过初步预算,俗话说,人算不如天算,预算当时钢材的市场价每吨比实际进价涨了 300 多元,清场费预算 5 000 元,结果花了机械代班费和清垃圾费 6 万元,那厂基地原是炼钢车间,四处都是钢筋水泥浇制的基础和地下障碍物,破碎了十几天才算可以正常施工,唐山工程队年前只来几个师傅,他们说刚开始放样和挖土,人多也使不上,需要人手的时候,在当地找几个帮手,年后,大部队就开驻厂里来。这世道钱越来越难挣,而啥东西都日益飞涨,我们刚来钦州找民工,一天劳酬 50 元,现在的一个工作日,少于 150 元请不动的,而且 8 小时工作制。

有一次,泵车到工地迟了,混凝土打了一半,几个民工就下班走了。朱谷伟还算机灵,把盖食堂的几个师傅调来帮忙,这忙不是白帮的,一车商品混凝土的工作量,花了 1 500 元,否则一车商品混凝土浪费更损失大了。我在会上说,这工程是合作的,账目必须清楚,手续完善,做事花费都得让对方认可。恒荣人小钱亏得起,理不能亏,凭我们的良心去做每一件事。

拿起一本书来,先不必研究它的内容,只是它的外形,就已经很够我们赏鉴了,而工程厂房的造型,就如姑娘的脸蛋,有了疤迹或五官不正,寻婆家难了,当然我们更注重内在结构的美,因此,联营厂在孕育怀胎期间,母体的营养必须加强和调理,不能有半点马虎。即使原本投资的预算超了一点,但至少我们尽力了。

我向股东们作了工作汇报,卓董强调指出,快过年了,我们要关心员工们的生活,尤其对这支带兵打仗的将领,要像关爱自己的兄弟一样,让他们安心工作。临走时,他特地跟我打招呼,过年回家时,别忘了给他们一个红包。说来你不相信,打工,不就为了多挣几个钱吗?而我们这支部队的将领,从早到晚战斗在工程一线。他们爱厂如家,为节省投资,厂房的钢竖脚和滚道都自己制作,他们一直在工地上坚守到大年三十才回家。临回家时,我打电话对财务小卓说,你们奖酬多少待我们年后再商定,你先从公司账上支一万元钱回家过年,他再三推拒说,蔡厂他们都没有支钱,我不能给卓总丢脸。我说,这是你们老板的指令。小卓说,我兜里有钱,过年后不迟。你说他们都傻,不,他们不傻,他们赢得了我的尊重,把自己当作厂的主人。

当生命走到终点,不一定消失得没有痕迹,有时它还会转化成另一种形态延续。母与子的生命的转换,不就在延续着整个人类吗?再造生命,才是最伟大的生命奇迹。

再造生命的方式有多种多样。母亲通过十月怀胎、一朝分娩的方式让新的生命呱呱坠地;作家通过自己手中那支左右逢源的神笔,在作品中描绘出一幅又一幅鲜活的人生风景图;创业家则通过自己在商界的运筹帷幄、合纵连横来创造一个又一个神奇的商业奇迹。只要你去努力,总能找到适合自己的创造神奇、再造生命的方式。

我常常想,一个人最重要的不是做一个老好人,不管做什么事情都要博得所有人的同情和理解。我相信,那些真正创造神奇的人,他们一定懂得"走自己的路,让别人去说"的道理。我也相信,按照自己的思路,通过自己的努力,取得自我的认可,实现自己的梦想,比什么都重要。"别人笑我太疯癫,我笑他人看不穿。"这是"江南四大才子"之首的唐寅(唐伯虎)在他的《桃花庵歌》中的著名诗句。一个人难免会有不被人理解的时候,也难免会有人说自己傻的时候。只要自己认准了,就一条道走到底吧,相信功夫不负有心人,上天不会辜负自己的一番苦心。对每一个人来说,今天都是余生的第一天,如何好好把握好每一个今天,不给自己的生命留遗憾,这是我们不得不思考的。对我来说,一往无前的奋斗精神是最宝贵的人生财富,金钱倒是其次。

我就是这样的一个人:一直在用生命书写自己的传奇,在自己的事业中创造一个又一个的新生命。

二、过　年

春节是中国民间最隆重最富有特色的传统节日，也是最热闹的一个古老节日。

记得小时候，一到冬天就盼着过年，小小的我也会掰指头计算到正月初一的天数。腊月初八一过，就问母亲离过年还有多长时间。因为过年太高兴了，一可放鞭炮，二有新衣穿，三有好吃、有好玩。临近除夕，我梦里都是过年的光景。

父亲说，不管在外做生意多忙，过年也要回家。羁旅凄凉，到了年下只有长吁短叹的份儿，不觉半点欢乐之情。每到年底，他都会在自行车后座两侧的箩筐里装满年货，车龙头上还挂着红红鼓鼓的几只洋炮。老祖母忙着把锡做的香炉、蜡签、果盘从布满蛛网尘的箱子里取出来，擦洗后供上苹果、糖果。母亲忙着拈香、点蜡，紧接着大家一起拜神祭祖。家里的门窗、灶墙、牲口棚都张贴上"福"字，还张贴着"大吉大利、六畜兴旺、财气东来、招财进宝"这些讨好口彩的对联。

尽管那个年代大家都很穷，但正月初一这天，小孩子的衣服都是簇新的。一般家庭到农历十二月，就要请裁缝师傅来家做新衣。为了避免十二月裁缝师傅忙，请不到，母亲在吃冬至丸子前个把月，就雇村里永兴（顾兆昌）师傅到家里给我们兄弟姐妹做新衣了。那时，我们每年新衣的布料都有变化，从士林布到卡其布再到涤纶，在当时算不错了。父亲在外做小生意，家境比起一般的人家来还要好一点。母亲给大家备置了新衣、新鞋、新袜，尽管是粗布却使我们上下一新，显得格外精神。除夕那天大家围着吃年夜饭，父亲给我们姐弟赏压岁钱。

我天真地对姐说："如果天天像过年般开心该多好呀！"

姐姐咯咯笑了起来——这笑声至今尚在我耳边回响。

那是因为平时没有什么好东西可吃、没有多少新衣可穿，爹娘说过年时才给穿，所以那时就有一种盼望。人在小的时候，对大部分事物抱有好奇心，尤其是对节庆等热闹的事情极其感兴趣，对于过年，认为这时候家庭成员可以一起团聚,穿新衣,吃好饭,又热闹,又充满了亲情,自然是盼着这一天。从心理上说,小孩子还没有对家庭负担责任的意识,而且自己又能在家庭中得到心理上的依托和满足,所以心里没有负担,自由感很强,觉得生活中的一切都很美好,生活也充满了希望。

但是等到长大以后,心理和生理的发育都基本成熟,意趣和喜好也随着年龄的增长不断得到了改变,思想上逐渐趋于独立和自主,想法也变得全面和复杂,就业、婚姻、住房和收入等各方面负担也随之增大,生活的趣味性慢慢淡化,也就觉得过年不像小时候那么有意思了。

各个年代的人感觉是不一样的。对50岁以上的人来说,会有很多感慨,这代人小时候物资短缺,过年吃一顿炖肉或包饺子都很困难,特别是在贫穷的农村,生活的困难更是现在的年轻人想象不到的,只有小孩子才最盼过年,因为过年可以吃到点荤腥,平时是吃不到的,他们不知道父母有多难。

人到中年,在外漂泊的游子,没有哪种感情比亲情更浓烈,没有一种温暖比得上过年回家。

人老后对过年的渴望却淡了,甚至有点害怕。有人说小孩盼过年、老人怕过年,这是有一定的道理。现在人老了,反而觉得过年没意思,不是因为春节一到就要开始大把钱花,忙着来往亲戚、朋友。而是家庭压力、社会压力这些实质性的问题让我对过年失去了儿时的那种开心和快乐,失去了中年时那种渴望回家过年的激情。

人们都说过年很累,为什么这样说呢?因为老人家要给家里备年货,做肉圆呀鱼饼呀,一系列……总之很麻烦,他们也没有压岁钱或者别的红包什么的,还要付出辛苦。一切需要出力的都要他们来干,所以他们很辛苦,多的是过年的辛劳,少了过年的喜悦,也就没小时候那么喜欢过年了。

对于老人来说,过年意味着又老了一岁,你到了一定的年龄,衰老会使人产生一种恐惧感。过了一个年,你就在这世上少一年了,棺材盖又拉开了一尺。我不是贪生怕死之徒,人总是要死的。但生前,哪怕在我生命的最后一刻,也得开心过好每一天,走时就觉得不枉来这世界一趟。

过年我所担心和害怕不是别的,只是怕累坏了妻子。她那劳累苍白的脸、无助的叹息,怎么能让我开心得起来。她辛苦了一辈子,儿孙大了,该享受天伦之乐,可她却还在疲惫中付出。

"妈,饭好了吗?"儿子在问。

"奶奶,帮我穿衣服。"小孙子在喊。

"奶奶,电脑坏了帮我拿去修。"大孙子急得面红耳赤拉着奶奶胳膊不放。

妻子手里的吸尘机还在呼呼地响。

我没有办法改变过年传统,自西汉以来,过年的传统一直延续到今天,你纵有千军万马,纵有金山银山,对这民间风俗传统也无可奈何。说心里话,假如没有这节日,孙子上学去了,家里有保姆,我反倒过得自在轻松多了。但不能因自己怕过年,夺走小辈们快乐的节日,否则两个小孙子都会瞪着眼睛指责我的不是了。

没办法呀,怕过年也得笑着过啊。

二分厂在杭州、无锡订购部分电器和350轧机,我提前几天回了家,顺便去这两个地方走一走。上海气候与广西、海南相比温差很大,过年的前几天,天冷雨水又多。儿媳和两个孙子从宝山搬到了美兰湖和我们老两口住在一起。年轻人脑子转得快,宝山的房子虽大又在热闹区,但在窝里冷得全身缩得像棉团,最伤脑筋的是保姆回家过年了,谁来买菜做饭?还有两个小宝贝谁来照顾?家里250多平方米的卫生谁来搞?所以全家四人整理行装全部搬到了我们老两口这儿,自然全家的人的生活起居都落在我妻子的身上。

我觉得妻子这老板娘只是个好听的口彩,实际她比普通的女人都劳累。她既是一个合格的妻子、母亲、奶奶,还要做保姆的活,过年对她来说反而更辛劳。她从早到晚手脚没闲着,眼睛里布满血丝,她的手心、手背黄得像蜡一样,胳膊酸痛得晚上睡不着觉。门外满天烟花、竹炮声彻夜不绝,而她却还在阳台上洗衣服。我看着心里很难受,便动手打扫厅里的卫生。我刚拿起拖把,她就拦住了,她说:"你在外面够辛苦的了,这活不是你干的。"说罢便夺过我手里的拖把。

我们老两口在美兰湖"郎诗绿岛"定居后,妻子知道我喜欢看书写作,便为我精心布置了书房,每当我打开书房的窗,那满园的绿植即映入眼中,花香扑鼻而来,令人有一种轻快感、温柔感、自然感。

我笑着对妻子说:"你可以辞去保姆这份工作了。"

搬进"郎诗绿岛"后,我回家的次数多了,我以为老两口从此清静省心了。可没过半年,我们的晚年天堂又成了小辈们的"驻军基地"。想清静省心只是自我安慰罢了,做父母岂舍得和自己的孩子分开呢?我们目的是让儿子和媳妇学会治家,培养他们独立生活的能力。他们的孩子十几岁了,几年后他们也要当爷爷奶奶了,可还不会煮饭、烧菜,岂不被他们未来的儿媳妇取笑?

过年时一家老小团聚在美兰湖,我们老的心里也踏实了。妻子开口儿子、闭口儿子的,仿佛沾在嘴上似的,她对我说:"儿子是我生命的支撑,我的付出不求回报,只要儿子身体健康、幸福快乐,所有的付出就是值得的。"

妻子对儿子的爱高于一切,甚至要高过自己的生命。世界上最伟大的爱,不是恋人的甜言蜜语,也不是情人的吻,而是母爱!

我和妻子各一间卧房,她布置的卧房,拿我小孙子的比喻:"奶奶的卧房比五星级大宾馆的房间还漂亮。"

她房间的地板擦得比新婚的头还亮,那床打扮得像一幅美丽的彩画,她不喜欢别人进她卧房,也不喜欢家里有人吸烟。她曾对我说:"家里很多的房子我都舍得让,这房间可守到老了。"

但儿子、儿媳搬到朗诗后,妻子二话不说把她的卧室让给了儿子、儿媳住,自己打地铺睡在后间储藏间。过年了,那两个宝贝孙子抱着奶奶讨压岁钱,妻子笑着说:"去爷爷那里拿。"

妻子把红包塞进我衣袋里。

"爷爷,新年快乐,红包赏来!"

两个顽皮的小精灵,微妙的神情好似荧光千点,闪闪烁烁地动着,老人对隔代的子孙更宠,那种爱深入骨髓。

现在的小孩儿,他们在过年的时候就相对淡定了很多了,因为现在生活水平普遍高了许多,在平时的生活中就可以拿到许多零花钱,在过年时候就无所谓压岁钱了。

我们家乡过年的主要节目是初一不动刀,初五以前不开市,年菜从冰箱里翻来覆去吃些剩菜。吃啥我从不挑食,穿衣也不讲究。年三十晚上,妻子说过年必须穿新衣,还帮我买了一身红内衣、红色的绒线衣和一件短袖棉外套,让我洗完澡后换上。说来有点神,这身红绒衣给我带来了好运气,回家玩牌(四个人斗地主)这是我唯一的业余爱好,我被评委(牌友)任命为"19师输长"之职。

斗地主一靠牌运、二靠牌艺、三靠心态。记得中学有篇古文叫《庖丁解牛》，是说一个屠夫，在宰牛以前，他的眼里已经把牛给宰了，已经剃骨肉了。拿到牌艺上就是说，在你拿到牌以后，就应该战略和战术上想好走牌的路线。输几副牌莫急躁，要稳住阵脚，过急必输。摸到好牌，你得稳，准，狠，出击。

我的心态比较乐观，胜败乃兵家常事，摸到丑牌，也得耐住，即便搭档出错了一张牌，你也不要瞪着眼骂人，保持良好的状态。要知道上帝也会有犯错的时候，多一点谅解，多一分宽容，多一分良好的心态，以乐观的态度去面对你的对手，这样你赢的机会就多……

我的牌友一半都是自己人，小舅子、外甥、连襟还有玩得好的兄弟阿四，我们纯粹是娱乐。我每趟回来都被牌友斗得一败涂地，这次春节回来打牌却连赢几局，我自己都觉得奇怪，是不是我牌艺有了长进？我沾沾自喜的神情还没在脸上流露出来，阿四就冲着大家说："老板穿的这件红绒衣把好的牌都迷了过去，这牌也是个色鬼，见漂亮的就贴上去。"

我笑着对他们说："别调戏老头了，打牌和穿着有讲究吗？"

我连襟朱俊明(妻子的妹夫)，他手长，喜欢做"地主老爷"。现在的社会农民都厉害，分田斗地主让你片甲不留。我的牌艺烂，他的牌艺高不了几张豆腐皮。但我比他稳得住，手上没有控制的牌不会轻易做穷地主。尽管我们输赢只图个乐趣，但谁都想争赢家呀。我们每天都打到 12 点后才结束，阿四顺路送我回家。

过年就是热闹，已经半夜了，我们家门前的马路上还围着很多人在玩花炮。九隆的大花盒、七层的、九层的，花样翻新的冲天炮、二踢脚、太平花、飞天七响直把孩子看得目瞪口呆，胆小的孩子捂着耳朵，我的耳心也震得嗡嗡响。

回到家，锅里还蒸着白馒头，灶面上放着一瓶辣酱，这是妻子给我留的宵夜。因为血糖高要管住嘴巴，在家我没有饮食自主权，甜的东西就是到嘴边妻子也会拦着。

我最喜欢吃甜的，小时候一口气能吃 10 多个甜的糯米大圆子，现在这吃福没了。

我吃好宵夜已半夜，妻子和两个孙子都睡了，她那憔悴的脸上布满了鱼尾纹，我不会说好听的来安慰她，心里比谁都难受。

记得我和你婚后的第一次过年，
甜蜜的心幕在热烈中拉开。
你那红润的唇以及一双乌黑发亮的眼睛，
有如炉火给冬夜带来的火焰。

在无望的、忧愁的日子里，
在白手起家的马桥的困扰中，
我的耳边长久地响着你温柔的声音，
我还在睡梦中见到你在为我缝衣。

许多年过去了，
我们家过上了丰衣足食的日子，
你我头发却白了，
我们还有几何过年的日子。

隔墙的儿子、儿媳睡得呼呼声，
你左右两边挤着两个孙子，
我听到你翻身酸痛的呻吟，
我还在梦中听到医生对你的叮咛。

天还没亮爆竹又响了，
你忙着煮粥、煎蛋为我们准备早餐，
过年的日子却让你更辛劳，
你如有怨气就冲着我发泄吧！

　　人常说女人一旦有了孩子，就会把重心转移到孩子的身上。在妻子身上我体会到，女人一旦做了奶奶更是变本加厉，全心扑向了孙子。唉！女人为什么傻得不顾一切呢？孙子十几岁了，已经不是一个哭哭啼啼绕在大人膝旁转的娃娃了，他们有了自己的兴趣，也要有私人的空间，过年都不喜欢出门，整天守在电脑桌上玩游戏，那种投入让我无可奈何。

只听一会儿哈哈笑,一会又站起来尖叫,吃饭端着碗还一只手按在键盘上。

他们不喜欢有人打扰,有电脑陪着比啥都开心,过节的情绪全在游戏中。初五是情人节,儿子、儿媳去浦东过。初六我去杭州订设备的厂家考察,顺便约了小姨子、小舅子他们几口子还有牌友阿四去西湖一日游。

那天妻子花了很长时间做两个孙子的思想工作,还承诺他们各带一台笔记本电脑,他们这才答应去杭州。节日里的杭州好的宾馆几乎客满,还好陈建武帮提前预订了酒店,在杭州市凤起路十四中对面,叫温德姆豪廷大酒店,坐落于美丽的西子湖畔和繁华的城市中心,毗邻武林路女装街和延安路购物街,距离著名的武林商业区及庆春路金融街区仅举步之遥。

节日里出门有好处,不收过路费,高速公路上塑料造的交警举着手向我们致意。春节几天老天不争气、一点情面不给,先是雨声时而淋淋漓漓、时而淅淅沥沥,继而雪洒满地、联翩瑟瑟。

我们到杭州后,五颜六色的山竹雪斑还在,雨雪后的杭州城如温静熟睡的少女,空气清爽、花香悠然。

中午我们吃了便饭,两个宝贝孙子在房间里又开始玩电脑了,说啥都不中听,电脑成了他们唯一的娱乐世界。唉,这鬼电脑谁发明的,让孩子们玩疯了。

我们一行七人,三对老夫老妻还有阿四,原来打算四个男人在宾馆玩牌,女人逛商店。后来小舅子发了句话:"三家人出来难得,还是一起去逛逛西湖。"

俊明也赞同地说:"蔡皆言之有理。"

西湖,我来过几趟都难记清了。当兵时为迎接西哈努克亲王访华,我们被抽调到西湖边上集训了一个月,这些往事都写在《浮沉岁月》里了。苏杰出生后还来过,那时苏杰还小,走段路还要他妈背着。开了轧钢厂后经常来杭州钢材市场,有时也常来西湖两岸走走。因此我对西湖并不陌生,灵感中常听诗人绝句记之:

长松鼓吹翠竹绿,最喜樟树扑鼻香。
湖心游船岛如画,此行应为西湖来。

我们到了西湖苏、白两堤,樟枝夹岸,游船点点,远处是山色空蒙,青黛含翠,那几棵参天大树,骨架如一条脱皮的龙背,露着黑斑斑的裸体,但它仍抽枝发芽。它仿佛认识我似的,枝叶如眼睛在微笑,又好像那伶俐的嘴在说话:朋友,好久不见你也老多了。是呀,人若长生不老,这世界岂不成了一潭死水,不循环流通总有一天会被大自然烤干的。这几棵老树活了几百岁却还留着茂盛荫浓的黑发,如刚炸开的烟花一样。我喃喃地对自己说:人要是像树一样绿着生、绿着死,死而复生该多好呀!

我们随着堤岸树下走着,前面石岸十多条小木船靠着,几个船夫在争先恐后拉生意:"老板,上我船吧。"

俊明便问:"游一圈多少钱?"

那船夫便报价:"180元。"

俊明是个生意人,经过一番讨价还价后160元,我们共七人,四个男人上这条船,三个女人另外找一条。那船夫的木桨往石岸使劲向外一顶,木船撕开了平静的水面,船尾后成了八字形皱纹。

西湖是杭州名胜古迹中一篇飘逸恬静的散文,一幅古雅冲淡的图画,我们的两条木船向着同一方向划着。我拿着照相机寻寻觅觅,拍下一幅幅美景。

船夫看上去40岁上下,浙江绍兴地方口音很重。

"老板来一支烟抽。"另一条船的船夫靠着我们船身喊着。

俊明把烟扔了过去。

那船夫还油嘴滑舌地说:"哇,还是红中华三字头的。他嘴里叼着烟,边吸边和我们搭话:昨天是情人节,我看见一对情人在船上唱那首情比天高的歌,他们手里拿着一束红玫瑰,且唱且嗅,好像着了魔似的。有人说,男人没有情人是废物,有了情人才算人物,情人太多又变成动物。你们这帮男人没花头,游西湖带着老婆,就像昨天那对情侣唱的歌词中的那话,握着老婆手,等于左手握右手。"

俊明把手里吹存的烟头一扔说:"你这个捣糨糊的家伙,在杭州你有几个情人?"

我几乎陶醉在相机镜头的画面里:那水波潋滟如镜子一般映照着妻子从前的笑容,我很久没见她像今天这样的快乐了。她妹妹性格很开朗,还是个亚运火炬手。此时看她心醉神驰的样子,让人怀疑她是否被满湖烟雨、山水迷蒙了。

我们的船还没到目的地就往回去的方向划了,妻子她们的船还在向前划着。

"喂,快跟上她们。"俊明对船夫着急地喊着。我们的船没到目的地,那船调头往回去的方向赶了,这时我发现,妻子她们的船还在向前划着。原来是我们这条船的船夫"偷工减料"了,没有划完预定的航程。

可是,那船夫坐在船头上叫喝呼啸,嘲骂同行不跟他返回:"这笨驴真拎不清。"看来,他不说自己的错,倒责怪起别人的不对来了。这种生意人,占便宜还不知道砸自己的牌子,我好好的心情被他破坏了。我们上了堤岸后岂肯罢休,非要讨个公道,旁听的乘客都为之而避,几单生意跑了。船夫拍着腰间兜求着说,大哥放过我吧,这差使挣的钱有时还不够交上管理费。看他一副求饶的窘相,也犯不着过年过节为此而生气,我们半肚子的怨气,不知不觉排了出去。大约过了几根烟的工夫,我妻子的船也靠上了堤岸,小姨子笑眯眯赏了船夫50元小费,我知道她是故意气气在旁的那个船夫。

西湖胜景很多,各有各的妙处,真是目不暇接。即便一个绿色,也各有不同。黄龙洞绿得幽,屏风山绿得野,九曲十八涧绿得闲,可我们不能一一去悦目。晚上,杭州东新设备厂约我们在楼外楼吃晚餐,饭后,我和周利民工程师以及厂家商讨设备的材质要求和执行技术的标准。九点,我带着妻子他们去杭州大剧院看表演。这一天,我们跑了很多路不觉得累,仿佛童年过年的乐趣又归来了,鸟儿在枝头重新开始往日的啼鸣,孩子们在冰雪中打滚,鼻子耳朵冻得通红。老屋檐下的雨,一滴一滴落到我的衣上来,小黑狗对着放竹炮的小孩们猖猖地狂吠。这归来的温馨,依然那么亲切,令人陶醉。

第二天早晨,我们就启程回沪,两个小时即到了家,我们有这个习惯,正月十五过完元宵节,闹完花灯,年才能算过完。盘手指一算,离元宵还有七天,我从广西回家去看过老娘,还带了些年货,妻子给她添了几件新衣。

老娘过年90出头了,一个月前不小心跌伤了腰,在罗店医院住了十多天,节前几天刚回家,她只能坐在轮椅上出来晒晒太阳。唉,老人的身体一年不如一年,她对我说,娘这年过了,不知道还能不能活过下个年。

她摸着我的手唠叨着,儿子,娘别无指望,愿小辈们都健康快乐,死无牵挂了。娘的一番话如针刺痛了我的心,可怜啊,小辈们能否懂得天下父母的心啊。他们只有自己的天地,哪里顾得上老人心田的渴望。我们50后这一代人至少还懂感恩。可现在很多年轻人却让老人冷落失望。我从娘的心声中得出了人生悲剧的含义,人生最大的悲剧,不是饥饿和贫困,也不是疾病和死亡,而是小辈不懂父母心。

二分厂正在迁建,我等不得在家过元宵了,走之前,我又一次看了老娘。这次我去看她只带了些水果,临别前给她一千元钱,老娘死也不要,她说上次给的还没花,我知道娘还有几万块钱存着,她不缺钱,她缺的是小辈的笑声和温暖,可是这一份我给不了,明天我又要离开家去广西了,我只能对不起娘了,但我觉得娘活得比我幸福,至少我常惦记着,可我出门的时候,只有妻子关爱的目光,而小辈们若无其事。

你说,过年能带给我快乐吗?

> 噼里啪啦的鞭炮声还在耳边响着
> 过年如梦一样醒来走了
> 我喜庆而归却在玩牌中麻醉
> 家庭的压力不是缺钱
> 也不是为大小孙子吵闹而烦恼
> 心里的苦衷只有自己知道
> 我没有节日,没有快乐
> 妻子辛劳小辈们不说好
> 我挣来的钱却没给一家人带来微笑
> 如果下辈子还能投胎
> 我会毫不犹豫选择放弃
> 人不能在心灵的地狱里活着

年轻人盼过年,老年人怕过年。"年关"二字,对于年轻人来说是过年,对于老年人来说是过关。年纪大了,经历的事多了,感慨也多。尤其在这过年的关口。岁月老人无情地将我推到了老年的队伍,不管如何不情愿,但"老"的帽子已开始戴到了自己的头上。

人的一生是短暂的,蹦蹦跳跳长大了,匆匆忙忙变老了,溜溜转转着就要离世了。每个人都置身于这个自然规律之中，没有任何人能够例外。"老"，是谁也无法躲避的事实。任你的体质如何强健，任你的遗传基因怎样优秀，全然无法抗拒这一自然规律。"返老还童"只是神话或童话里美丽的构想。假若有人说你"越活越年轻"，那不是客套的恭维，也只是友善的鼓励。因此，如何能将自己衰老的曲线变得尽量平展、舒缓些，十分重要。

生理年龄是不可逾越变更的，而心理年龄是不可以年龄论断的。如何让一颗不老的爱心和童心始终在生命中搏动，不仅可以把晚年煨成一片暖色，而且活得更会保持有声有色有滋味。人生不过几十年，风霜雨雪紧相连，生老病死等闲度，开心过好每一天。有人把老年比喻成金秋，十分贴切。金秋的季节，有安宁，有静美，有领悟。它不但没有精神负担和工作压力，而且不存在烦人的应酬。在这成熟的季节里，放眼一派金黄景象，五彩斑斓，绚丽多彩，能不促使人从容向自然微笑，向世界微笑；能不促使人享有人生风光的怡然极致，保持住那份原有的热情和活力吗？

在成语词典里，以"老"字开头的成语很多。我有信心与同龄朋友们一起，把"老当益壮""老马识途"中的"益壮"和"识途"贯穿到有限的后半生中。

有的人老得慈祥，老人会说一句："这孩子……"语气中透着和善，有一种世事练达的通透。老人愿意看到后辈们超过他们，心甘情愿地伏下身子让年轻人踩过。

有的人老得糊涂，显而易见的道理在老人身上也会说不通，抱着年轻时铸就的性格，不易改变，但看到年轻人的成长，老人的欣慰写在脸上。

有的人老得尖酸，总觉得现在的年轻人一代不如一代，看什么都不顺眼。

有的人老得愤懑，老人的口头禅是："我也年轻过，你也会老。"他得到的比年轻人少了一点，心中就有不平，感觉到社会遗弃了他们，把年轻时的点点滴滴功劳都收拾出来，摆满一桌子。

慈祥也好，糊涂也罢，看着他们，我心里总有一种感慨。老人的经历虽不能为我们指明正确的道路，但他们给我们找出了错误的路，他们就是一本书，值得我们认真翻阅。譬如搜山，即便没有找到我们要找的东西，但搜过每一棵树后面，都会告诉我们：这儿没有，那就缩小我们继续寻找的范围。

尖酸也好，愤懑也罢，看着他们，我心中就会警醒。我还年轻，我所占有的是不是太多？我所付出的是不是太少？有一天，我也会老，如果我老了，我该怎样对待年轻人？

这些劝人为善的道理只想让小辈们知道，尤其在春节这样的传统节日里，尊老爱幼特别重要。对我们这些上了年龄的人，过年的乐趣不在于大鱼大肉、花天酒地的物质东西，而真正所需要的是小辈对老人的孝心和尊敬。哪怕他们孝敬一只苹果，一双袜子，端一杯茶水，或说一句好听的话，我都觉得这是过年最丰厚的礼物。哪个老人都希望小辈们过年玩得开心，你们有"老妈你辛苦了""老爸你不要乱吃东面""保重身体呀"这样一句好听的话，对我们老人来说，这种来自儿孙的亲情关怀，比世界上任何好吃的好喝的都更能让人感到安慰和温暖。

三、失而复得是福气

有年除夕夜，我们家和小姨子、小舅子一家在美兰湖的酒店吃年夜饭。饭后我们几个牌友：俊明（连襟）、蔡皆（小舅子）还有阿四，约好七点半在罗南富南宛棋牌室玩牌（斗地主），这顺理成章的计划却被酒店捣了一锅粥。他们为了多做一笔生意，一个女儿谈了两家的恋爱，同个包房订给了两家。那家比我们先到一步，我们便落空了，这酒家老板说了许多搪塞的客套话。然后，把我们换在下面厅里的角落头。那厅角的地方狭小，摆不下大桌子，只能挤出中桌的位置，我们约定的席位不够，这突然的变更，令我们措手不及，亲戚都来了，急得我妻子脸色都变了。她外甥马上说："大阿姨别急，今晚本来吃年饭我们得跑二家，这坏事变好事，我们索性赶那一场。"这事闹得挺狼狈的，让我们丢尽了脸面。我妻子很生气，她从不发脾气，但那天眼里却冒出了火。

俊明见我妻子不高兴，安慰着说："小阿姐，为这事烦恼犯不着，自家人聚在一起图个热闹。"

他凌厉的眼神会把人举到高处，又会跟枪弹一样向人投射。他侧身指责酒家老板说："上当只有一次，失诚信之人必失财源。"

他远比我能言善道，我只是在沉默中呜呼："上帝啊，这不良之风你得管呀,别烦扰我的心灵好吗?"我在满腔悲愤中仿佛听到了遥远教堂的钟声在风中微弱地飘来,这回声那么低沉,令人不寒而栗。一瞬间,上帝贴着我耳边说:"取不义之财的人,永远无法积聚起财源的洪峰。"

这顿年夜饭吃了一个小时,虽然笑声伴着浓浓的酒香,可不知何故,桌上大半的菜都没动过筷子,窗外的风没有色彩、没有影子也没有声音,好似那美丽的视野景色,被我肚里的气淹没了。

俊明看了看墙中的挂钟说:"快七点了,散伙吧。"

他妻子小流笑着说:"喝了半醉,打牌还记得牢牢的。"

蔡皆半醉半醒地说:"过年了,不玩个心跳人都傻了。"

然后抱着小外甥上了他小阿姐蔡流的车,半路他就上了我们的车。

兄弟姐妹一起吃年夜饭,觥筹交错、兴致勃勃,摊在桌上的牌像一张张钞票,令人眼神肃然认真了起来。那醉眯眯的眼睛都像天窗敞开着。

"完了,我的钱包忘在酒家了。"蔡皆(小舅子)刚摸牌坐下,发现钱包没了。他惊慌地说着,说完急忙打电话给他妻子曹建华,这时他的妻子还在回家的路上,接到电话后急忙调头往酒家赶,到酒家时正赶上服务员在收拾我们那桌。

"小姐,我老公的小皮包忘在这里,你们见到了没有。"

那几个小姐都摇着头说没见到过,曹建华听后仿佛木刻似的,只有偶尔眨动的眼珠还可以表示她是一个活物。这桌和收银台距离不到三米,没有人拿走,难道这钱包生翅膀飞了不成。那店老板不慌不忙地说,咱们店里四面都安有摄像头,看一下今日录的带子不就一目了然了。果然,从屏幕上看到蔡皆抱着小孩,右手拿着小皮包从店门走出去,曹建华无言了,把这事如实告诉了蔡皆,看看是否丢在车上,可是,他小阿姐把车里翻了个底朝天也没找着,大家估计蔡皆在中途下车时丢在马路上了,要是这钱包丢在马路上,一百只钱包都被别人捡走了,别指望丢的东西还有人拾后还你了,做梦吧!除非太阳从西边出来了。你一句,我一言,把话说绝了。蔡皆搭着脑袋,垂头丧气。突然,一个电话让蔡皆从凳椅唰地站来,惊喜的眼睛闪着亮光,这回太阳还真是从西边出来了!过了不到一个小时,曹建华来电话了,说钱包有人在路上拾回来了。这事让我们简直不敢相信,我摸了又摸自己的耳朵,怀疑听觉是否有误,这钱包里有现金7 000多元钱啊。在夜里没有别人,完全可以神不知、鬼不觉放在自己的兜里,这人不是傻子吗？这件事情如果不是亲身经历我很难相信,如今这世上居然还有失而复得的钱财,还有拾金不昧的行为。我一边为小舅子失而复得的好运深感庆幸,一边又为人家拾金不昧的精神而深感敬佩。

事情是这样,曹建华找不到钱包绝望回家了,她的想法和我们一样,钱丢了别白想了,有谁会拾了钱包还失主呢？还是自我安慰吧,当作破财消灾吧。突然,她在绝望中接到一个电话,蔡皆的包有人拾到了,那拾包人的家也住在美兰湖,曹建华赶过去,那人就把皮包交给她,只说了一句话,下次要小心,便走了,那包里的东西和钱分文不少,曹建华感动得懵了,连谢谢二字都说得字音不清楚。他的高尚品德给了我们这些对社会存有偏见的人当头一棒,中国有千千万万的雷锋在成长啊,我被他的精神力量彻底征服了。

这一幕可惜我不在场。我在的话,我一定会问他,你是不是雷锋班的士兵。后来,曹建华从物业打听到,他是派出所叶副所长,他在回家的道口发现了这皮包,从证件中他查到了遗失人的地址和电话号码。他怕失主着急,便即电话联系到了曹建华。事后,蔡皆为了感谢叶副所长,就买了两条红中华作为致谢的心意,叶副所长谢绝了。

全民创建文明,我们这个时代已跨出可喜的步伐。拾金不昧的行为告诉我们,道德和文明其实一刻都未曾离开过我们,而令人温暖的感动有时就诞生于一个无私的闪念和举动间。

我相信一句大俗话,就是"好人有好报"。我们还算是有福气的人,不然老天爷怎么会这么眷顾,让钱包失而复得呢？

四、晴 天 霹 雳

世界上什么是最痛苦和最悲伤的呢,绝不是你事业受到了挫折和失败,绝不是失去金钱和财富,也绝不是背井离乡、心灵荒凉,而是眼睁睁地看到你在这个世界上至亲至敬的人离去,却无力回天。当自己的母亲在死亡线上挣扎,慢慢死去时,我切身体会到了这种无助和无奈。我唯一能做的,就是坐在母亲病床边守着,默默地为母亲祈祷……

2013 年 3 月 8 日,那天元宵节还没过完,我就急急忙忙地登机飞往广西。在那里,公司正忙着二分厂搬迁的活儿。妻子突然来电说母亲住进了罗店医院,诊断为胆结石。这个消息对于我就像是五雷轰顶一般,让我心头为之一沉。我知道,母亲现在一定很痛苦,很需要儿子的照料。可是,儿子在外,也是身不由己。老人已 90 高龄,得这病常疼得要命。我便把哥哥从钦州调回上海,留在家里照顾老母亲。

家乡有句俗话,就是“儿子如外衣,好看;女儿如内衣,贴心”。姐姐已快 70 的人了,还三天两头来帮老娘打扫卫生、洗衣换床被、添衣送饭的。姐的家在远郊,离母亲的住所罗店镇有五公里多远,她不顾自己年衰体弱,也不考虑骑车危险,只要母亲身体有点不舒服,哪怕雨天还是大风,姐姐宁愿累着自己,也顶风冒雨骑车去照料母亲。她曾在路上摔伤过,车也摔坏过,累也罢、伤也罢,姐在母亲面前从没有一句怨言。我望着姐那张憔悴疲倦的脸,仿佛有无数锋利的指甲在搔我的心。我这个做儿子的长期在外,除了给钱外还能给母亲什么呢? 有愧啊! 老人们说得好,儿子远不如女儿亲。

3 月 26 日哥来电说,母亲的病加重了,上海的大医院做了进一步体检,确诊母亲得了胰腺癌。这消息如晴天霹雳,我仿佛在一瞬间停止了呼吸,眼前的电杆和树都在晃动着,天在转、地在摇,我的心痛得如在山峡巨谷中发出了低泣的呜咽。上帝啊! 为何如此残忍,她已 90 多岁了,你不能让她快快乐乐地走吗,何苦还让她受如此的痛苦和折磨。我母亲一生待人仁慈、温和,从来没有一句伤人感情的话,她常教训我做人要学会宽容、体谅,母亲的品格在村里是公认的。上帝啊,我知道你也有犯错的时候,我求你了,不要把痛苦施虐给我的母亲,让她再多活几年,好吗?

3 月 28 日下午,我要从广西赶回上海。到了吴圩机场后得知,我的航班要延误一个多小时才能起飞,我真是坐立不安。当天回到上海已近半夜。第二天早晨我和妻子赶往医院探望母亲,路上妻子对我说老娘活的时间不多了,痛的时候连服止痛药都无济于事了。她叹了口气说:“有钱也买不回老娘的健康啊。”

妻子话中带着批评的口气说:“你这个做儿子的总是有些粗心,自己母亲有个头疼脑热的往往视而不见。难得回来探望老娘,屁股没坐热就走了。”

是呀,连老娘都说好儿子不如有个好媳妇。听了这话,我心中有说不出的愧疚。妻子是个心胸开阔的人,虽然嘴不甜,说话直接,但为人处事却通情达理。母亲想啥或想做啥,她都看在眼里记在心上。只要老人过得开心,她从不计较花多少钱,老人无论大病小病,她亲自领着去看病吊针,平时常提醒老人要加衣、吃药,母亲常夸她菩萨心肠。她就像一棵枝繁叶茂的树,在炎炎的夏日里日复一日、年复一年为母亲默默送去一片又一片绿荫。妻子说孝顺老人是小辈的本分,俗话说得好,家有一老如有一宝,我们也会老呀!妻子对"孝"有自己独到的见解,花钱为老人买好吃、好喝、好用的是"孝",而不让老人生气、担心则是"顺"。人到老年不太讲究吃穿什么的,只要心气好比啥都强。

我们家姐弟三人,姐和哥家生活不太富裕。姐夫长病已久,医治用药都得花兜里的钱。哥和嫂子的钱也大半花在医院里。因此母亲所花的钱理所应当从我兜里掏,小辈对老人的义务也应该各尽所能,只能说我们付出的感情方式不同,子女对母亲的爱不能以金钱衡量,绝不是甜言蜜语,而是一种责任和义务。

当我走进母亲的病房,残酷的现实撕去了我伪装的坚强。在冰窖般的病床上,地狱之门向我的母亲敞开着,面对母亲在死亡线上痛苦挣扎的无助,我几乎到了绝境。母亲,你不能死,一定要挺过这场大劫。母亲躺在病床上,医生和护士在她身边忙活。她脸色惨白无光,眼神就像一盏奄奄一息的灯火,脑门部分的肉已经瘪缩,牙床骨底下的肉只存下一层皮两边摊着,几乎没有一丝生气。

突然,她睁开眼睛,看到我坐在她床边,她那无力的胸腔微弱地呼吸着,好不容易才使她那干裂的嘴唇颤动起来。

"儿子回来了。"

"嗯,娘,你还痛吗?"我揉着母亲的手背,克制着自己的表情,老人还不知道自己得的是绝症,她还以为老毛病犯了,但她感觉自己日子不多了。

她使劲捏着我的手说:"让我回家吧,不能让我死在医院里。"

这时候,我们的表情、态度不能露出半点破绽。否则病人一旦精神崩溃,就如同裂开的堤坝不堪一击,很快就消失了。医生对我们说病人的身体经不住手术,只能用药物减少痛苦。

姐眼里全是泪水,她问医生:"我娘还有救吗?"

医生摇头走了:"治疗也只能拖长点时间罢了。"

姐的声音哭哑了。

母亲有气无力地说:"儿子,别花冤枉钱了,让我痛快地走吧。"

她脾气很倔强,几次拒绝治疗,痛的时候还想自杀。

我们只能安慰她:"老娘,你只管放心,会治好的。"

姐用手帕擦了擦老娘头上的冷汗,这时一个护士给母亲送来了止痛药。姐就喂到了母亲嘴里,老娘耳朵几乎聋了,听不清楚旁人说话,跟她说话只能贴在耳边重复讲几遍。尽管老娘这样,但她还断断续续地问这问那:"苏杰可好吗? 苏洋、苏程读书用功吗?"

从她那双含泪的眼睛里我明白她多么想看见她最爱的孙子和重孙。隔天苏杰和他媳妇去探望了老娘,星期天苏洋、苏程也去了医院探望。老娘见了他们如打了一针兴奋剂,黯淡的眼神突然亮了许多,她伸出那如同晒干的鸭爪般干瘦、焦黄的手,竭力想多摸摸那可爱的两个重孙的手。

"苏洋、苏程又长高了。"

她的嘴比任何时候张得都大,肚里有说不完的话。

母亲的病房都是重病号,南邻病房是我好友黄建华的岳母,才 77 岁,得的也是这种恶病,癌细胞已经扩散到全身,整天处于昏迷状态,活不了几天了。这老太太有几十万储蓄,小女儿跟我们诉苦说,她给老娘请了一个护理,还落了姐姐埋怨,姐妹之间为钱伤感情不值啊。她叹着气说:"唉,钱有时候也是害人的东西。"

两天后,她娘就死了。

唉! 生命多脆弱。

老太太平时省吃俭用,落得人在天堂,钱在银行。

北床的老人得的是肺癌,她的两个儿子虽然是地道的农民,经济上不富裕,但很孝顺。他们没有请护理工,两个人轮流陪着。别看这两个农民的儿子,长得皮黑粗壮,却细心温柔如女人,伺候在老娘床边,端茶喂饭,精心护理,还陪老母聊天,逗她开心,消除她烦恼的情绪。

对面病床上是一个昏睡了三年的植物人,另一病床躺着一个摔伤的老人。

整个病房都消沉在药味和病人的呻吟中,而探病人的亲朋好友却不断。

常有左邻右舍来病房看望我老娘,有送水果的,有带营养品的,还有默默流泪的。

几个看老娘的乡亲含泪地说:"多好的老人,却将要离去。"

老娘一直与他们和睦相处,那时父亲还是一村之长,她却从不霸道,不与村里人吵架,更不曾因小事记仇,却处处谦恭忍让、热心助人。

我暗自问自己:"如果我到了这一天,会有那么多人来看我吗?"

我不敢想下去,生意场历来都是人走茶凉,我唯有希望自己能走在妻子前面,有妻子在身边陪着足够了。大自然,一年四季都有春夏秋冬,却不都四季盛开着玫瑰。人不可能一生万事如意,我遇事不免过于感性,经常为家里的纠结惹起万斛闲愁,可偏又会有很多不幸的事集中在一起,压在了我身上,内心的苦楚如背上了一个十字架,奈何别人无法理解。

这几天适逢清明,母亲在垂危中还挂念着父亲的墓碑上是否有她的位置。

她叹着气说:"你父亲孤零零地在墓里躺了十几年了,可怜呀。儿子,你们去扫墓的时候告诉他,我这几天就要去陪他了,让我的骨灰同他融合在一起。"

我从没见过父母的合照,也没听他们说过什么甜言蜜语,可他们不论遇上灾难或疾病,都不离不弃,相依为命。现在的一些年轻人很自私,稍不如意动不动就闹离婚,把婚姻当作儿戏。我父母一生虽很平凡,却一辈子忠于自己的婚姻,父亲的骨灰里有母亲的泪和血。

姐姐在母亲病床边哀忆父亲时说:"我这生最大的遗憾是父亲临终前托我给他买根皮带,买来时他却走了。"

姐比我们孝顺。那时她在马桥职工食堂工作,父亲犯气喘病的时候,一会儿叫姐姐帮他去请医生,一会儿叫她去医院拿氧气袋。她晕车,只能骑着自行车在家、医院来回跑。这次老娘住院后,她几乎每天来看老娘,真可谓母女情深。姐常说世上只有妈妈好,听这首歌时都会想起妈妈对自己的爱。

记得姐姐20出头的几年,那时她在上海四平路三号桥罗南肠油加工厂上班。夏天猪肠晒得发臭一股恶心味道,把人都能熏晕了。姐平时吃东西很清淡,熏到这股臭味,胃就像抛在海里要从嘴里冲出来似的。姐姐为了挣钱,白天黑夜地在这恶劣的环境下干活,一年后,她病了,那充满青春活力的气色没了,人也瘦了十多斤。姐病后便辞职回到了家里,她整天愁眉苦脸,消沉在痛苦中自弃,母亲望着她那日渐消瘦的脸颊,听着那痛苦的呻吟,想着姐被疾病折磨的那可怜样子,她寝食难安,心如刀挖般疼。她带姐到处寻医问药,姐不知得了啥怪病,在医院能做的检查都做了,却没有检查出病因。

母亲心急如焚,她想西医不行就找中医,她遍访治疗疑难杂症的名医。一旦听说哪儿有出名的老中医,她不辞辛苦陪姐赶去就诊。但姐服用了一年的中药仍不见效,母亲无奈,只能烧香求菩萨显灵,愿用自己的生命换取姐姐的健康。那时家里很穷,为了给姐治病,几乎花光了所有积蓄,父亲买烟的钱都成问题。但是父母仍然不放弃,继续寻医问药,希望有一天奇迹出现,姐能恢复健康。母亲说就是砸锅卖铁、倾家荡产也要治好姐姐的病。母亲很坚定,她四处筹钱,一路跌跌撞撞,只要有一线希望都要试一试,母亲花了三年的时间,终于治好姐姐的病。

几十年过去了,姐每当想起这往事,眼泪像断了线的珠子直往下掉。母亲是那样爱她,是全天下最慈祥的母亲。姐说有这样的母亲可真是福气。

唐代诗人孟郊《游子吟》写道:"谁言寸草心,报得三春晖?"

是呀,事业取得成就时,正是我思念母亲的时候。只因我的生命都沐浴着母亲给予的爱的阳光,我的一切光荣与骄傲均来自母亲;只因我的血液中流淌着的、我所能拥有的幸福和快乐均来自母亲的辛勤哺育和言传身教。

此刻母亲头上冒着冷汗,手背上的青筋像电车轨上面的电缆线。在这生死一刻,她还在为我的事业着想:"你快回厂里去,那里很多的事都等着你处理。"她指着妻子、姐姐和哥哥说,"厂里的事要紧,我有他们陪行了。"

每次我去看她,见到母亲那痛苦难受的样子,我的眼泪一次次地滑落。我陪她一会儿,她便打发我走,"快去忙你们的事"。母亲对子女的爱是世界上最无私的,我唯一能做的就是滴水之恩,涌泉相报,将更多的爱回报给她。为她我可以放弃一切,生意、金钱对我都是轻如云烟,现在最重要的是怎样让母亲减轻痛苦,恢复她以往的微笑。

"娘,你想吃点啥?"

母亲摇着头,微弱地说:"娘这病害你花了很多钱,你挣钱也不容易啊。"

即使是这种时候,母亲还在为别人着想,亲朋好友带来的水果、补品她都婉言谢绝。

她拉着我的手说:"娘有个心愿,我死之前,你买点水果,摆几桌酒饭,请村里的老人和来探望我的乡邻聚一聚,代我好好谢谢他们。"

我贴母亲的耳边说:"儿子照娘的话去办。"

娘没听清,我又重复了一遍,母亲的脸上流露出欣慰的容颜。

母亲常夸我妻子贤惠善良,她逢人就说:"没有这个儿媳妇,我十多年前早死了。"

那时母亲70多岁,病得卧床不起,已像死人一样,在罗店医院躺了一个多月,医生甚至还下了病危通知书,让我们准备老人的后事。我们急得束手无策,难道只能眼巴巴望着自己的母亲等死?就在这当口,妻子叫了辆汽车把母亲送往宝钢医院,经检查,原来母亲患的是甲状腺,在宝钢医院治疗了一个多月就恢复了健康。如果那时母亲不及时转院治疗,100个娘也没了。

母亲回忆道:"时间过得真快,十多年像做了一场梦似的,啥事都干不了,只是拖累了小辈。"

为了不让老人有这种想法,我们姐弟几个每天轮流去医院开导老娘,劝她好好养病,别胡思乱想,小辈们都盼望她好起来。话虽这样说,但我们都知道,母亲这病神仙也救不了,只是安慰罢了。

尽管我老娘已诊断胰腺癌晚期,但高龄人的癌细胞扩散得比较慢,时间拖得长一点,但这种生不如死的日子,是一种痛苦的煎熬。母亲痛了就问医生要止痛药吃,有时候痛得只能从床上爬下来,嘴里不停地喊:"快让我死吧,受不了。"她熬得身上瘦了几圈,有时候像疯了似的。

4月8日深夜,病房像地狱般清冷阴森,病人和护工都迷迷糊糊地睡着了,母亲不知哪来的力气,突然从病床上爬起来,搬了木椅爬上了阳台口,好在那钢窗的插销很紧,她使劲开销的声响惊醒了同病房的病人和护工,此时窗已被推开半条缝,老娘想从四楼跳下去自尽。

几个病号都惊叫起来:"快来人,老太太要寻短啦!"

那护工一把拉住了老娘,这时值班医生也被惊动了,他认真而严肃地说:"你这样走对得起子女吗?今天如果你出了事,上头追究责任,我这医生都当不成了。"大家你一言,我一语,说得老娘无地自容,像犯了错的小孩似的,低着头无言无语,忍住想要说话的冲动。

那天碰巧妻子忙着搬回宝山,两个孙子在市区上学住在美兰湖不便。我也有急事去了广州。姐和哥早上去看老娘时,医生和病友们将夜里发生的事告诉了他们。姐是从不跟母亲发脾气的,听了这事,她气得脸色发青、全身颤抖。

"妈呀,是不是我们小辈哪里做得不够?不孝顺?或是?"

母亲打断了姐姐的话,摇着头说:"我的病我知道,长痛不如短痛呀。"

哥按着母亲身上盖的棉被说:"老娘,你这样做让我们伤心呀。常言说好死不如赖活,你膝下四代同堂,那个叫娘,这个叫奶奶,大家都盼着你活过一百岁。"

姐板着脸接着说:"妈,你满口对我说儿子、媳妇对你百依百顺,媳妇像亲闺女。你这样做不就在小辈脸上抹黑吗?让小辈的脸搁在哪里?就是阴间的父亲知道这事也会生气的。"

姐的话说得很重,却揭开了母亲的心扉,半晌,母亲支支吾吾地说:"我痛昏了头脑呀。"

母亲后悔一时的冲动,她愧疚含泪地说:"下次不会做傻事了,你们陪着我吃苦了。"

姐给母亲倒了杯水说:"小辈伺候老人是应该的,你现在的生命不属于你一个人的,也有我们小辈的一份,常言道母子连心啊。"

时间一分一秒流逝,每一分钟都带走母亲的一部分,我们如被戴上了手铐脚镣,眼看着母亲一步步走向死亡,却不能像一个忠诚的士兵,用生命来挽留自己母亲。我有很多的话要和母亲说,但她耳背得几乎没有听觉了,她的很多话都化成泪水涌在眼眶里。我不能让母亲带着遗憾走,不管母亲还能活多久,我一定要让母亲听到"我们永远爱着她,做她的好儿女"的心声。

我刚到广州的那天,就去商场给母亲买了款西门子助听器,使绝望中的母亲体验到了亲情的温暖和生命存在的意义,哪怕生命只剩一天也要坚强和珍惜,活着的时候就应全心全意忠于生命。

我向老天许愿,期盼母亲早日康复。祈祷祈祷……罹此重症,我们只能祈求奇迹的出现。但我们绝对不会放弃。我们几个一定会轮流好好照顾母亲,尽做儿女的最后一点孝心。我们希望母亲重新站起来。

第六章　悼 念 母 亲

　　母亲朱小娥，生于 1924 年 12 月 20 日，抚儿养女，勤俭持家，含辛茹苦，一生艰辛。步入风烛残年，人生晚景，母亲的"享福"充满苦楚。因患胰腺癌被病魔残酷折磨，于 2013 年 5 月 23 日凌晨与世长辞，享年 90 岁。

　　母亲走了，她渐次远离了我的视线，远离了我的生活，远离了她所挚爱的亲人和这个她所依旧留恋与不舍的世界。

　　从我懵懵懂懂事起，我就记得母亲经常对我说："百亩地要个场，百岁要有个娘。"可是，母亲，您就永远地离开了我，不管不顾您那"百亩地要个场，百岁要有个娘"的语录将我抛弃了，留给我无限的思念。

　　"树欲静而风不止，子欲养而亲不在。"回忆母亲，感受母亲，在依稀的泪光中，我又如何穿越阴阳的交界，透过时空的阻隔，向您传递您的儿子此时此刻念念在心拳拳如是的孝心啊，母亲！

　　下面这首诗，写给我冥冥中的母亲，以祭悼我的哀思，纪念那珍藏于心伟大的永恒的母爱，愿她老人家在九泉之下感悟儿女们至真至亲的感情。母亲啊，您是儿女们最好的导师，您的高尚品格，给了我们克服人生风雨的力量，世上母爱千差万别，母亲您给我们的爱，我们无法用台秤称出重量，太无价。母亲啊，今天，我们跪在您的灵前，追思您的恩德，垂泪化为一曲短歌，送去儿子的一份忏悔，一份摧心裂肝的哀痛，一份根植于心永无绝灭的想念……

一、悼诗一首：祭亡母

　　纵然我没有满腹经纶，也要用真心和怀念写下这份祭奠和感恩：

我最忘情的哭声有两次：
一次是我生命的开始，
一次是您生命的告终。
第一次的哭声，我不记得
是母亲您，亲口告诉我的；
第二次的哭声，您不知道
但孩儿我，却无法让您知晓。

二〇一三年五月的一天，
母亲，您匆匆地走了。
舍下一生的牵挂和操劳，
舍下一世的忧愁和烦恼，
舍下疾病的痛苦和煎熬。
……

望着您的遗体，
眼泪砸碎了我的忧伤，
悲痛渗透了儿的心房。
我，可以选择坚强，
但无法承受悲伤。

我知道您年逾九十高龄，
应该感谢命运，
让孩儿陪您走过了耋耄之年。
然而，您临终前所受的病痛，
却让我忍不住诅咒上天的残暴。

如此淳朴善良的您，
为何不能安乐地离去？
可恶的癌症，

为何要将您折磨得只剩下皮包骨？

"女儿啊，儿子啊——
娘痛啊，痛啊——"
您那撕心裂肺的痛苦呻吟
让我心如刀割
无助的眼泪，只能恣意流淌

苍天啊，
你能体会做儿女的心情吗？
大地啊，
你能感知这世上最大的悲痛吗？
世间最大的痛，
绝不是金钱和财富的丧失，
也不是背井离乡，忍饥挨饿，
而是，
当自己的母亲在死亡线上挣扎，
自己却无能为力，
只能眼睁睁地看着亲娘，
撒手人寰。

惨痛啊，母亲！
您临终前的眼神，
是多么地眷恋；
您盼望同村老姐妹的神情，
是那么热切；
您叮嘱儿女们相亲相爱的话语，
还犹在耳边。

您走了，从此

这世上又少了一个疼爱我的人。
生离死别的伤痛，
在凋零的光阴里
被怜悯的冷风吹得哗哗作响；
无法回避的死亡，
带着悲痛与哀伤
刺破了黄昏宁静的夜空。

母亲，
您真的走了吗？
真的抛下您所挚爱的子女，
抛下您热爱的 500 弄老邻乡亲走了吗？
——母亲！

我不相信！
我不相信您会如此绝情，
我不相信您会如此狠心，
我的脑际还浮现着您的微笑，
我的手掌还残留着您的余温。

母亲，
您不是说您耳聋听不清我的声音吗？
儿子帮您配好了助听器，
您好好听儿说说话，好吗？
您还记得常对我说过的话吗：
"儿子，在外做生意不容易，
人没有走不过去的坎，
不要刻意委屈自己，
活着就要追求幸福。"

可您为什么就走了呢？
如果没有了您，
我有再多的伤痛，又向谁去诉说？
如果没有了您，
我有再多的辛酸，又向谁去倾吐？

娘啊，天边那陨落的流星，
可是您稍纵即逝的生命？
风中那摇曳的老树，
可是您徘徊不去的身影？
清晨那晶莹的珠露，
可是您难以掩藏的泪光？
深夜那凄凉的呜啼，
可是您惦念牵挂的呼声？

母亲啊，亲爱的母亲
忘不了您的好，您的微笑，
忘不了您对孩儿百般的呵护，
忘不了您为儿女们承受的串串辛酸。

记得自然灾难时，
您背着我去外婆家走了五里多路，
就为了能让我吃上一碗米饭，
还记得我幼时出疹子，危在旦夕的时候吗？
您彻夜不眠，把我抱在怀里，
是您的爱，给了我新生。

母亲呀，您不能这么快就走啊，
您再坚持几天也好啊，
让我再好好看看您那慈祥的面容；

让我再仔细听听您那慢声细语的教诲。
多想迈进家门的时候，
再喊一声:"母亲,我回来了!"

母亲,每一次来看望您
都带着满满一篮子愧疚
向您卸下沉重的想念
然后带上您希望的笑脸

母亲,您不是喜欢
坐儿子为您买的车椅吗?
您不是最爱和 500 弄的老人们,
在西墙下晒太阳吗?
母亲,您就安心坐上车椅,
让儿子再推着你在 500 弄走走吧。

可是,母亲,您真的走了,
年近七十的姐姐
哭得伤心欲绝。
或许我们的真情感动了上天,
老天爷好像也在忏悔了。

母亲,我爱您,
世上的山峰纵有万千,
没有一座比得上您的崇高!
无论我欣喜或是悲伤,
您都是我可靠的山峰。
夜晚的星斗,黎明的霞光,
母亲,全都被您纳入胸怀。

如今,我凝视四面八方,
到处都呈现您的形象:
您在百花盛开的大地,
您在波光万顷的海洋!
大地包容不了您的慈祥,
海洋容纳不下您的高尚。

母亲,亲娘!
您怎么能,
怎么能走进那低矮狭小的木板房?
母子情难舍,难舍母子情!
生也依依,死也依依,
母亲丢不下对儿女的挂牵;
梦也依依,魂也依依,
儿女忘不了对母亲的依恋。

亲爱的母亲,
您永远活在儿女的心中!
给您献上一束鲜花,祈求上苍
让我来生还做您的儿子,
报答永远也报答不完的
养育之恩,舐犊情深!

假如真有阴阳相隔的
另外一个世界,
母亲,愿您驾鹤仙游,
那里没有病痛、没有折磨,
有的只是
与父亲的相守相依。

需要什么，

就托梦给儿子吧，

我会照办的，

也会常去坟前看你们的，

愿您和父亲在天堂永远幸福！

二、人间有至爱

"母亲"这是一个伟大的代名词，是"无私"和"奉献"的代名词。天底下"母亲"的爱具有共性。世人在"母亲节"刚刚对"母亲"祝以最美好的祝愿，我的母亲就猝然离开了我们。悲痛的泪水和深深的怀念犹如决堤不止的江水奔涌。我在心底千万次地呼唤："母亲别走！"可我无奈，不能把母亲的生命挽留。

母亲的一生是俭朴的一生，勤劳的一生，心地善良的一生。她虽然平凡，默默无闻，但却是世上最好的母亲。妈妈去了，走得太快太"无情"了。但经历一个多月的病痛的折磨，她也终于得到了解脱。生者能够忘却这一切的一切吗？妈妈消瘦、顽强的身影，尤其是她离去的留恋目光，还有那行最后滑落的泪珠，时时萦绕在我的脑海。真难以相信，这样一位无处不在的老人，就这样离开了我们。

母亲勤劳节俭，惠及儿女。她勤劳，总是把劳动当作生命中最宝贵的东西。在过去生产队的劳动中，她总是早出工，晚收工，风里来，雨里去，从不拈轻怕重，而是任劳任怨。她勤劳，有时因事要走亲串友，也忘不了要挑上一担撮箕，捡回一担粪肥，来赚取队里的工分。她每年的工分有时还要胜过男子，可谓巾帼不让须眉。她勤劳，时常日出而作，日落而息，有时甚至秉烛耕作。左右邻舍常忆起启明星尚未升起的时候，她点亮一盏小小的煤油灯在田地里耕作的身影。这是一种平凡的伟大，扎根于普通百姓的肥田沃土，完全由个人的一言一行、一举一动所打制的一砖一瓦堆砌而成，熔铸着个人的心血、才智、德操和奉献，完全出自个人人格、人性的自然而自然的流露和凝结，使人能够亲切地体味、享受，晶莹剔透，朴实无华的伟大啊！

母亲是一位心胸宽广的女人，无论何时何地，母亲总是热心待人，与人为善,从不与人斤斤计较,每当左邻右舍需要帮助的时候,她总是伸出援助的手。母亲在村里是一个平凡且德高望重的老人,她日复一日、年复一年地将自己淡淡的光辉像金子一样浇铸在村上人心头。曾记得村里有一位膝下无子的爷爷,老人善良忠厚,他卧病在床的时候,父母待他亲如血浓于水的家人,照顾他,为他求医治病,母亲把他当作自己的长辈,端水洗衣。我们家有好的东西,母亲就让哥哥端过去,母亲说,后来老人认了我父母做干子女,老人死后,我父母不图半块砖头,愿为他披麻戴孝,母亲每年祭祖宗时,会地上画个圈,分纸钱给他一份。母亲那些感人例子多不胜数,她经常对我们说,施恩莫图报,受恩不可忘。母亲的一生,就是这样。在她病重的日子,住在500弄的乡邻和老人常来探望母亲,母亲昏睡的时候,几位同龄老人默默不离地守候在母亲床边。我遵照母亲的指示,委托村里苏士明队长,在罗店饭店摆了11桌酒菜,答谢村上的老人和曾来探望关心母亲的乡邻。并将那些退不回的礼品都分给老人们。母亲原想坐上车椅与乡邻老人们道别,可她已经不省人事了,作为她的儿子,怎不想让母亲如愿以偿呢?母亲在世的时候,我们都深爱着自己的母亲而不自知,只有到最后母子离别那一刻才惊觉爱得如此深沉,如此隐晦。

母亲走了,村里的人提起母亲都会长叹一声:"好人啊!"人们都为她抹眼泪。一位92岁的老人,她身板筋骨已经身不由己,走一步路都很艰难,她让人扶着,一定要在母亲灵前跪叩。她含着热泪对母亲说,老嫂子,你儿女们多孝顺,送你的场面得花几十万元钱啊。她看着母亲遗像说,她没还上过照,我答应为她拍张像母亲那么大的像。

母亲的勤劳节俭,温柔善良,爱帮助人,一直深深地影响着我,记得过去村上老宅出口的一段路,雨天泥巴烂得如拌的糯米团子,踩上便是沾满泥浆,而且路面又滑,一不慎便摔得满屁股泥巴,老人更是寸步难行,母亲说,你得去花点钱把这段路筑好。我那时刚起步,手头有点紧,母亲不给我半点犹豫时间,她认真地说,这事你得办。筑那么长的一段路,要花很多钱呀,但我可以不听天,不听地,老母亲的话岂敢不从,我就是勒紧腰带也不能让母亲失望,一个月后,我把通往村里的烂泥路和村前村后的路都铺了一层20公分厚的渣钢,路筑完后,雨天不论老人小孩都能走,而且连小拖拉机都能开进村子了。

在四川汶川大地震的那年,我厂刚从上海拆迁广西钦州不久,银行的贷款有几千万。那是我最困难的年头,母亲说,儿子呀,不论你有多大困难,也得向灾区捐款,母亲没有文化,虽然不会讲大道理,但她心里明白,国人如家人,一方有难,我们都有责任和义务去支援。母亲号召家人都要对灾区捐助,哥哥姐姐都根据自己的承受能力,积极捐款捐物,我毫不犹豫给灾区捐款了10万元。我妻子在街道组织的捐助活动中捐了衣物和钱。

母亲的教导,让我们家人都懂得,应该怎样做而不应该怎样做,做人要学会尊重别人,这样才会得到别人的尊重。她要我们时刻记住她的话,与人为善,做人不可只为自己。母亲的这些优良品质让我受益匪浅,我要感谢我的母亲,是她教会我怎样做人,做一个什么样的人;我要感谢我的母亲,感谢她把那些优良品质传给了我,让我一生受用。

母亲呀,您含辛茹苦把我们三个子女抚养成人,乃至成家立业。你教给了我们做人的道理,生活的坚强,是您用毕生的精力和辛勤的汗水营造了我们美满的家庭,是您留给我们一生享不尽的精神财富和幸福之本,我们子女的一切光荣与骄傲,都来自母亲。如今正当我们要报答您的养育之恩,让您享受天伦之乐时,您却得了癌症,但我们心中只有一个念头,尽力为您做点啥,只要有办法挽回您,我们都没法去做,尽我们儿女的一点孝道,我们只想让母亲再多活几年,再多享几年福,遗憾的是我们没有能做到,无力回天。您长久地闭上了那慈爱的双眼,就这样舍下您的亲人而去。

母亲啊!你走的一刻,像一根针刺到您亲人的心上,姐嗓子哭哑了,村上有上百位乡邻老友在您遗体前叩泣。那天,天墨一般黑,哀恸的哽咽锁住每一个人的嗓子,那狠心肠的老天也被感染了,雨哗哗如我们眼眶里流出的泪水。但事实是苍天不会为体贴我们这悲念而有些许更改,而您也再不会为不忍我们这伤悼而有些许活动的可能!这消沉的永远静寂和悲哀便是死的最残酷处。对母亲的死,我只有永远思念,吞咽苦涩的泪,待时间来剥蚀这尖锐的哀恸,痂结我们每一次悲悼的创伤。

母亲在罗店医院治疗期间,她不知道自己患了癌症,还是难治的胰腺癌,因此,她总以为犯老毛病,还对儿女们说,这次治好病出院,我就安心住在罗南养老院,别让你姐来回跑,她也一把年纪了,骑车多危险。但我们都知道,母亲活不了多少日子了,就是心如刀割般疼病,还扮演得若无其事的样子,母亲对我说:"我这老毛病断不了根,人老了啥配件都得换了,你厂有几百号活口都得吃饭,忙你的事吧,这里有你媳妇照顾就行了。"几天后,母亲左侧腰部痛得在床上牙咬得咯咯响,手使劲抓着被子,冷汗沾湿了巾帕。母亲的病日益加重,病痛的程度一天比一天剧烈,吃止痛药已经几乎失效了,母亲百般拒绝治疗,吵得要回家,手上的挂针都拔了。她求着说,别让我活受罪了,娘痛啊。我们求医生有啥特效药能减少母亲痛苦,医生说,只能打杜冷丁了,也只能让你们母亲出院在家照料了。谁没想到医生的话,被耳背的老娘听得一清二楚,癌,母亲并不陌生,罗店罗南也有年轻年老的人被癌症夺去生命,她知道真落了这病,别说老百姓,就是皇帝、神仙来也救不了,母亲绝望了。她觉得这样慢慢被折磨死,不如早走安乐。她开始绝食了,无论家人劝还是求,改变不了母亲的念头。当我赶回见到病床上的母亲,我简直不敢相信自己的眼睛,她老人家已经面目全非:这才短短十多天,母亲的体重 120 多斤瘦成不到 80 斤,几乎成了一具僵硬的躯体。与我半月前见到她时相比,已判若两人。看到母亲如此巨大的变化,我不由悲从心生,老人时日不多,医生说至多还能活一两个月了。也许她自己有预感,坚持一定要出院,说"死也要死在家里"。我们觉得应该满足她最后的愿望,让她回家,让她在自己家里走完自己的人生之路。

我们非常理解母亲的迫切愿望,不论哪个病人,在生命的最后一刻,都想死在家里。老人们认为,人要是死在外面,便成了没家的孤魂野鬼,从理性说,人将死的时候,谁都想让生命的最后一刻留在自己家里度过,家对将要死的人是最好的安慰和归宿。母亲也是这样,她说,死在医院怕在阴间回家不认识路呀,死亡对母亲来说毫无半点畏惧,她只想从病痛中解脱。可是,我们做儿女的心里也有苦衷啊。母亲都病成这样了,我们所能做的就是尽自己最大的努力,找最好的药物,不管花多大的代价,让母亲减少痛苦。还想让母亲多活几天也好啊。

可是母亲心里清楚,她的病是治不好的。癌症每时每刻都在摧残着她的病弱之躯,身上像有一把小刀一样在剐肉。"痛啊!痛啊!"多少次听到母亲在病床上呐喊,我心如刀绞。可是,我们这些做儿女的又无法替母亲受这份苦,只在无奈中流泪。

母亲回家后,家人轮流陪着母亲,姐姐几乎一天不离母亲床边,母亲一会儿想见这个,一会儿想见那个,她最想大孙子苏杰和重孙苏洋、苏程,昏迷中念着他们的名字,苏杰常带着妻儿看他的奶奶。母亲对着苏杰说,奶奶最放心不下你呀,你爹60多岁人了,该你担当家庭的支柱了。母亲临终前无时不忘家人的每一件事。人常说,母爱没有历史史诗的撼人心魄,就像春雨,一首清歌,润物无声,绵长悠远,在儿女的笑声泪影中便融入了母爱的源泉。

我没有绝对信命运之说,但是对着这不测的人生,感到惊异,三个月前,母亲还推着车椅在500弄兜来兜去,没有给我们一点预告,一点准备,她那饱满的精神谁见了都说能活过100岁,可是,谁会想到母亲匆匆走了呢? 对着这残酷的事实我感到人力的脆弱,智慧的有限。世事尽有定数? 世事尽是偶然? 对这永远的疑问我什么时候能有完全的把握?

我不该在这里语无伦次地呻吟我们儿女的悲哀情绪。归根说,怎样让自己子孙们从我文字中明白,你们有一个好奶奶,懂得天下做母亲的心。

三、永远的追忆

母亲出生在罗南镇富强村南朱宅,19岁时嫁给父亲开始担起生活的重担,父亲在城里跟二舅经营磨豆腐的小作坊,母亲白天在地里干上一天,晚上还要在煤油灯下为我们一针一线缝补衣服。那时候家里生活非常的艰难,吃了上顿没下顿,母亲想方设法让我们吃饱穿暖,让我们上学念书。可她却用挖来的野菜充饥,家里难得吃上一顿红萝卜米饭,她把碗里的米一粒粒拣到我碗里,我说妈妈您也吃,她就会强装笑脸地说,"妈喜欢吃萝卜"。她以坚忍的意志,从不在我们面前流露出劳累和饥饿的表情。

母亲管束我最严,父亲不在家,她是慈母兼任严父,但她从来不在别人面前骂我一句,打我一下,她等到第二天早晨我睡醒时才教训我,犯的事大,她等到晚上人静时,关了房门,先责备,然后行罚,拧我屁股的肉,直到我认错为止。她教训子女不是借此出气叫别人听的。我们家里的客堂间借给了队里作了仓库,有一次,我看见队里收成的花生都抬进了客堂间里,那客堂间腰门中间两头栓着一根略弯的扁担,这腰门是两块门板组合的,我趴在地上从门槛缝里一看,啊,槛边的花生从槛缝里能掏出来,我的食欲口水情不自禁流了出来,那时我才八岁,为了门缝里抓几颗花生,手皮磨破了,伏在地上的半个脸像刷了一层烟灰,我费了吃奶的力,从门缝里摸出了半衣兜花生。这事被母亲知道了,她罚我跪下,打得我屁股上指印深深的,责令我把衣兜里的花生还从门槛缝里放进去,后来,队里分了半麻袋花生,母亲都留给了我们吃了,而她却吃的糠饼。这是我的严师,我的慈母。

> 母爱就像太阳
>
> 无论时间多久
>
> 无论走到哪里
>
> 都会感受母亲的照耀和温热
>
> 无论你被谁嫌弃
>
> 无论你犯了错
>
> 你永远是母亲掌心里的宝
>
> 就算世上一切都是假的
>
> 唯有母爱是真的
>
> 永恒的,不灭的
>
> 世上最美的呼唤
>
> 就是母亲

祖母30岁出头做了寡妇,家中常揭不开锅,这种痛苦的生活使祖母的情绪坏极了,她总是不说话、不答话,常拉着脸叫人难看。她发泄郁闷时,耳边下的肉突突跳着,把母亲当作出气筒,摔东西、砸门。母亲性子好,从没说过一句伤人的话,她忍着委屈,生病了还在打谷场炎日下干重活,母亲的辛酸无处哭诉。我们入睡后常被母亲低沉而凄厉的哭声惊醒,撕裂着我们幼小的心灵。我深深理解母亲的艰辛,这也成为我日后奋发图强的动力。如果说我学得了一丝一毫的好脾气,如果我学得了一点点待人接物的和气,如果我能宽恕人、体谅人,我都得感谢我的慈母,是她把伟大的母爱都倾注在我们身上,我们姐弟正是在平凡而伟大的母爱中一天天长大。

母亲您生性坚强,但与人为善,能忍则忍,宁愿自己多吃苦,也不去求人的精神,不仅给我们树立了良好的形象,而且也为我们树立做人的榜样,使我们为之骄傲。

母亲您一辈子为子女操心,为我们呕心沥血,临走前还一心想着我们,想着为子女留点东西。姐姐流着泪说母亲连吃剩的半个变质苹果都舍不得丢掉，常吃冷菜冷饭。母亲常说儿子在外挣钱不容易，我们为她雇的好几个保姆都被她辞退了，她说能自理。母亲自己住一套三室一厅，一个相熟的邻居家因拆迁，借住母亲的一间房，我们不收租金，平时他们帮着照顾一下母亲。尽管有人关心，但母亲毕竟90高龄了，我们担心她夜间有事，坚持雇保姆守候在她身边。可母亲很固执，保姆雇一个赶走一个。

我生气地对母亲说："儿子大小是个老板，保姆的工资还发得出呀，您这样固执苦自己还让乡邻误以为儿女们不孝呢？"

母亲笑着说："保姆一个月两千多块的工资，一亩田的收成还换不回一千块钱呢。两头猪养半年也只能换一两千元钞票。儿子啊，俗话说多赚不如省用，生意一年比一年难挣钱了，乞丐手里还留两个冷饭团呢。"

一天深夜，母亲起床上厕所不小心跌了一跤，摔伤了臀骨爬不起来，幸好她从床角上抓下了棉被，睡在地上整整熬了一个晚上。第二天送医院，经医师诊断：母亲的臀部下肢骨裂，母亲住医院治了一个多月，她又坚强地站了起来。临终前她还为儿女们留下了六万零五百元钱，枕边下放着80元零花钱。她留下遗言：我死后的寿衣箱里有一套新的，花了200元买的。你们别买了。母亲断气时眼睛是睁着的。其实我知道母亲不想走，因为她有太多的牵挂和期盼，因为她总想着后代们如何越过越好，如何才能幸福长久，可是无情的病魔夺走了母亲的一切。

母亲啊！希望您在天堂里多为自己想想，不要委屈了自己。我知道母亲已经啥都听不到了，尽管我们以最隆重的仪式送走母亲，这些黄金白银、银行存款、高楼洋车还有满箱珠宝、绫罗绸缎等祭品，一把火便成了一摊烟灰。母亲能收到儿女们的一份情意吗？这不过是一种风俗和悼念的方式，活人做给活人看而已。死人的待遇都一样，炉里烧半个小时便成了一盒骨灰。母亲辛苦了一辈子，结局也是如此。

唉！人呀，活着的时候别不在意自己，能吃则吃、能穿则穿，钱财生不带来死不带去，莫要等到吃不下了才想吃，那时已后悔莫及了。

娘啊，在您的晚年，尤其是卧病不起的几个月里，虽然我们想方设法地给您变着花样做饭喂食，凡是见到的各种各样的营养食品，可以说都吃遍了。

母亲死前已20多天没进一粒米，只能灌几滴水进去，她食道失去了吸收功能。但母亲心里比什么时候都清醒,她想把心里的话都掏出来,可嗓子像上了闸门,张着嘴却发不出声音。我们只能从她的神色中辨别一二。

一天早晨,母亲突然从昏睡中醒过来,她对姐姐说,生下我的时候,对把我盖在马桶里的事至今感到内疚。母亲眼眶里淌着忏悔的泪水。

"我对不起泉兴(这是我乳名)。"

她死之前还在自责。

母亲啊!这事不是您的错,也不是您心肠狠,贫困所逼,您出于无奈呀。世上有哪个母亲不爱自己身上掉下的肉,在我病危的旦夕一刻,您用一个母亲的生命热量给了我新生,母亲您不欠我什么。我们也是做父母、爷爷奶奶的人了,知道做父母的辛苦,尝到天下父母爱子如命的感情。不管您儿子能否成器,无论他犯了错事还是不务实事,做父母的绝不因此而不爱自己的骨肉,宁可痛在心里,揍自己耳光。他决不会放弃对子女的一种期待,一种希望。母爱是至死不渝的,她愿做牛做马来换得子女的幸福,甚至舍弃自己的生命。我的母亲就是中国最典型的普通而善良的好母亲。在最艰难的日子里,我们没衣穿,她把结婚时穿的旗袍撕下给我们做衣服。那是母亲最心爱、最珍贵的东西,她与父亲结婚的唯一留念。

有段时间我哥得了传染病,母亲从不嫌弃,并以加倍的母爱给哥以温暖和与疾病抗战的信心与力量。她跟哥住在同一个房间,端水喂药,一个碗里动筷子。母亲对哥说,假如能替代,妈愿把健康给你。

母亲断气前把姐、哥和我的手拉在一起说:"你们都是娘身上掉下的肉,你们都幸福了,娘在九泉下才没牵挂。"母亲出院后拒绝所有营养和食物,她昏醒过来便喊着快给她打止痛针"杜冷丁"(即盐酸哌替啶,是一种临床应用的合成镇痛药)。我们为了延长母亲生命,便给母亲体内注射了麻醉剂,在她昏睡失去知觉的时候,又给母亲注射了一瓶球蛋白。这虽然是一种哄骗,或许让母亲拖长了日子,但我们真的不舍得让母亲走啊,从我出生的那刻起,母亲就一直有种和儿子相依为命的感觉,无论我参军离开母亲的一刻,还是去唐山、广西扎寨打拼,母亲拉着我的手,打量着我的样子,替我抚了零散在额前的头发时,那双混浊的眼睛望着我,望得我的心似乎碎了,母亲布满皱纹的脸庞显得格外憔悴而眼神又充满无助。在那一瞬间我似乎明白天底下最深的情感莫过于母子连心,如今的母亲对生存没有一点希望,只想着能见一见自己的子孙和乡邻,好安心地离去。我分明看到母亲离去的身影,愈来愈远,远得模糊我的视线。

后来母亲不能说话了,身子骨也动不了了,只剩下急促的一口气,口张得如干鱼嘴。20多天如一日姐陪在母亲身边,每天帮母亲翻身擦洗,母亲死后身体干干净净的。葬礼前我和妻子先赶到杨行殡仪馆给母亲买了上等棺材和骨盒,母亲的遗体四周铺满鲜花,几百位亲朋好友参加悼念。村上90开外的几个老人和上百乡邻老友都折了一框框元宝祭焚母亲。海南盛美亚、京华城总裁周财吉和他弟周财兴从2 000多公里外亲自赶来献花篮;上海第一钢铁厂老厂长蔡龙根在无锡干休所赶来在母亲遗体前叩头道别。母亲的葬礼仿佛在美丽的天堂,她安详地躺在鲜花丛中,脸唇都涂了粉红的胭脂,母亲还是那么美,那么可亲可爱。哥哥作了悼词,在悲哀的乐队伴奏声中,我们围着瞻仰母亲的遗体:

> 送别娘亲泪千行,
> 悼念娘亲儿断肠,
> 桌台香炉生紫烟,
> 疑是哀曲天在泣。

> 天晴八秩无虚度,
> 携儿将女付艰辛。
> 耄耋相伴敬乾挂,
> 淑女贤妻良母亲。

呜呼,今母西去,然母生时奔波劳碌,终日耕耘。风雨无阻,不避艰辛。勤俭持家,生活平稳。教育吾辈,克己恭人。慈母之德,足启后人。品行高尚,宜寿长春。无奈不测,风云骤起。一卧不起,迅速辞尘。呜呼吾母,余时且幼,木讷无知。后通人事,时悔不已,然已百喊不闻。肝肠断绝,血泪沾巾。哀号祭奠,悲痛难陈。黄泉有觉,来尝来品。呜呼哀哉!懊初当不能报效汝恩,今思报,已仙逝,正语曰:"子欲养而亲不在。"吾诚感恩,亦泉下有知矣。

母亲的丧事,基本上是按照佛教的规矩操办的。母亲逝世之前,就请了和尚道士超度母亲,为母亲助念,让她早登极乐。儿女们就亲自在母亲的面前,为她助念超生。

在母亲的床头,供奉了阿弥陀佛、观世音菩萨、大势至菩萨西方三圣的圣像。母亲的脚底安放了长明的灯烛,庄严肃穆的"南无阿弥陀佛"的佛乐昼夜不停。母亲的儿女和孙辈们,轮流守夜,轮流为母亲念佛,我们唱念"南无阿弥陀佛"六字名号昼夜不断。我们希望母亲能够在六字名号的助念中,承蒙阿弥陀佛的接引,从此了脱生死,往生西方,离苦得乐。

追悼会完毕后,母亲被推进了通红的炉心,母亲一缕青烟上了天堂,她的灵魂在向我招手,好像在对我说,娘身上的癌魔被烧死了,我走了,看你老爹去——

我抱着母亲的骨灰盒,泪水又把母亲的魂灵招了回来,母亲,跟我回 500弄好吗?你生前坐车便晕,儿子抱着你坐大奔,这车好使,一会儿便回家了,你不是喜欢吃黄金瓜吗,儿子买一篮子回来,别吃冷菜冷饭,桌上有热菜热饭,那车椅的踏脚板螺钉掉了,儿子叫人去修,母亲,皮箱里有新衣,有钱,你和爸够花一辈子了,我们的事别多牵挂,儿子已经成熟了,晓得照顾好自己。你们安息吧!

母亲走了,我觉得人生很短暂,逝去的岁月如梦一般,那日历上的日期撕一页少一天,我的人生还能有多少页呢?而过去的一页页,它如眼前流过的水,一去不复回了。悔恨也罢,眷恋也罢,这曾经的一切已成了故事。我曾对生活充满信心和希望,可怜的是我榨出了所有余力,换来的结果却并不是微笑。我如一部永不磨损的机器,谁在乎我的感受,谁能珍惜我的劳动果实,在我伤心和失望的一刻,生命对我来只是传说的故事,它只给我心灵世界如牢里的囚犯待遇。幸运的是上帝恩赐了我一个贤惠的妻子,她给了我安慰和坚持,我每天吃一大把药,多亏妻子千叮万嘱,死亡对我并不可怕,可怕的是死了无人哀泣,得不到母亲这样的被人尊敬和爱戴。活人如死人一样冰冷。记得一诗人曾说过,死并不可怕,可怕的是活着的人被人遗忘。我的一生虽然没有轰轰烈烈,至少有人真正爱过,给子孙一份财富。我祈祷在生命结束的时候,不奢求谁为我流泪千行,只求谁为我流一滴真诚的热泪。

母亲,亲爱的妈妈,你走了,您带给我们哀伤和思念,还带给儿女们您受人爱戴赞颂的荣誉。

多少次在梦里见到母亲,总是听不到她对我说一句话,总是看不清她的脸。每一次总想抓住母亲的手,让她不要离我而去,可母亲却飘然而去。梦醒之后,我想极力回想梦中的情景,却连母亲清晰的面孔都不曾留住。每当我伤心失望处在人生低谷的时候,总想与母亲倾诉衷肠,可是我们母子已经无缘再见。我只能在心里默默地思念母亲,默默地向她倾诉,希望她的在天之灵能够感受到女儿对她深深的思念!

四、母亲的呼唤

"世界上有一种最美丽的声音,那便是母亲的呼唤。"意大利伟大的诗人但丁如是说。

人世间有一种亲情,是无论再怎么讴歌都不过分的,这种亲情,在你还没有来到这个世界前就先期而至,并时刻伴随你度过漫漫人生征程,等到你悄然离开这个世界后,它依然默默流淌,甚至穿越时空而延续。

这就是母爱的力量。

与人类不能眼见的上帝相比,母爱是我们可以看得见的。母爱的影响深远广泛,它从对一个新生命的培育开始。在子女的一生当中,在每一个善良的母亲身上,在平常生活之中,母爱通过对子女一举一动的重大影响而延续下去。每一个人来到这个世界,都会难免面临辛苦劳作、焦虑不安,他们要经受各种考验,当他们遇到麻烦、身陷困境的时候,会跑去求教于自己的母亲,或者从母亲那里寻求心灵的慰藉。即便在母亲离开人世许久之后,她所传授于孩子心灵的纯洁而善良的思想,依然通过子女转化为善良的行动。这时,她对这世界只留下美好的回忆;这时,她的子女已长大成人。他们会说,母爱是神圣的。

是啊,人生最值得珍惜的东西,不就是亲情吗?在古代文人墨客的笔下,"慈母手中线,游子身上衣"讴歌了伟大的母爱,多么浓郁的舐犊深情!人们常说一家几代人的常聚和长居的幸福是天伦之乐。是的,这种举家团聚阖家欢喜比离散好,它没有天各一方的牵肠挂肚,也没有骨肉分离的悲戚。可这人数、人员上的整齐聚居或聚集,只是外表的圆满,真正的天伦之乐除了家庭成员的团聚之外,还应有成员之间感情的默契、心灵的沟通、气氛的和谐和相互的理解。

经常还会看到,不少家庭由于缺少后面这个条件,形似圆满幸福,其实并不欢乐。由于各成员之间的心理障碍、感情隔阂,家庭里或沉闷难言,或唇枪舌剑,这种别扭轻则上火,重则伤肝,天伦之乐早没有了。遇到这种情形,上了年纪的人便唠叨并希望"眼不见心不烦",年轻人则说"没有共同语言"。看来,真正的几代人的天伦之乐还挺难求的,就是同代人的天伦之乐何尝不是这样。

小的时候,我曾给父母许下诺言:长大了,我要带他们去北京看天安门,夏天去云南避暑,冬天去海南避寒,还要让他们乘飞机、坐游轮,给父亲吸红中华,给母亲穿好衣、住新房。

渐渐长大了,渐渐离父母越来越远了,渐渐忙得喘不过气了……

忽然有一日,恍过神来,发现父母已是满头银发。他们的腰被岁月压弯了;他们步履蹒跚,再也不能随我去看山望水;再也听不清我说的那些甜言蜜语。

亲情是珍贵的,拥有亲情是幸福的,珍惜亲情更是难能可贵的。俗话说得好:成家才觉持家苦,养儿方知报母恩。人生短暂,来去匆匆。人生最大的无奈和酸楚,莫过于"树欲静而风不止,子欲养而亲不待",常留千古恨!趁年轻、趁现在好好珍惜亲情。父亲苦了一辈子,还没享过福就走了。好在上天给了我一位益寿延年的母亲。

母亲,或许这个名字就是永远萦绕在儿女耳边的一首永不停歇的歌,是永远流淌在儿女心中的一眼永不枯竭的泉,是永远倾吐清辉的一轮明月,是永远照耀儿女征途的不落红日。

当我还是婴儿时,妈妈的爱是爱抚和甜吻;当我开始学习稳踏触地的时候,妈妈的爱是亲切的鼓励;当我开始认识五彩的世界时,妈妈的爱是铭刻于心的教导……

现在我自己老之将至,自己做了儿孙们的长辈,更加懂得做长辈的含辛茹苦,更加明白做晚辈的理应"孝"字当先。我的母亲,平凡得不能再平凡,普通得不能再普通。她没有过人的容貌、华丽的装扮,也没从事过伟大的工作,甚至连书也念得不多。在我的印象中,妈妈有着宽广的心胸,这些精神财富让我受益匪浅。

母亲已 90 岁了,每天下午和村里的老人们在罗店新村西墙树荫下聊天唠家常。她精神饱满,脑子反应跟年轻人一样敏捷,眼睛还能在 30 米内认得出这熟人是谁,唯一就是听话很吃力,跟她说话只能贴在耳边调高嗓门。

老人就是多操心,每当我回家去探望她的时候,母亲一会儿给我拿花生水果,一会儿端了茶问长问短,好像我在另一个世界里和她隔绝了好几年。

"儿子,靠近娘,让我看看你瘦了没有。"老母亲上下打量了我几番,她那操劳的手像用老树皮做成的小耙子,背面鼓起青青的筋脉,在我身上摸摸这儿,揉揉那儿,像是担心我的身体有碰坏的地方。老母亲浑浊的双眼噙满了泪水,喃喃自语,你也一把年纪了,还一年四季飘在外地,够苦了……

"娘,你别操心了。儿子已经是做爷爷的人了。"我非常理解老母亲,长年累月见不到儿子几次面,她内心的焦虑是何等强烈。

我皴皮的脸上掩饰不了感动的神情。记得小时候有次天刚亮,我母亲便把我叫醒,对我说:"你这次考试两门功课考了红灯(不合格的符号),你父亲打你屁股他也心疼。儿子呀,你爹这辈子就是吃了不识字的亏,否则也不用像头牛一样活着。你要用功读书,学你爹一样做人,不要丢他脸。"

她又对我说了父亲的种种好处。说完端了一碗热气腾腾的粥,还给我煎了个蛋。母亲接着说:"每天要早点起床看书,妈妈在旁陪你。"

有次在去上学的路上,我眼睛里吹进了一颗沙子,用衣袖擦了半天眼睛还是张不开。回到家母亲见我的眼圈红得像被黄蜂咬了,便用热毛巾贴在我的眼睛上敷着,接着母亲翻开我的眼皮用嘴轻轻地吹了好久,可还不见效,后来她用舌头舔出了这颗沙子。这就是我的慈母,一个天下最善良的母亲,尽管那时生活困难,但她含辛茹苦,给了我最伟大的母爱。

妈,儿子不孝,不能常待在您身边,服侍您老……

老母亲用她的右手,轻轻地拍着我的后背,抚慰我不安的心。

这世上做父母的都爱自己的孩子。苏杰刚呱呱落地,我们捧在手上怕冻着,含在嘴里怕化了。营养奶、补钙剂不怕买不到,只怕没有卖。上学读书了,学校要挑最好的,老师要选最棒的。儿子做了父亲,我妻子还当他像小孩似的,饭端到他手里,每天上菜市场买他喜欢吃的东西。

我们现在做父母的,为了孩子有一个好的学习环境和好的将来,不惜花费金钱、不怕丢面子求人。不少父母竟从幼儿园开始便成了陪读侍从,直至高中毕业上大学。孩子在外读书,父母省吃俭用尽其所能。

吃,不能比别人苦,别影响孩子的生长发育;穿,不能比他人差,怕会伤着孩子的自尊心;用,自己再苦也要让孩子手头宽松,不能让他(她)在同学面前抬不起头。

从小到大,父母、兄弟、姐妹播撒的是血缘亲情,老师、同学、同事、朋友传递的是友爱亲情,夫妻融合的是恩爱亲情。有了亲情,黑暗中的道路就会被照亮;有了亲情,生命中的寒冬将充满温暖;有了亲情,你的人生总会蜂飞蝶舞、蓬勃向上。可在实际生活中,有的人偏偏不懂得珍惜那些无微不至的亲情,父母的苦口婆心被当成敌意的管教;朋友的无私关爱被误解为虚情假意;领导的鞭策被看成是别有用心。

我对老母的关心很欠缺,长期在外地忙着,我知道仅用金钱是弥补不了亲情的。她老人家不缺钱,手里的银行存折上有五万多都舍不得花,逢年过节还给几个远孙发红包。妻子待老母像亲闺女一样,三天两头去探望母亲,吃的、穿的和日用品常给她买去。她担心老母走路不便,从城里买了一辆老年人坐上盘着走的小车,母亲特喜欢,坐上这小车就对村里老人们炫耀说:"这是我儿媳买的。"

自古以来,老年人都把子孙满堂,享受天伦之乐作为人生最大的幸福。一个人到了老年,如果子孙都在身边,每逢佳节,子子孙孙们把老人众星拱月般地供奉着,哪怕是喝汤、喝稀饭,他们的内心也比蜜甜。老年人,过惯了苦日子,对物质生活往往无过高的奢求,因此来自子女的精神慰藉是老年人身心健康的重要因素。正如先哲孟子所说:"老吾老以及人之老,幼吾幼以及人之幼。"

尊老爱幼是中华民族的传统美德,是人类情感的美好体现。我和妻子在五角场商场里看到一辆轻型灵活的老年人座车,1 300多元。我们就买了回来就给母亲换上。

母亲责怪我说:"你挣钱也不容易。"做母亲的任何时候都会设身处地为儿子着想,体谅自己的亲骨肉。

她摸着手里的车接着说:"这车才买了不到一年,还是新的。"

我妻子笑着对她说:"这辆新车轻便,你坐上去试试。"

母亲像个老小孩,被妻子左哄右哄坐上了新车。她手在车轮上轻轻一盘,那车轮像抹了油似的朝前滑了出去。那车刹车也灵,老母把刹车杆往上一拉,车即停住了。

老母笑了:"使得。"

妻子笑着说:"一分价钱一分货。"

母亲接着说:"这旧车折个价,我找个人卖了。"

我忍不住笑了起来:"你像杨家将的佘老太君,90 高龄还上商场出战。"母亲笑得合不上嘴。

母亲人老了,想法却比年轻时还多。她喜欢热闹,和乡邻的老人们同住在一个园子里。一天,我们去看望她,找不到老娘人影,这可把我急坏了。后来打听到,她和园子里老丁的老太太住进了罗店敬老院。这敬老院是罗店医院的医生私办的,我和妻子赶去看她,几位老人围着她在说笑话。

"妈,您怎么不打招呼就跑到这儿了呢。"

妻子有点生气,她对着这敬老院的主管说:"我婆婆喜欢串东串西扎热闹,对面公路车子来往很多,不能让她出门穿马路的啊。"

"我们会对老太太的生活和安全负责的。"

主管也是上了年纪的人,额上两颊都布满了深深的皱纹,晒成棕色的秃头像西瓜一样圆,下垂的眉毛底下像小斧头般地翘着,他是敬老院老板的国丈。

一会儿我姐也赶来了,她冲着老娘说:"妈,上次你儿子、媳妇让你去区政府办的罗南敬老院,您不去。怎么住在这私办的地方,条件和环境那么差,丢您儿子的脸面。"

母亲笑着对姐说:"我在这儿玩几天便回家的。"

三天后,老娘真的搬回了家,她推着小车说:"那里住不便宜,五天时间花了 150 元钱。"

母亲又说:"我的房有 130 多平方,几个老太婆都住得下,一月能挣上千元钱。"老娘一番话让我笑得眼角上皱纹都拉直了。

"您儿子挣的钱还不够花,别让人笑掉牙了。"

其实我们给老娘请了几个保姆,但都被她以各种理由辞了。真正的原因我做儿子的心里清楚,她怕枕边的私房钱被保姆拿走,晚上睡觉的时候,那几百元钱总让她担忧失眠。我跟姐和哥说:"老娘 90 高龄了,就算是她身体还很健康,但自理能力已经力不从心了,还是请个保姆陪着才放心。"

姐和哥都赞同我的意见,我让姐去做老娘的思想工作,姐点头答应了。

我从来没有想到,母亲虽然半聋了,但她眼神好厉害,一眼便看穿了我们的心事。

"你们别操心,我能照顾好自己,不要花冤枉钱了。"她说话的神态一点没有 90 岁老人的感觉。

还是姐姐有办法,邻村有家远亲拆迁还没落实房源,他家也有个老娘,姐就让他们搬过来,不收房租。还让两位老人同住一间房,相互有照应,室内外的卫生他们小两口搞。

母亲很乐意,她笑着说:"大家不花钱,又知根知底,我也放心了。"

听了母亲的话,我们都抿着嘴笑了。

我准备为老娘办 90 岁生日祝寿庆宴,老娘的脸色变得紧张起来,透出焦躁不安和迷惘。

她绷着脸说:"使不得,使不得。"

我以为她又为花钱而反对这事,就生气地说:"您儿子在乡里乡外小有名气,别说做给外人看。您辛苦了一辈、操劳了一辈子,该让小辈们尽一份责任和孝心了。老娘别推辞了,好吗?"

"你们有这份热心,娘很开心。只要你们过得好,比啥都强。"

母亲慈祥的脸上带着深深的亲情,她很认真地说:"老人不宜举行祝寿庆宴,人活过 80 的寿命,那是老天赠你的。要是老天知道我这老太婆 90 岁了还活得这样自在,不收你归西才怪呢。"

母亲列举了几个老人,庆寿的鞭炮声被老天听到了,阎王翻账本一查,超龄了,即将他们收编了。母亲说得有声有色,声音轻轻地,生怕被老天偷听到似的。

多年以来,不管是流星划过的瞬间,抑或生日许愿,我都会虔诚地祈祷,默默许下心中唯一的愿望:祝愿妈妈能拥有一个幸福、快乐的晚年。

母亲年轻时乡邻们都夸她聪明能干、勤劳善良,内外都是一把好手。记得父亲为了不被保长抓去充壮丁,四处逃难在外,家里的重担都落在母亲肩头上。在困难面前,母亲学会了勇敢,在挫折面前,她学会了坚强。晚上她在灯光下为我们缝衣裳纳鞋子,白天面朝黄土背朝天。

母亲从不叫一声苦,喊一声累。如今我们都有了妻儿和孙子了,但在母亲的眼里我们永远是长不大的孩子,时刻提醒着我们该做啥不该做啥。如果这个世界真的有很灵很灵的典当行,母亲甘愿用自己的生命去典当小辈们的幸福。想想自己为母亲做的,心中的惭愧油然而生,母亲的爱永远是那么的无私、那么的伟大。

我想告诉全世界做小辈的,每个人都会老,父母比我们先老,我们要用角色互换的心情去照料他们,才会有耐心,才不会有怨言。当父母不能料理自己的时候,为人子女要警觉,他们可能会大小便失禁、可能会很多事都做不好。如果房间有异味,可能他们自己也闻不到,请不要嫌他们脏,为人子女的只能帮他们清理,并请维持他们的自尊心。

我一年四季都在外地忙碌奔波,很遗憾不能陪在母亲身边,不能为母亲捶捶背,揉揉肩,但有一肚子的话想要对母亲说,千言万语汇集五个字:母亲我爱你!我的笔墨如流水似的。

下面献上一首写给父母双亲的歌——《天伦之乐》:

在我不懂天伦之乐的时候,
我承受着父爱,
在我懂得天伦之乐的时候,
您早已挥手和我告别,
结束我们此生的父子轮回。

如果有轮回,
我愿再做您的孩子,
承欢您的膝下,
习听您的教导,
与您共享天伦。

我祈祷下一次的有缘轮回,
我可再次仰望久违的父亲,
感受父亲温暖的大手,
爸——我想您!知道吗?!

我多想在不见您踪影的梦里见到您，
我在每一次相聚的情景中轮回。

我愿沉醉不醒，
我愿感受那份真实、那份爱、那份天伦之乐。

爸——知道吗？
您一定和奶奶相聚，
若泉下有知，
等着我，
我们共享天伦，
其乐融融。

慈母手中线，游子身上衣；
临行密密缝，意恐迟迟归。
不堪重负的母亲
显得那样无助
不孝的儿女让您受累了
年迈的母亲
我们长大了
就应该替母亲去扛那如山的重担

屹立在村口的母亲
在盼着我们回家
有一次孩儿高烧不退
是娘背着儿子
走了 20 多公里的路
孩儿的病好了而您却病倒了

儿子要去当兵了

娘千叮咛万嘱咐地
唠叨个不停
只因儿走千里母担忧
见不到儿子

您每天
都在回家的路口等
娘！您的背有点驼了
当您听说儿子来了电话
激动地电话拿反了
还不停地喊着我的小名
娘不停地重复着那句话：
"我和爸爸都很好，
你就安心好好干吧！"
娘！保重身体，儿想您
我在电话这头哭
娘在那头哭：
"好孩子，娘也想你……"

儿不在家时
您对父亲是百般地呵护
生怕有点什么病让我担心
老头子哪里痒
让我给你挠挠……

老伴给你洗洗脚
晚上睡得香
看你的指甲长的
别动，我帮你剪……

儿子不在家

老伴给你扶着

放心吧！我会和你相扶一生的

父亲走了

尽孝子之责,行祭之礼

母亲告诉我说

父亲托梦给老母亲

说父亲太思念他的儿孙们

不知他的儿孙过得怎么样

要老母亲代他照看他的儿孙们

我眼眶内溢满激动的泪水

父亲,母亲

不管何时何地

不管何种处境

有空气的地方

就有儿子对你们的思念

父亲,母亲,拥有你们

是我这辈子最大的幸福

五、来世还做您儿子

至今我仍认为母亲是对我影响最大的一个人,是世界上最好的一个人!在这个世界上,把一切都承担下来最后却把自己忘了的人往往只有母亲。我现在宁可相信:妈,您摆脱了病魔的折磨,您是含笑去的,因为我们爱您,您含笑去了天堂,您没有什么可挂念,您应该和您愿意做的一切,您都做到了最好,您是那么地从容,我敢说,您无愧于您这一生,奉献的一生,对大家,对小家,对左邻右舍都可以这样无愧地说!

我们不会忘记您,我爱您,妈妈!我们会更好地生活下去的,对身边的人,我们会以您为楷模,善待亲人、朋友,为了更好地生活,我们也会努力地工作。您会顺利到达世外桃源,爹爹会在那里款待您,亲爱的妈妈,安息吧!您的儿子、孙辈,都会以您为榜样,学有所长,事业有成,以慰您在天之灵!

每当我看到和听到社会上那些不孝敬父母,甚至虐待父母的人和事,我都义愤填膺,深恶痛绝。母亲给了我们生命,抚育我们成长,让我们成就事业,难道回报父母不是我们的责任吗?今天,无论你有多么大的权力,身居多么高的官位,有多么诱人的财富,你永远也改变不了母亲永远是我们的母亲的事实。乌鸦反哺,小羊跪乳。连动物都能做得到的事,何况我们人乎?善良的人们啊,要懂得孝敬父母,父母可以无私地把一切奉献给我们,我们回报父母得再多,也不足以报答母亲对我们的养育之恩。不要等到父母离开我们后,才明白一切,为此留下终身的遗憾。

娘啊,娘!您给予儿的实在太多太多,而儿回报给您的实在太少太少了!您这样受苦受罪地离去,实在让儿心不甘啊!娘啊,您的离去,是儿今生所遭遇的最大损失!儿的身心犹如沉入冰冷的水底,真是觉得冷彻心骨,痛苦难耐呀!娘啊,您走了,但您的音容笑貌却永远留在了儿孙和亲友们的心里,留在了乡亲们的心里。尤其您那为乡亲们所公认的美德,更永远地留驻在人世间!娘啊,尽管儿从书本上看到过无数有关母爱和劳动妇女伟大的文字,但真正让儿懂得和体会到母爱和劳动妇女伟大的,是娘的言行啊!娘啊,您走了,儿也成了没娘的孩儿!

母亲是大地,母亲是高山,母亲是大海,母亲是生命的摇篮生命的延续,母亲是一本我们永远也读不完的大书。在这个世界上,只要是有人类居住的地方,不分种族,不分民族,母亲永远是被赞美、被尊重的对象。我愿把天下所有美好的语言献给她们!愿母亲永远安息,愿天下的母亲永远健康、幸福、平安、快乐!

还记得,一位伟人在《祭母文》里动情地说:"有生一日,皆报恩时。有生一日,皆伴亲时。今也言长,时则苦短。"母亲的一生是辛苦的,但也是幸福的。母亲的一生是平凡的,但更是伟大的。亲爱的母亲,下辈子我仍然愿意做您的儿子。生生世世,永不言弃。

今生有个约定,来世还做您的儿子,我的母亲!

第七章　加拿大：无悔的选择

　　我们居住的郊外小镇并不大,可这些年的变化不小。高楼林立,商家遍布,有宽阔的街道,以及街两旁的花草。满目触及的都是人工堆砌的痕迹,街上虽是干净,也是那种刻意的,表面的,让人看起来不那么自然的。喧闹的小镇,早已没了往日的淳朴气息。每天在城市的钢筋水泥之中穿行,辛苦奔波,总是让人心生倦意。

　　一个人老了就会时时想到人生的归宿。我的归宿是哪呢?很多人说,老了就去种种菜,养养花,打打牌,喝喝茶吧。现在的老年人,不是喜欢钓鱼吗,那就钓个够吧。最好,养一只猫,跟在我的脚后梢。这样的日子,会很美妙吧。黄昏时分,在田野中漫步,闻闻青草的味道;听听小鸟儿的嬉闹;看放学归来的孩童,和菜地里劳作的身影。远方的天际,晚霞映衬的云朵,变幻着七彩的模样。有几条老牛,拖着长长的影子,在夕阳中踱来。乡村的傍晚,安静,怡然。

　　静听落花,闲看浮云。采菊东篱,月下对斟。远离城市的喧嚣,在大自然的怀抱中老去。就这样终老一生,也很美好吧。

　　你别看我年过花甲,身上的那股子闯劲丝毫不输当年。这几年在国外开辟了一条与众不同的养老新天地……

一 、 老 有 所 养

　　回国已经有些日子了,我有一种很强烈的冲动,要把出国考察的见闻和感想写出来,分享给家人和朋友们,让朋友们都知道,我多年来的夙愿已看到了希望的曙光。

　　温哥华是加拿大第三大城市,也是加拿大西海岸最大的城市,它坐落于太平洋东海岸,依山傍海,拥有洁净的空气和水质。温哥华的常住居民中,有许多是来自世界各地的移民。这些移民中,以中国人数量居多。但是,不论是何种种族,在当地都不会有人觉得你是外国人。

在中国的移民中,其中大部分是陪子女上学来的。我也有这种强烈的愿望,一定要让儿孙有个出国深造的机会。因此,我们早几年就开始办理申请投资移民加拿大的相关手续,直到2013年5月才核准。记得小时候,我们家的后天井里种了几盆花松,即使天天浇水施肥还是长不大,父亲对我说:"花棚难栽万年松,猪圈难养千里马,是呀,儿子傍在父母身边宠着,恨铁不成钢啊。"

出国之前,不少的朋友替我们担心,他们早已习惯了国内的生活方式,对国外的一切都觉得陌生,出国恐怕很难适应,说不定他们出去不满一个月,你前脚走他们后脚就跟着回国了。还有的索性给我打退堂鼓说:"国外呀,好山好水好无聊,你得要有思想准备呀!"

一直以来,加拿大、澳大利亚等发达国家都以生态好、福利高成为一些国人心目中的养老胜地。然而,当难以逾越的文化差异、语言壁垒、无比现实的经济压力、纷繁的家庭纠纷向这些老人扑面而来的时候,海外还是他们的"养老天堂"吗?当"老有所养"不成问题的时候,老人在海外该如何"老有所依"?有的老人说:"每天不知道要做什么,好像生活突然失去了方向,经常因为一些琐事和家人发脾气。"有的老人说:"我是'被关起来'的。"老年人为了与儿子团聚,帮忙照顾孙子孙女。可一到国外,一句英语也不会的老人,备感孤独。以前在国内,我好歹也算是个有头有脸的人物,可现在总是要把自己的地位放得很低。

说心里话,在踏上加拿大这片国土之前,我自己心里也没底。也许朋友们的担心有道理呢?因为毕竟儿子他们从来没有离开过我们身旁,儿子和儿媳妇也早已习惯了那种饭来张口衣来伸手的优越生活,到了国外一切都要靠自己,他们能适应吗?还有我那两个宝贝孙子,他们能融入国外的学习中吗?

但我还是坚持自己的想法。一个人,自己一辈子努力,事业成功,但子孙教育的问题让很多人头疼。很多富二代成了败家子,根源都是父母宠坏的。儿孙们移民出国,可以让他们开开眼界,充实精神世界,提供一个自我提升的机会,那又何尝不可呢?

了解我的人都知道,只要是决定了的事情,我一定会克服困难去做。从小我就很敬佩那种"明知山有虎,偏向虎山行"的人。做人没有一点挑战意识,怎么行呢?不思进取的生活从来不是我想要的。我们的古人讲"生于忧患,死于安乐",我发觉外国人就喜欢在冒险中探索成功的经验。那次我和妻子,还有朱寅夫妻俩,我们在美国西雅图一个岛屿沙滩上看到美国的大人们在岸上绿荫下喝啤酒,而几个五六岁的小孩在浪潮起伏的浪花里嬉水,还有一个不满三岁的小女孩也泡在海水里冲浪,如果一个大浪头就卷走了,这是触目惊心的冒险,但是在岸边的父母却若无其事,也许他们是想在冒险中锻炼他们女儿的胆略,我照相机的镜头不知不觉对着这小女孩——那一刻让我明白,外国的小孩为什么成长得那么快,那么自信,他们看到自己的小孩跌一跤,会让他自己爬起来,让他觉得成长的道路上不会一帆风顺,而我们国内多数老人看到自己小孩跌跤了,赶紧抱起来又哄又心疼,含在嘴里怕化了,拿在手里被碎了。宝贝,奶奶不好,还怪这怪那。

历史的经验告诉我们,一个人生长在风平浪静的温室里,永远不会成熟,好钢不冶炼,永远是块不坚硬的白铁,儿子一家人移民加拿大,算是冒险,我觉得没有冒险探索,就不会有那么多发明创造;没有冒险,就不会有那么多人间奇迹;没有冒险,生活就不会这么丰富多彩:冒险是成功之母。

我多余的担心,慢慢地就放下了。之前有一个困惑,有钱有什么用,后代没有教育好,怎么开心得起来,老年的日子怎么可能过得踏实,心里的那块石头怎么能够落地。

二、新　居

秋夜人静
春光已消失
我站在窗台
月光枯叶飘零
就像碎落的心

我的春天已埋葬在黄土
黑发染上了银霜
我不在乎余晖还有几缕
摸那冰冷的胸口

揭开我心底
只存几张钞票在苦笑
我希望的蓝天
在哪里
不知道我不知道

你是不是我最爱的人
离开我那么遥远
伤得我体无完肤
只剩下冰冷的躯壳
带上虚伪的面罩
我不绝望

我不放弃
你是我的至爱
却伤得我最深
为何你执迷不悟
不为我也为你

谁能分担我的苦恼
谁能卸下我盔甲
一生错我宠爱过
今生愧对苏府

你是我生命我的唯一

爱你胜过一切

多苦多累不在乎

只要你能迷途知返

愿我命换你醒悟

永远爱你

我至今去了加拿大三次。印象最深刻的是第一次，因为那一次去是为了买房子，在那片陌生而又新鲜的国土上给自己找一个家。那一次待了20多天，住在本拿比一个家庭旅馆，我们的足迹遍布了加拿大的很多地方，从温哥华到本拿比、列治文、高贵林，间隙又开车去了美国西雅图、旧金山、落基山，还去了世界著名的"赌城"拉斯维加斯，前后加起来跑了五千公里。拉斯维加斯比澳门漂亮多了，建筑物非常的雄伟壮观，印象最深刻的是它的"穹顶"，上面飘着蓝天白云，身临其境，仿佛有一种遨游太空的感觉。如果不是妻子提醒我，我还真以为自己头顶着蓝天呢。

初次加拿大之行，最有收效的当然是置办了自己在国外的第一份房产，多年以来悬空在心底的那块石头终于落地了。梦想实现的感觉，有很多年没有这么真切地体会到了。我们全家都感到很兴奋，在一起聊得最多的就是规划我们新家的蓝图。

在加拿大买房子是许多华人移民朋友"安居乐业"的第一步，来加的几年中，我曾先后旅游过不同的城市，往往是先买了房子再安顿下来，有了自己的房子就像新娘子嫁到了婆家，新的生活开始了，考虑孩子们就学，到社区中心报名，找家庭医生，等等。

温哥华的房子，有的是当地白人建的，有的是印度人建的，有的是中国人到那边去建的。我听人们说，中国香港人建的房子结构更加合理，质量更有保障，服务更加贴心。这样我们就优先考虑了中国香港人建的房子。

我们买的别墅有三层，地下一层，上面两层，都是木结构搭建的，这一点与国内的钢筋混凝土结构很不一样。它的好处是建造起来不会造成环境污染，真正做到绿色环保，低碳宜居，比国内的房子更有人性化。别墅的装饰格调，可以用"宽敞、明亮、大气"这些词来形容，房子的四周绿草如茵，不远处的小溪静悄悄地流过。房子的背后有一片小树林，长满了参天大树，这些大树，有几

棵 20 多米高的老松树。徜徉树下,飘过耳际的飞鸟虫鸣总是能够给人无限的诗情画意,让人心旷神怡,全身上下充满活力。身处这样的环境下,可以真正体会到什么是四季如春的感觉。

这栋房子几乎拥有了理想家居的全部元素,一流的景观,漂亮的花园,杰出的设计和布局,考究的做工。由于是一手的业主,房屋维护得也很好。我没有看错,这是一栋好房子,当你坐在窗前,就拥有了万千气象,每天都不同,几个小时就会变化的海景进入你的眼帘。入春后每个季节都会有不同颜色的花相继开放,夏天有大板栗树为你遮阴,秋天枫叶红得透亮,春天是鲜花弥漫的后花园,入秋后苹果和草莓等水果又纷至沓来……我在享受这一切的同时也感受到另外一些曾经年轻的生命对生活的热爱,对美的执着追求,虽然他们现在已经不在人世或风烛残年,但曾经拥有的一切正如我们的今天,值得我们好好珍惜。

我的后面的那套别墅的主人是一家中国台湾人。房子的右侧是一户日本人,他们都很安静,从来没有听到吵吵闹闹的声音,而且也很客气,总是给人彬彬有礼的感觉。在西方生活得久了,看到日本人的亚洲面孔,同样给人一种亲切的感觉。

　　房子左侧的别墅才造出轮廓。他们造房子无声无息,不像国内建筑工地那样扰民,他们的建材都是用塑料薄膜罩起来的,不会给周边环境带来污染。从这一点可以看出,他们造房子的理念真的很先进,很人性化,真是让中国人不敢相信。造房子,无沙土,没有飞尘,这一点也只有在他们国家才做得到。那个搞建筑的老板叫阿宝,印度人,对我们很和气。我们老两口去的时候,他还请我们去吃大餐。

　　加拿大买房不像中国可以直接从开发商那里订购,他们那里必须通过经纪人从中操作,我们通过国内朋友认识了一位经纪人叫Mike。他是天津人,个头很高,会说一口流利的英语,是我们房子的经纪人。他带我们转了很多地方,看了很多房子,非常耐心仔细地给我们讲房子的优势在哪里,特点是什么。我们跟着Mike,在山上,在森林里边,在海边,看了各种各样的房子。现在的这一座别墅,是儿子最先看中的,我们就委托Mike去办手续。所有的法律文书、银行贷款、交易合同,都是通过Mike一手办好的。只要我们对当地的法律和风俗习惯不熟悉,他都会像一个称职的导游,耐心给我们讲解,不久我们成了很好的朋友。

　　有一次Mike带我们去酒吧。这个酒吧和中国酒吧有很大的差别,它要求每一个顾客都要穿着正式的服装。酒吧给人感觉很温馨,很有品位。大家一边喝红酒一边静静观赏美女们跳钢管舞,她们技艺超群,身材健美,"身轻如燕",在钢管上游刃有余地完成旋转、倒挂、飞翔等高难度动作,展现自己性感的曲线,看得让人头晕目眩、神经亢奋。

　　每个礼拜,在周末的时候,我们还会带着两个小孙子到一家名字叫作"西南风"的中国餐馆,享受我们在国外很难吃到的中国美食。吃完之后我们就去餐馆下面的那家超市。那超市在国内很少见,简直像置身于美丽多彩的大自然,各种新鲜蔬菜、水果和鱼肉之类的东西排列在保温玻璃框里,在灯光下像一幅彩图,让人被诱惑得像食欲狂似的,我们的生活用品都是从那里采购的。两个小孩子也在超市里流连忘返,因为他们喜欢吃牛排,三文鱼也是他们的最爱,说实话,在国内的日子里,一家人从未一起上过菜市场和超市,这种国外的生活的乐趣,对我来说是真正的天伦之乐。

三、新生活,大变化

加拿大实行的就近入学制度比国内还要严格,他们不像国内,可以找找关系走走后门找个学区房什么的。老外做事情都很讲原则,一是一,二是二,公正公平,没有特权势力。和他们打交道让我们也比较放心。

小孙子程程到加拿大读书跳了一级。我们给他们找了一家附近的公立学校,离家里比较近。国外读书学生没有多大压力,他们的教育方针,是培养学生社会交往、自信心、独立性、意志力、竞争力、乐观等方面课题,每天下午3点放学。苏程在同班学生中算是个头高的,他智商很高,接受能力较快,数学成绩在同班学生中比较优异,这孩子适应环境很快,在短期内就和同学们交上了朋友,他和哥哥一起学吉他,学外语,上网玩游戏。刚开始时不习惯,人生地不熟,语言不同,曾吵着要回国,我第三次出国的时候问:"程程在加拿大住得惯吗,想不想爷爷奶奶?"他调皮地笑着说:"不想,我在这里扎寨落户了。"我笑着对他说:"好呀,长大后爷爷给本钱你在加拿大开公司好吗?"没想到他一口拒绝,说要靠他自己的本事去赚钱。他表情很认真又天真。

我大孙子洋洋喜欢打篮球,他爸妈为他买了球架安装在后花园车库前的场地,他们放学回来每天早晚父子三人可以赛球。

大孙子14岁,就已经长成一个1.76米的"大帅哥"了。大孙子变化很大,喜欢打球,喜欢运动,他和他妈的感情越来越深了,以前他们母子俩少有沟通,苏洋心里有事只对奶奶说,儿子和儿媳觉得家里有奶奶和保姆照顾孩子足够了,他们多在外面跑,顾不上对孩子心灵上的关爱和亲情的培育,使小孩和父母之间拉开了距离。出国一段时间后,儿子儿媳和小孩的心贴近了,苏杰也常陪他们一起赛球,带他们在鹿湖喂野鸽野鸭,饭桌上还为他们夹菜,他妈更是的,还帮他们剔鱼骨,她儿子喜欢吃的都学了煮,每天和他们谈心,关注他们心理的日常反应,该宠的时候宠,该管的时候不姑息,她和她儿子制定了学习制度、生活规则、作息时间,违章关闭一个星期网络,不给他们玩电脑游戏。这两个小孩懂事多了,很自觉遵守约定,而且和他们父母关系变得很好。苏洋以前和他妈话不多,现在心里想的,喜欢和烦恼都会对他妈说,甚至她喜欢不喜欢哪个女同学都对他妈说,简直把他妈当成大姐姐了。说苏洋帅不夸张,据我得悉好多女同学都喜欢他,还送他礼物呢。

小孙子跟外婆感情深,到了国外天天要跟外婆视频聊天,讲讲身边烦恼和开心的事情。没有外婆就没有他,因为当初就是外婆坚持要他妈妈生二胎,才有了他。

孩子要有自己的空间,独立地上网、学吉他、玩游戏。不像过去,不管去哪里,都缠着奶奶。

"他们长大了,翅膀硬了,不要奶奶了。"他奶奶说。

"鸟儿长大了,总是要自己学会飞的呀。"我说。

小孩子在国内的生活,总是让我们怀念。但是我们更希望他到国外去,培养独立生活能力,学会成为一名真正的男子汉。

之前在国内,孩子的书包随便扔,让奶奶操了不少心,整天都忙得不可开交。现在好了,只要有时间,就在家里跟着妈妈学家务。他们家的家务劳动实行"分配制",小孩非常乐意把分配给他们的任务完成好,放学回家轮流打扫卫生,成了妈妈的"小帮手"。以前他们书包走到哪里扔哪里,鞋子脱了要穿的时候找不到,现在他们每个人都学会整理自己的房间。我的小孙子很有生意头脑呢。每次到市场买东西,他都会很热情地跟人家谈价格,讨价还价,真是让人刮目相看呢。

我的朋友笑着说:"你这个小孙子呀,真是得到了爷爷的真传!"

是呀,我为孙子们自豪,但是我也牵挂他们。我们几乎每天都打他们电话,在网上看视频,这种彼此牵挂的感觉既让人心疼,又觉得温馨。我们做老人的,总是希望年轻人在外面过得好。他们在外面不容易,人生地不熟的,一切都要从头开始,不像在国内可以对亲友长辈们产生依赖心理。说实话,我们也心疼他们,真心想和他们说,你们过得好了,我们在国内放心,别为我们担心,你老爸还挺结实,你妈就是心里惦记你们啊。

我们的家就在美兰湖畔。美兰湖这个地方,真是我的大爱。我对这里有感情,因为现在的美兰湖就是我们以前的家,是我们的老房子搞动迁之后兴建的一个人工湖。此时此刻,我正在写这些文字时,外面春风拂面,绿草成茵,垂柳依依,人声鼎沸,好不热闹。

从内心里讲,我们老年人都是舍不得孙子的。他们小时候的调皮可爱,为整个家庭带来了无限欢乐。哪个老人不喜欢自己儿孙绕膝呢？谁不希望天天享受天伦之乐呢？可是，从道理上讲，把孩子们送到国外去，让他们学到更多知识，见识更多世面，培养更高的素质，这不正是体现了长辈们的大爱吗？与孩子的前途和幸福相比，我们老年人忍受一点孤独和牵挂，又算得了什么呢？

四、儿子儿媳大变样

让我们最感到吃惊的，是儿媳妇的变化。环境的力量真的让人不可思议，在国内时，从来没见过她烧饭，也不做家务，菜市场在哪里都不知道。到了国外，现在负起责任，每天开车一个多小时接送两个孩子上下学，她深爱自己的丈夫，能自己干的事都不会让她丈夫去做，她丈夫喜欢吃的东西连她两个儿子都不让吃，她丈夫身上穿的名牌衣鞋都是她买的，真的，加拿大的生活体验，儿媳好像在大学里进修，精神面貌、思想理念焕然一新。

现在，儿媳每天过得很充实。早上六七点就起来了，给儿子做早餐。八点钟送他们去学校。送完小孩回来，接着去超市买菜。接下来，家里600平方米的房子，搞卫生的繁重工程全部包在她一个人身上。从楼上忙到楼下，从厨房忙到卫生间，从屋里忙到院子里。不知道从什么时候起，儿媳也养成了闲不住的习惯。

"真是让我们刮目相看呐！"

家人和朋友们都对她竖起了大拇指。

但是对她来说，做这些家务虽然很辛苦，但能看到她一家人亲亲热热觉得很充实很开心。她在微信中说，看到自己煮的一桌饭菜丈夫和孩子们吃得很香，心里有一种成就感，甚至是一种幸福。

儿媳忙完了家务，腾出时间来学外语。到了外国的地盘上，不懂人家的语言，怎么交朋友呢？就是去超市买菜也不方便，不可能像个哑巴一样对人家打手势吧。

她在国内时英语基础不算好，学起来也不轻松。但她为了这个家，为了给孩子们一个母亲的榜样，克服困难，从头开始一词一句学。她还报名去当地政府为他们准备的语言课堂学习。那学校很严，不准迟到早退，简直把她们学员当作国内一年级学生,手摆在后不许做小动作,不许开小差,有的妈妈违纪了还被罚面壁思过。尽管学校制度严格,但她坚持去学习。真是功夫不负有心人,儿媳的语言进步很快,不仅能够说日常的英文会话,我们不懂的时候,她还站在旁边做翻译呢。在出国之前,谁又能想到,她的英文可以学得这么好呢?后来听别人说,儿媳现在的英语水平达到当地的4级水平。

在国外生活,没有汽车,寸步难行。我们买了两辆车,他们平时接送孩子上学开一辆,节假日出去游玩换另外一辆。他们本地很多人都有房车,只要有时间,就带着全家人去海滩玩,享受日光浴,吹着海风,日子过得有滋有味。国外交通规则不同,他们还要重新考驾照。外国考驾照对于国内的司机有一定难度,国内的操作规则成了惯性,要从习惯中接受加拿大交通规则操作,必须从头开始学习,很多移民复考几次,儿媳一举成功拿到了加拿大的驾照。

妈妈是最心疼女儿的,我的亲家母对自己女儿的表现也感到很惊讶。"宝贝女儿能撑起这个家不容易啊"。

我也很感慨,是啊。以前我总觉得我的儿子儿媳都是生活比较悠闲的那种类型,儿子自己的房间都要等着妈妈来整理。

真是不敢相信,儿媳妇在加拿大住了半年多更健美了。她买了几本怎样煮菜的书,每天都要花很多时间在厨房,现在能烧几个拿手好菜,我也吃过她烧的红烧肉,味色真不错。孙子们正处于长知识长身体的年龄,营养要跟得上。他们喜欢吃的牛排和三文鱼,儿媳妇再忙再累,常给他们在家里做。她偏爱大儿子洋洋,看到洋洋越来越帅、越懂事,常情不自禁自恋,儿子长得越来越像她了,她常搂着儿子脸上露出了慈祥的母爱。她对小儿子程程管得比较严,小程程性格开朗,说话幽默,脑子灵活。他不爱多运动,胃口也好,身背长得像老山东一样结实。

他妈怕他过胖,让他减少饭量,多做运动,但是这孩子脾气拧,有时还会生气,他一旦碰到不开心的事或受了委屈,马上挂电话找他的靠山外婆。儿媳教子确实胜于我们老两口,奖罚分明,教子有方。

我对老伴说,你看你的两个宝贝孙子乖多了,俗话说得好,宠是害,管是爱啊,老伴点了点头还含有怨言说,以前都是我太宠了,吃力不讨好呀,说真的,加拿大这个家万事如意,有我儿媳付出的心血和我儿子的支持和坚持的一份成绩。

没有人会想到媳妇怎么会有这么大的变化,简直像换了一个人似的。我儿子的表嫂吴萍老师很少夸人,她在加拿大目睹事实的一幕幕,一个从未曾担当家庭事务的儿媳,在异国举目无亲的陌生地方担当起这个家庭的重任,感到又敬佩又有点不可思议。我儿媳的妈妈很疼她的女儿,怕女儿累坏了,又想两个宝贝外甥,跑到加拿大住了两个多月,不辞辛苦操劳。

"你们请个保姆吧。"妈妈心疼女儿。

可是他们为了省钱,舍不得花钱请保姆。每次洗车大概要花 300 元人民币,但是儿媳学会了勤俭持家,她自己洗车,辛苦一点也无所谓。就是要让外国人看看,我们中国女人的勤劳贤惠的传统美德。生活中最重要的是快乐,只要能和家人幸福地生活在一起,累一点苦一点又算什么呢?

儿媳他们的生活,一点也不无聊。他们跟我们老年人不同,不仅能够很快地适应新环境,不管身在何处,都能够从身边发现生活的乐趣。

到加拿大有一段时间了,他们交了一些从中国出去的朋友。有空聚到一块。周末和节假日,他们一家四口,开上车,和朋友们在一起,去郊游,去野餐,去购物,去享受美景、美食,享受属于他们的快乐时光。

儿子他们一家人对在加拿大的生活和环境已基本稳定和适应了。天有不测风云,人有旦夕祸福,有一天儿媳突然病了,心跳过速,直冒冷汗,人觉得四肢无力,晕沉沉的,她丈夫陪同她到医院检查确诊,突发焦虑症,她父母和我们都急坏了,宝贝女儿病了,儿媳的父亲要女儿马上回国治病,她妈急得老泪盈眶、寝食不安,恨不得连夜飞到女儿身旁,我们的护照正在换新签证,怎么办呢?两个孩子上学读书要接送,我儿子的驾照还不能使,家里的饭和洗衣、搞卫生谁来替代,我儿子也急得慌了手脚。说实话,儿媳不会舍得离开她丈夫和两个孩子们,只能采用应急措施,请了一个临时驾车司机和钟点工搞卫生。几天后,儿媳吃了药刚有点好转,她不舍得花这钱了,两个小孩上下学还是自己驾车接送,她丈夫不放心陪着。

可怜天下父母心,儿媳的妈还是惦记着异国他乡的女儿病情,一个从不单身出家门的女人,可以说她连市区都不敢去,可这次她为了照顾女儿,壮了胆,顾不得自己安危,买了机票赶往加拿大。有人说,母亲是一生相伴的盈盈笑语,母爱是漂泊的缕缕思念,母爱是儿女病榻前的关切焦灼,母爱是儿女成长的殷切期盼,世界上的一切光荣和骄傲都来自母亲。

我儿子平时寡言少语话不多,心里比谁都明白,他很爱他的妻子和两个宝贝儿子,这种深爱从不挂在嘴边,只能从他眼神中领会,那种真挚、朴实、至亲至爱的真情。

对儿子我有愧疚,我知道在儿子内心世界里的父亲是那么陌生,那么主观武断,总觉得他长不大、不成熟,对他缺乏信任。是呀,老子啥事都挡在儿子前面,导致父子之间如隔在二个世界,离心离谱。之前我在《浮沉岁月》这本书里有过怨言,觉得儿子对我这个做老爸的不太关心,在夜深人静的时刻,我会扪心自问,自己到底图什么呢?我不希望儿子多有出息,哪怕他能够隔三岔五跟老爸打个电话,对于老人家来说,也是最大的慰藉。

现在,我怀疑自己以前是不是错怪儿子了。都怪我自己生意上的事情太多,和儿子交心的时间少,不懂得年轻人的内心世界。儿子变了,变得让我很惊喜,很意外,很感动。我每次到加拿大,他到机场来接我。在家里,他怕我们老人家在异国他乡很不习惯,就天天陪我们聊天,讲这个国度的风土人情,讲自己身边发生的有趣故事,讲两个孙子的学业进步。我回到国内,他在电话里,再三叮嘱我们照顾身体。他经常说,爸爸,人老了,就要懂得享受生活,不要老是替儿孙们节省了。这些话都说到我心坎里去了,真的,我从来没有奢望儿子能给我带来什么物质上的孝顺,我只需要他的那片心意。现在,我知足了,突然觉得儿子到了加拿大之后成熟了许多,变得更有担当,更懂得孝敬老人了。

我曾经无数次地在心灵深处默默地说道:"儿子,爸爸真的错怪你了。如果还有机会写一本书,我一定要写下你的变化,你对家庭的责任,你对爸妈的关心。真的,你变了,变得更像一个好儿子了。有你这样的儿子,我们这些做父辈的很自豪;有你这样的爸爸,我终于可以安心地将两个小孙子托付给你了。"

出国之前,孙子总是跟奶奶亲,现在,每天都和父母在一起,他们父子三人的感情比之前真是强了不少。

家里买了一台跑步机。儿子有空就练开了,身体比之前结实了许多。其实,不说别的,只要儿子能够克服现在的人生地不熟,真正在加拿大扎下根来,我就已经觉得他很了不起了。作为一个男人,他能够撑起一片美丽的天空。我相信他!

我们是从苦日子过来的人,过去我们自己没有放开。但是儿子懂得关心老人,现在经常打电话回来,关心我们的身体。并说你们要学会享受。外国人赚了钱就去享受生活,这一点值得我们学习。我也曾经无数次在内心里告诫自己,人要懂得放下,懂得舍弃,懂得珍惜,懂得享受生命的每一分每一秒。

五、永 远 的 爱

儿孙们移民加拿大后,儿子和儿媳勤俭持家的能力,两个孙子脱胎换骨的变化,让我欣慰。以前我们老两口都觉得儿孙们离开老人身边怎么活,现在想想,我们的想法是多么幼稚可笑,年轻人的依赖性都是老人宠爱出来的,错不在年轻人身上,错在老人不懂年轻人的活法,错在老人啥事都要去扛,啥事都要管,不舍得他们吃苦受累,不大胆放手让年轻人去闯,怕他们有风险和失败。俗话说"子不教父子过",这则家喻户晓的经典名言已被大多数人所认可。所以更把子女的表现好坏当作自己教子的标尺。

我妻子的心思都放到小孩子身上了,天天操心他们吃得好不好,穿得好不好,学习好不好,玩得开不开心,孙子十几岁了吃东西还要喂。有几次,小孙子感冒了,他奶奶几天都吃不好睡不好,她说:"比我自己病了还难受。"可怜天下父母心啊,我们这些爷爷奶奶辈的,不也是如此吗? 儿子小的时候操心儿子,儿子长大了,操心孙子,人活一辈子,总有操不完的心呐,这次出国看到的收效,让我们明白了一个道理,我们对子女的看法是一种偏见,应该给他们一片天空,让他们飞得更高。

少来夫妻老来伴,年龄大了,越来越感觉到"老伴"这个词的深刻含义。每次想起我的老伴,感觉自己仿佛置身于一个电影院,妻子的音容笑貌、一举一动,就像一部电影,一帧一帧的画面连接起来,造就了一个平凡而又可爱的人物形象。今生今世,有了妻子,我有什么不知足的呢? 我曾经为她写过诗歌,在她生日的时候,我大摆宴席,高朋满座。在音乐响起的那一刻,妻子幸福沉醉的表情让我终生难忘。我对妻子的感情和谢意,就像滔滔江水永无穷尽。如果有机会,我还要写更多的文字,讴歌平凡而又可爱的妻子,那个在我心底占据制高点的女人,那个为我这个家、为我的事业和儿孙们默默付出一辈子从来都无怨无悔的女人。

在加拿大,我经常和妻子手挽着手,去郊外散步,去超市,去购物。我们一起出现在森林里,小溪边,绿阴场上。我手里拿着的那部相机,曾经捕捉过无数个浪漫温情的画面。谁说老年人不懂得浪漫呢?谁说老年人没有生活情趣,整天在家里生闷气呢?在朋友们眼里,我们俨然是一对令人羡慕的好夫妻。

不知有多少个场景,妻子的身影总能让我刻骨铭心。

有一次,妻子在我们家附近的草坪上喂鸽子,我顺手拍了一张照片。你看,这些鸽子都是野生的,不会有人去打扰它们,更不会像我们国内一样,担心成为人们餐桌上的美味。你看,除了鸽子,还有野鸭。妻子手里拿着面包,脸上露出灿烂的笑容。我知道,那一刻,我们都陶醉在人与大自然融为一体的温情脉脉之中。

人年纪大了,出国不懂外语处处不方便。有一次,我和老伴到美国一家商场去买衣服,老伴发现衣服大了,想问问有没有更小的型号,但又不知道怎么跟服务员讲。那种做"哑巴"的感觉真的让人很尴尬。我们后来只能像原始人那样用打手势的方式来和他们沟通,好不容易让服务员明白我们的意思,真是急出了一头大汗。

说心里话,人到了一定年龄,老夫老妻的感觉成了一种亲情,也已经习惯婚姻生活了,实际我们老了更需给生活制造亮点,彼此交流沟通、相互关心体贴,哪怕帮你盖盖被子、一杯茶、一句问候,一起散步,兜兜景区,拍拍照片,真正的夫妻生活就是老夫老妻相伴,再忙,也别冷落了在乎的老伴。我能有快乐的好心情,那是因为老伴的关心,她每天帮我把各种药用纸包好,写清楚什么时候吃,我常出差,她仔细交代我的司机,把出门的行李衣服和日用品装好,我早晨四点起床赶飞机,她就早起来帮我备好早点。

说来脸红,她见我袜子穿不好,帮我穿袜子,出门头发蓬乱,像对小孩一样给我梳梳整齐,她包容我很多缺点,用她善良和贤惠包容我的不足,一位名人曾经说过,真正对你好的人,一辈子不会遇到几个,我老伴为我点亮这个世界的灯,拨开我心里的尘,她愿花时间、花精力陪伴我浪迹天涯,艰辛创业。

人心是相互的,感情是交换的,她有时生气有些脾气,我不会抬杠,保持幽默和理解,只要老伴喜欢去哪里旅行,不论在异国他乡,还是国内景区,就是十天,二十天,一个月,再忙再累,花多少钱,我都乐意一路陪伴,帮她拍抖音,摄影,拍照,指点艺术性动作,这次我陪她姐妹和弟媳,去呼伦贝尔大草原旅行,尽管我累得筋疲力尽,疲惫不堪,看到老伴从来没有这样笑过、开心过,我觉得比年轻时的激情更踏实和欣慰,老伴做人很低调节省,去加拿大看儿孙,行程12个小时,她让我坐头等舱,自己却和她弟媳一起坐经济舱,去大草原也是这样,她和姐妹们坐在一起。我对她说老板娘身价掉了,她却对我这样说:在亲情面前没身价之分,只有相亲相爱的情分,如果我和你一起坐头等舱,我这亲情脸面丢不起。她不喜欢虚荣,更不喜欢夸张炫耀,常对我说:一家人整整齐齐、和和睦睦比啥都好!我们都老了,儿子一家都在加拿大,你走不动了,我推你上车,眼睛看不清了,我是你的眼睛,在以后的日子里我们相扶相持,不给后辈添乱,从心所欲,还有时间做我们自己的事情。老伴说得对,不惧病魔,笑颜面对老去,哪怕是天塌下来了今天先睡一觉,一切都顺其自然,就是老年最幸福的状态。

老年人有老年人的难处,年轻人也有年轻人的难处,真是"家家有本难念的经"。我在加拿大,同样深刻地体会到了这一点。这里并非如人们所说"遍地是黄金"。他们也有生存压力,他们的老百姓活得也不容易,他们也有穷得叮当响的乞丐。

我们老家一个女孩叫米华,她妈和我妻子是朋友,与我们住得近。她女儿很早就到加拿大了。米华是活泼有教养的女孩子,也是个体育健将,她大学毕业后,在加拿大和一个绿化工程师结了婚,她英语功底很好,还学会了一手好画,几年来已经习惯了异国的生活,他们的收入还可以,她老公是个有名望的工程师,业务忙得不可开交,她老公比她年龄大很多,但他们很恩爱。一次,我们在列治文一起吃饭,他们相敬如宾,米华给她老公夹菜,饭后散场时,她老公忙给她披好大衣。虽然他们收入可观,但是他们省不了太多的钱,还和老人同屋住在一所很小的老宅里。

加拿大福利待遇好,生活有一定保障,他们会赚会花钱会享受。米华说,他们喜欢旅游,已经去过好多个国家,接下来有三个国家的旅游计划。她是个孝顺的女儿,常牵挂家里的亲人,她的父母,她说打算要小孩,还有了买房计划,说到这里,米华说房小无奈呀。米华介绍,在温哥华一般人都是月薪三四千块加币,多了这个数,就要交所得税。

年轻人过得也不容易的,一个月的房租要上千加币,还要花钱穿衣买菜,健身,旅行。我还听一个移民学生说,加拿大的男人很抢手,本国男人都喜欢娶本国女人做老婆,在加拿大有很多读书毕业的外国女孩,她们有多数人想嫁给加拿大人留在加拿大生活,即便年龄有差异,也很少能与老外结婚,除非这女孩有才貌出众这筹码。

现在加拿大移民门槛高了,一个亿人民币的投资才被接受,而且对人的英语水平要求也很高。加币贬值过一次,中国人、日本人、美国人都一窝蜂跑到那里去买房子,售楼处门口也排起了长队。不过,现在的房价稳定下来了,给我介绍房子的那个 Mike 说,他们的利润率就在 15% 左右,高也高不到哪里去,低也低不到哪里去。他跟我们说,在加拿大这种地方,想发财其实很难。一般的年轻人能找到一份工作就不容易了。还是中国的机会多啊,改革开放的政策让各行各业都充满活力,每年不知道要诞生多少百万富翁、千万富翁和亿万富翁,就像最近红红火火差点"爆表"的沪深股市一样。

加拿大马路上很多都是日本车,日本车省油。他们很讲经济实惠,不会搞盲目攀比。

加拿大温哥华不怎么冷,比国内暖和。你看天气预报,好像经常都是十几度的,春节我看到两个孙子还穿大短裤上学呢,那里的气候如四季如春的云南昆明,冬天不会感觉很冷,夏天也不会太热。我们看到他们本地人,在大冬天里穿得特别少,常常只穿单衣单裤,就在外面跑来跑去。我一开始简直不敢相信,后来我也习惯了,发现真的没有原来想象的那么冷,我也觉得奇怪,气温那么低,为什么没有国内那么刺骨的寒风呢?

我不仅对温哥华气候感到好奇,还有个我百般不解的困惑,那里乌鸦满天飞,冬天找不到食,把很多的花园绿地翻得像被翻耕的麦田,这乌鸦胆大包天,人站在它面前没有半点恐惧,还会飞过来抢你手里的面包,你要是赶它走,它会发怒示威似的在你头顶横冲直撞,也许是被加拿大宠得这样目中无人。

温哥华那一带属于海洋性气候,大概平均每十天有七天在下雨。不过那里的雨不大,从来不会有"大雨如注"的感觉,总是那种很细的雨,像丝绸那样密密地斜织着,往远处看,又像烟,又像雾,简直是人间仙境一般。

天晴的日子也有不少。我相信,任何一个去过北美的人,去过西方国家的人都会有一个深刻的印象,就是那边的天空真的很蓝。

我们在加拿大,时时刻刻都可以感受到这个国家给人的温馨。比如说,在一个能够容纳上千人的大餐厅里,每个顾客都很自觉。他们吃好之后,会认认真真地收拾自己的餐桌和餐具,用纸巾把餐桌擦得干干净净,然后把餐具送回到指定的地方。

早上我出去跑步,路上行人很热情,见我们就说"Good morning"。朋友们教我一招,自己不懂英语没关系,你听人家说什么,你跟着重复一遍就行了。我说"Good morning",隔壁邻居还主动过来打招呼。

温哥华的中央公园给我留下了深刻印象。那么冷的大冬天里,居然有很多乞丐。穿得破破烂烂的,在凛冽的寒风中,身体蜷缩在木凳上瑟瑟发抖,身旁凌乱地放着几个不知从哪里捡来的背包,脏兮兮的。这种情况让我大惑不解。

六、父 爱 如 山

在茫茫宇宙,芸芸众生之中,人与人之间有很多爱都可以随着环境的变迁和时间的流逝而慢慢冲淡,但是那种血脉相连的爱,无论何时,哪怕是天崩地裂海枯石烂,都无法改变。我心中的至爱和牵挂就是如此:时间可以带走我的生命,却无法带走我深爱的灵魂;黄土可以埋葬我的躯体,却不能将我心中的爱挥之而去。因为这种爱不能诉之于笔,情抑纸中,他是一个父亲对自己孩子永远的拥抱。

儿子带了他一家人移民了加拿大,我也在那里小住了一段时间。现在回到了国内,说真的,我很想念他们,这是一种发自肺腑的感情,毫不夸张,有时想得如痴似呆,仿佛我的魂魄情不自禁飞到了儿子那边,和他一起打球,和小孙子苏程玩捉迷藏,简直是玩疯了。每当我半夜梦醒,就迫不及待给他们打电话,问长问短,百般叮咛,好像我快要告别人世似的。是呀,他们的迅速成长带给了我惊喜和慰藉,不知怎么,人老了总宠自己,一天看不到儿子他们就觉得脑子空空的,像一个屋檐下孤独的可怜老头。

小雨轻轻敲着玻璃窗门,院子里的绿色草木,它们贪婪地张开嘴,像婴儿吸母乳一般,流露着甘甜的芳香,那满地的草坪被多情的小雨灌了酒似的,像害羞的新娘,脸额似汗似水,似醉似乐。我很感激老天带来的小雨,它给我带来思念,带来了回味无穷的忆恋,带来了温哥华的亲切和大自然的怀抱,带来儿子他们那熟悉的声音。

我在温哥华的日子,是在年初几个月,十天有七天下雨,说雨不像雨,好像清晨飘来的细细露水,给大地擦得油亮光光,地面看不到积水,也没行人留下足印,屋檐下听不到滴滴的雨声,只是看到雨中的绿木像刚沐浴的少女格外清秀悦目,那里的小雨有时像一个顽皮的小孩,一会儿哭一会儿笑,下雨的时候天空还很蓝,雨后的天空蓝得如一幅彩色的油画,白云像一朵朵滚动的棉球,风儿在阳光下像活泼可爱的宠物逗人喜欢,那里最美的一刻是在太阳快下去的时候,夕阳像酒醉的少妇,眼神里如烟似火,似画似诗。

每天早晨,儿子习惯坐在后阳台的竹椅上吸烟,他吸烟的时候神态仿佛在思考问题,我知道他内心在克制自己的动摇,温哥华对他来说是人生新的选择,语言不通,又没有朋友,每天除了在宅院和家人一起,出门面对的是一张张陌生的脸,他在加拿大已经坚持近一年了,真的不容易。他有这种毅力,是他妻子和他的儿子们给了力量,也是他作为一个丈夫一个父亲的担当。

我很疼爱我的儿子,他从小到大不论做啥坏事,我从没有对他动粗,连一个手指都没碰过。他想要的,只要我有能力,就是让我上天入地也甘心情愿为之而努力。结婚第一年,小宝贝就降临到我们这家庭,儿子的来临带给我们最大的欢乐与幸福,尤其是我的父母那笑容看起来好像年轻了好几岁。

儿子,说句实在话,你应该是很幸运的。在茫茫人海之中,正是因为我和你妈妈的相识相爱,才使孕育出可爱的你成为可能。但对于你的出生,爸爸始终怀着一份愧疚。在你出生的那天晚上,我们家里很穷,还在还债时期,送你妈妈去大场医院让她躺在小拖拉机后斗里,我躺在医院的走廊里等候你出生,儿子别怨你这个穷爸,好吗?我一定会让咱家一天天好起来的。就在你最需要父爱的时候,我为了挣钱白天黑夜忙着做生意。回家你已经在妈妈身边睡着了,一次奶奶在场头干农活,你妈也上班去了,你在场头的竹席上睡着了,奶奶一边干活一边照顾你,那时你还不会走,你妈赶回来给你吃奶,想不到你已睡醒了,是你饿得发慌还是好玩,你趴在地上,你手上嘴上抹了黑黑的羊屎,你妈哭了,我在想那时家里要是富裕的话,可以请个保姆,我也就能陪在你和你妈身边,哪怕只是握着你的小手,替你妈妈拭去脸上的汗水,或者逗你说些玩笑的话语,端一杯茶水,对你和你妈妈来说也是一种快乐和安慰啊!我发誓在一年内结束这鬼日子。

在你的整个成长过程中,爸爸为了事业,为了让家人过得更好,整天东奔西走,到天南海北去谈生意、跑业务,和你们总是聚少离多,把你丢给妈妈和奶奶,父子俩在一起享受天伦之乐的时间为数不多。不知不觉,如今一转眼你快满40岁,我真的有点愧疚,不能像天底下的所有父母亲一样,在你小时候让你感受到你应有的父爱。如今让我日夜承受思念之苦,算是我对你的一份补偿吧。每次在电话里头听到你说:"爸爸,我好想你,你什么时候再来啊?"我的眼泪就再坚持不住了,内心除了对你的愧疚还是愧疚。可是,儿子,爸爸何尝不想陪在你的身边呢?现在我的两个小孙,他们是幸运的,他们有一位慈祥的爷爷和一位心地善良的奶奶,还有很爱他们的爸妈,我们对他们的爱远远超过了自己。他们生长在这优越的温室里,上学校有车接送,家里有一定的经济条件。长辈给的财富只是你们发展的路上多了个加油站,明天的路还要靠你们自己走。

小时候,妻子在村办企业上班,我常抱着儿子去哺乳,那时家里很穷,一天上班挣不到八角钱,村里也有富裕的人家,他们的小孩能吃上奶粉、橘子水、猪油。我家没钱怎么办,心里难受也不能去偷去抢,父亲不是好当的。是呀,我可以挨饥受苦,不能委屈我的儿子。一个连小木桥都不敢走的胆小鬼,深更半夜下河捕鱼只为了儿子的一袋奶粉,天还没亮从乡下30多公里路赶到市区在街头卖麻茹根。爱就是一种不可抗拒的力量,是生命的支撑。只要有爱,你就有排除困难的动力,可以从苦日子里走出来。说实话,谁家的孩子都不如我儿子棒。

儿子是我一生的挚爱,他本质善良忠厚,平时少言少语,在生人面前像大姑似的说话都脸红。但他思路清晰,为人处事实在。很多人嘴上说的比唱的都好听,马屁拍得你晕头转向,而谈到实质性的问题就打哑炮了。不孝顺老人罢了,还虐待老人,良心被狗吃了。我不喜欢虚伪,骨肉之情没有半点瑕疵,是世上最神圣最珍贵的感情。

有一次,儿子看了一部影片《时间都去哪了》,他感动得流泪了,柴米油盐半辈子,转眼就只剩下满脸的皱纹了,时间都去哪了,还没好好感受年轻就老了。他就给我们发了这段信息,当他看完这影片,顿时潸然泪下,他觉得父母都苍老了,还没感受子孙报恩就老了,时间走得太快,还是自己走得太慢,他心疼母亲日夜操劳辛苦,看到母亲眼角上深深纹沟,一双蜡黄的手,他情不自禁问自己,何时让母亲享清福啊。儿子知道我有糖尿病,常来电劝慰,要好好照顾自己,不要吃甜的东西,别忘了吃药,多运动走走。是呀,医生几次给我检查身体时说,管住嘴,迈开腿,要控制饮食和作息。还很严肃地说,糖尿病得不到有效控制,就会导致并发症。他擦了眼镜手一摊说,那就成了半死人。

儿子知道老爸像个老小孩,见到甜食水果嘴馋得猫似的,背着他妈躲着吃。这老天对我太残酷了,我不吸烟,不喝酒,就那么点爱好都要剥夺了。亲家杨群龙对我的病很重视,常在我耳边敲木鱼,你是这个家的主心骨,为自己负责就是对这个家负责,你病倒了,你说爱家爱家人这句话都是空的。他虽然语气重了,句句都是肺腑之言。他让我明白人活着的责任和意义,是呀,不论你对小辈奉献多大,只要你已经尽力了。儿子带了他妻儿移民加拿大,知道他会很辛苦,那里的环境和生活习惯不适应。但我儿子知道不是我们做父母的心狠,我们何尝不想能和子孙欢聚在一起呢,人老了这种愿望更强烈迫切。

有时候想儿子都想疯了,在夜深人静的时候,就打开微信看看儿孙们的相片,他们那甜蜜的微笑,我心里不知有多么兴奋,说来脸红,我像一个天真的孩子把热唇贴在手机平面。我简直都不敢相信自己疯了,儿子,还有小孙子们,老爸、爷爷想你们,我自言自语对着他们倾诉,有时候听到楼上还是在窗外有人的叫声,觉得是儿子的声音,猛然打开房门,那清醒的一刻,我是多么失望,多么孤独荒凉啊,真的,想要克制这种幻觉,却常不能抑制内心的思念。只要听到窗外沙沙的小雨声,不知不觉把我卷进了温哥华雨中那种亲切的感觉。有人说,世界上最遥远的距离不是生与死的离别,而是眼前的亲生骨肉只能在梦中相聚,梦给你快乐,给你安慰,醒来却离我那么遥远。在加拿大和儿子一起的日子,他在阳台桌边吸烟,我就坐在他对面看着他一口一口吐出的白白烟圈,看到他若有所思的神情,觉得我是世界上最快乐的老人,儿子不仅帅气有男子汉胸怀,还带给我希望。儿子成熟了,他妈对我说,是的,我们去菜市买菜,他不让他妈提菜篮,或者推小车子,吃饭时他还帮我们夹菜。一次去服装店给苏洋、苏程买鞋子,他看到一件红色的上装,价位2 000多元,他一边掏钱一边说:老爸喜欢穿红的,他抢着要付钱。

儿子再大，在父母面前永远是孩子，这孩子就是这个脾气，对朋友还是对长辈都掏心掏肺，我们给他们零花钱有一定的额度，在国内他穿着的衣鞋都要上千元的，去了国外后，是生活的磨炼，让他改变了很多很多。让我深有体会的是他懂得了关心和体贴，懂得了自立自强和钱在生活中存在的价值，他脚上穿的跑鞋才几块，衣衫也不过百来块，我看他穿着的鞋衣，心里一阵心酸，老人穿啥都凑得过去，绝不能让我们儿子过得那么寒酸啊。儿子却笑着说，鞋不在于贵，在于适合自己，衣不在于钱多少，在于合身。我知道儿子学会了精打细算，儿子给我带来了很多意想不到的快乐，而今他的成长更令我惊喜。

儿子很宠爱他的孩子，他的驾证还没调换，一段时间他妻子身体不舒服不能接送小孩上学，就叫外面的代驾。他不放心，一定要自己去接，假日他带小孩爬山，在河边喂野鸭，陪他们打球。是呀，亲情的力量是上帝给予的，儿子是上帝赐给我的福，他让我认识到这个世界是多么美好，多么有意义。

有一次，我左脑严重缺氧，差点见阎王，儿子和儿媳把我送到宝钢医院抢救，那是我有生第一次带上氧气面罩，只觉得天地转得病床都要翻身了，儿子守在我床前，我使劲抓着他的手，觉得我就要离开这个世界似的，儿子急得满眼泪水。那时我才 50 多岁，我不能死啊，还有很多很多的事没做完，连一张遗书都没留下来，这样突然转身走了，我的人生不就半途而废了吗？最让我死不瞑目的是我还没有亲眼看见两个小孙子长大成人、娶妻生子、成家立业，还有，我的儿子还没接上我的班。一种强烈的求生欲望支配着我的整个头脑，给了我一种战胜病魔的极大勇气，让我死里逃生，重见天日。也许正是这样一种对生命的渴望，一种美好生活的诱惑，还有一种至真的亲情，感动了上帝；也许儿子给了我起死回生的力量，我终于挺过来了，把阎王赶走了，最终走下了病榻，恢复了健康。

有天我和亲家杨群龙在饭桌上聊天，他说杨阿三有句顺口溜：思想不要想不通，看看杨行火葬场的高烟囱，进去一刻钟，出来三两重。古人讲，人生苦短，何不及时行乐。每个人都要学会好好爱自己，要懂得照顾好自己。可是我们的脑袋不是他人任意抛洒塑料袋的垃圾筒，一个自己都照顾不好的人，无法照顾好他人。我始终坚持自己的人生观，为子孙后代造福，是人类的天性，记得作家毕淑敏《你站在金字塔的第几层》有一段名言："充满了创造性的劳动，是自我价值的最高体现。"我告白世人，人生自古谁无死，爱人会离，天也会衰老,留给子孙的财富,不是我们的筹码,而是鼓励小辈们在前进的路上多了个加油站。只有挖掘深藏在自己身心中的美好,你的"三两重"会在子孙心目中的分量重于泰山。

我想法简单明白,只要家人都过上了幸福生活,小辈们有了更美丽的明天,我此生就没白活,我这个做父亲和爷爷的当之无愧。我想对儿子说,爹很想你,爹永远爱你。如果哪一天我突然走了,我在地下也会保佑你和你全家。

人老话多,肚子里憋不了,想说便说,关不住话闸。一个人如果对自己的事业充满热爱,并选定了自己的工作愿望,就会自发地尽自己最大的努力去工作。如果一个人一生当中没有任何目标,那他最终就会迷失自己。成功之本取决于人的心理素质、人生态度和才能资质。当然,仅靠这个"本"还不够,必须兼具高远志向和实现目标的专心、毅力。

第八章 忠 告

"上帝关上了一道门,同时也会开启一扇窗。"以前,很喜欢这句话,因为它能给身处困境的人带来希望。无论是谁,上帝都不会给予过多的恩赐,只会给身处逆境的人以成功的希望。不同的是,坚强者在希望中奋斗,而懦弱者则在希望中等待。

生活是位伟大的导师,有很多东西如果不去亲身经历,无论如何都难以弄明白,然而无所不能的生活却无声地教导着每一个鲜活的人。所以我们与其向那虚无缥缈的万能者祈祷,倒不如从一开始就当好自己心中的上帝!时刻谨记自己就是生活中的主,所有的希望与梦想都是自己努力创造而来的。成功与失败只不过是我们每个人的不同的生存方式而已,当好自己的上帝就是做好自己的主,每时每刻都提醒自己,珍惜生命,好好生活。

一、钢铁是怎样炼成的

这是我年少时信手写下的诗句:

钢铁是怎样炼成的
这世界就是冶炼人生的熔炉
征途坎坷,荆棘丛丛
我站在风口浪尖
就像出炉的红钢
千锤百炼更加坚硬

光阴如水流逝

人的生命只有一次

莫要白白虚度年华

燃烧起生命的火花

即使在阵地倒下

这世界有我画的彩霞

迈着坚定步伐

奔向前进目标

商战不相信眼泪

黑暗过后阳光更明媚

一生无悔

不负人生走一回

  看过苏联作家尼古拉·奥斯特洛夫斯基所著的《钢铁是怎样炼成的》的读者都知道,保尔·柯察金的成长道路告诉我们:一个人只有在艰难困苦中战胜敌人,同时战胜自己,才能练就不屈不挠的坚强意志。沿着奋斗目标走下去,才会发现生命的魅力。

  保尔·柯察金在武装土匪的骚扰和疾病威胁下,发出了感人至深、震耳的豪言壮语:"人最宝贵的是生命。每个人的生命只有一次,人的一生应当这样度过,不因虚度年华而悔恨,也不要因为碌碌无为而羞愧。"

  这经典的话,令人深思而感慨。

  我们这一代走过了大半的人生,回顾过去,留下的是悔恨或羞愧、自傲或微笑?这就是每个人不同的人生价值。有的人活着却被人们遗忘了,而有的人死了却活在人们的心里。我觉得人应如出炉的锭子,在磨难中冶炼和打造,经过千锤百炼变成了一块坚硬的钢。

  记得在2008年金融风暴,我仿佛被魔鬼剥光了衣服,只剩下赤裸裸的空架子。那时我的身价和威望一落千丈,银行的白眼、同行的嘲笑、亲人发愁的脸庞,这一切就像满天的刀向我刺过来,我躲也躲不开,处处碰壁、走投无路。

  小姨子对妻子说:"姐,没钱用先从我这里拿20万花吧。"

这句充满亲情和关怀的话,如针似的深深扎在我的心里。一个亿万身价的老板一下子变得如此可怜可悲,我几乎连仅存的自尊都被剥夺了。

家乡也有很多传闻:"苏老板这次亏了一亿多,厂子都抵债了。"

有的嘲笑着说:"他没面子回家乡,上越南找活去了。"

那一双双势利的、可怕的眼光,一只眼睛跳到另一只眼睛,一张脸换了另一张脸,那种被人蔑视的感觉像一盆盆洗脚水朝我头脸泼来,羞辱得我没有勇气抬头见人。

"爷爷回来啦!"

苏洋在家门口迎上来扑在我怀里。

一声"爷爷"的呼唤,是世界上最强大的推动力,仿佛一把熊熊的烈火点亮了一盏明灯。那些苦恼、羞辱、失落都被赶在脑后了,失败并不可怕,可怕的是失去了从头再来的信心和勇气。我心里暗暗地发誓:为了我家的宝贝,我得勇敢面对现实,从头做起,决不让家人再过苦难的日子。

我即将死去的心又强烈跳动了,仿佛被咬伤腿的狼,舔干了血痕,瞄准凶恶的仇敌扑上去。我要让老天睁开眼睛看着,我一定能从失败中站起来,而且站得比昨天更高。

为了开源节流,出门谈业务时,那些前呼后拥的跟班都没了,我又回到创业初期,充满雄心及激情。我拖着拉杆箱,像一个跑腿的促销员,饿狼扑食一般去捕捉机遇。

很多人说,瞧我这个酸样,鬼都不相信是恒荣的老板。原来有的是朋友的人,怕向他借钱躲着,甚至把我的手机号列进黑名单里面。唉,这世界的人情如纸,辉煌的时候处处笑脸赔,落难的时候人变成鬼!我不信这个邪,不在乎寄人篱下的生活,敢于接受逆境的挑战,等待着机会离自己足够近的时候,握在手里的飞刀,不出手则已,一出手就能击中目标。

这个社会中存在着太多不公平的事情,但有一点,上帝对所有人都是公平的,生命只有一次,而且每天都是 24 小时,但同样在这社会大熔炉中冶炼的人,有的成了钢,而有的成了铁渣。

患难见真情,真金不怕烈火,海南周财吉和唐山富达孙来斋感慨地说:"快60 岁的人了,走南闯北没人跟着,要保重身体啊。"

沧海横流,何等气魄,他们在为我难过,但商场就是战争,战争不相信眼泪,也无所谓难过。我这块钢铁,经历了一次次的磨难和敲锤,虽然体外伤痕累累,而体内却越来越结实。

不是吗,一块好钢也要千锤百炼。人不经大风大浪锻炼岂成大器?

社会就是一个冶炼人的大熔炉。一次次失败、又一次次从失败中站起来;在暴风雨中成长、在挫折中磨炼得更加坚强!

记得有一个诗人说过:"没经过失败的人,称不上成功的人。没经受过磨难的人,称不上坚强的勇士。"

我不因今天的失败而丧气,哪怕老天毁得我只存下一片空白的土地。只要有地种还怕长不出果子来吗? 如果一个人承受不起挫折和失败,那么即使他死了也会被后人戳脊梁骨。

2012 年钢材市场像死了人般阴冷,铁钢业主都哭丧了脸。

冷水钢的瞿总对薛工说:"苏老板这次逃过一劫。"

2004 年金融风暴让我长了记性,就是傻瓜也学乖了。我做出了理智的选择,将生产线承包给了冷水钢,不论市场有多大变化,总有个固定的回报,有钱挣的贸易便做,没钱挣歇着陪老伴。在某种程度上,我已将风险降到了最低限度,这就要感谢失败给了我经验。

坦诚地说,我们这代人吃得起苦,经得起成功与失败的考验。但我们的富二代却让人焦虑,怎样能把他们锤炼成一块钢,责任也落在我们身上。也许这战争比创一番事业还艰巨得多,在你成功的背后,酝酿着你对子女姑息的罪过。要说他们不成器,我们做父辈的在教育方面负有不可推卸的责任,这是我们这代人最致命的失败。

俗话说:一代成钢,二代白铁,穷富不过三代。

这俗话不是没有依据的,是上代人对历史的结论,而产生这悲哀的根源是前辈的财富成了小辈们的依赖品、绊脚石。

海南美都投资有限公司卓董事长深有感触地对我说,他生了一个儿子、两个女儿,挣的钱几辈子花不完。但这钱都是他用血汗换来的,是他成功的资本,而不是小辈们的依赖品。

他经常召开家庭会议教育儿子和女婿:"钱是给你们作为发展事业的垫脚石,而不是你们拿来肆意挥霍的。"他对我说,对小辈必须正确引导,钱使得不当,养成他们贪图安逸的习惯,这就是父辈之过,关闭了年轻人自强自立之门。

卓总语重心长的一番话，就像铁锤敲在我脑门上，猛地把我砸醒了，我对小孩的教育和卓总相比有很大差距，惭愧啊！常言道：严是爱，宠是害，不管不教小孩会变坏。我知道他也烦恼。其实让孩子过富足的生活没什么错，毕竟有那条件，关键是别溺爱，把孩子宠得养成以自我为中心的习惯。

我爱我的儿子。儿子刚高中毕业，让他出国念书吧，我怕想他；出门去打工，怕累坏他；让他开公司吧，怕他上当受骗；跟着我干吧，怕他还没成熟。干啥事我都拦在他前面，从未给他独当一面的锻炼机会。因此，我的不当的教育方式和偏见，对他性格和习惯有着直接的影响。我好内疚。"儿子，老爸错了。"我真诚表示歉意，我们父子俩共同纠正不良习气，好吗？

我儿子的本质不坏，因为人的本质起着决定性作用。我相信，有一天他会站在父母打下的基础上，重新架构原本多彩的生命。

2012年8月22日，我接到了《上海教育》杂志陶小青老师的来信：

尊敬的苏总：

您好！

我是您的一位上海的读者。这次来信，主要为您儿子的成长提供一些建议，不为别的，只为您男子汉的担当和坦诚。

前几天，在上海书城无意间看到了您的《浮沉岁月》。买下后，花了几个晚上拜读完，您的故事非常精彩！对于您的完美爱情，我羡慕不已。对您充满血泪和智慧的创业之路，我深感敬佩，您是我们学习的榜样啊！同样，对于您儿子苏杰还未开始"男儿当自强"的征程，我也感到惋惜、着急。事实上，我这次希望给您一些建议，能帮助您让苏杰走上奋斗之路，从而为您的人生、自传的续集画上一个圆满的句号。

其实，您儿子苏杰今后的成长之路，说起来可能比较复杂，事实上也可能比较简单。

任何事物都是有规律的，大到天体运行，小到蚂蚁搬家等。人的成长也是有规律的，而每个人的成长必须在遵循规律的前提下，又有适合他的道路。您已经找到了您的成功之路，您也享受到了按规律办事的益处，您是钢铁产业、商业舞台上的"大才"了！

具体到您家苏杰的成长,他的境况与您是天壤之别,所以,更多的时候是你们没有在适合的时候为他搭建平台,帮助他享受到点滴成功带来的喜悦和果实,导致他逐步丧失上进的动力和能量。其实,苏杰内心深处也很痛苦,只是他对于现状的改变也显得无能为力。

所以,从我这个与教育打了 20 年交道的人看来,解决这个难题的核心还在您身上。您必须亡羊补牢,花更多的心思去寻找到打开孩子成长这把锁的钥匙。恕我直言,从您的成长经历,您和您的爱人现在的作为来看,要想打开苏杰的困局现在是"心有余而力不足",你们心中最大的困惑肯定是:"我们该怎样一步步去做呢?"

苏总,因为马上是上班时间了,所以我就先给你提几点吧。

一、从现在开始,您就要重视苏杰的成长这件事,同时下定决心要解决这个人生难题。

二、您要取得您爱人、儿媳妇等外围人员的支持,大家齐心协力,众志成城。

三、要知己知彼,您对苏杰应有一个全面、深刻的了解。

四、要循序渐进,可以先从苏杰的兴趣爱好入手,与他做朋友,让他温暖、让他感动。

五、逐步施以生活和工作的压力,"扶上马、送一程"。让他在工作中、努力中收获成长的喜悦、人生的充实!量变积累到一定阶段的质变,那时"骏马自会奋蹄"了。

六、将门出虎子,您家苏杰绝对是个人才!只是他现在还是一块璞玉,需要您去精心雕琢。这也是您人生另一个层面的学习和钻研啊!苏总,活到老,学到老,您要补课啊,您又得绞尽脑汁到处拜师学艺了。哈哈!您会成功的!欢迎联系。

祝您开心!祝全家幸福!

《上海教育》杂志　陶小青

2012 年 8 月 22 日

陶老师的来信充满着热情洋溢的指点,立即将我的思想从低升高。对子女的教育方针,陶老师为我勾画得清晰深入,让我摆脱了陈旧的尘世理念,竭力将我从黑暗中探出明亮的教育之窗。

"才别细雨,又临清风,万绿丛中别样红。"我吃了30余年钢铁饭,却没有将子女锤炼成钢,而陶老师将20多年所积累的教育经验,如春雨般滴在我旱裂的心上。这是我有生以来第一次感受到强烈震撼。儿子,你脚下是金子做的垫脚石,那是你父母的肩膀,我会扶你上马,送你一程,到社会这个大熔炉去锻造的。

小孩的教育是一个亘古不变的永恒话题,天底下有多少父母亲心都操碎了,忙得焦头烂额仍然未能取得成效。近年来,苦心经营打拼江山的"富一代"中国民营企业家因为年龄、健康等因素,将接班人的选择和培养提上日程,子承父业是中国人的传统。有调查显示,88%的浙江商人选择让自己的子女接手家族事业,只有6%的人愿意聘请职业经理人来管理,让子女继承财富。

然而,全世界家族企业的平均寿命不到30年。麦肯锡一项调查显示,只有不到15%的中国家族制企业在第三代之后还能生存下去。这些数字足以让打拼江山的"富一代"忧心忡忡。

正所谓"穷人很难做,富人更难做"。中国的富豪们目前在忙三件事:一是发展企业,二是与政府打交道,三是教育孩子。这三项事情一个都不能落下。即使是很年轻的老板,他们也把培养孩子提上了议事日程。前些年,中国富豪圈内流行把子女早早送出国门接受"精英教育",以期他们吸收国外先进的商务理念和管理模式。然而,近年来,陆续回国的海归接班人却颇有些水土不服,表现并不尽如人意。这种情况下,本土化、个性化培养模式逐渐崭露头角,与海外教育一较高下。

惰性是人的本能。是人就有惰性,这是与生俱来的,但是我们后天可以改变这种惰性。富人家的孩子从小被"富养",凡物质要求一概满足,父母的溺爱使他们早早就失去了这种改变惰性的机会。这些孩子长大后已经丧失了为了改善物质生活而努力的斗志,因为他知道,自己不努力,照样活得好,干吗要辛苦打拼呢?一些在物质上得到过度满足的孩子因为家庭教育缺失等缘故,无法健康成长,言行举止失当,轻则招致反感,重则酿成大祸。

随着市场经济的发展,而其中一部分富人所表现出来的社会道德行为又无法与其社会地位相适应。尤其在年轻一代中,不少人自恃有经济后盾就"搞得定一切",不管不顾事情的后果与他人以及社会的利益。

家长宠溺孩子理由多:"再穷不能穷教育,再苦不能苦孩子",这句口号引起过很多家长的共鸣。如今,别说"小皇帝""小公主"习惯了衣来伸手、饭来张口,即使是成年的孩子,做着"啃老族",花着父母的钱也毫无愧意。

有一个朋友说,自己的儿子四岁,全家人给儿子买东西从来都不会皱一皱眉毛。衣服、玩具,什么都要买最好的,花在他身上的钱一年少说也要四五万元。他的理由是:现在工作太忙,陪孩子的时间太少,总觉得对不起孩子,只有在物质上尽量满足。"物质上的满足其实是最容易、最偷懒的。另外,我感觉这算是一种补偿。"朋友如是说。

还有一种在家长中很有市场的观点认为,女孩子应该"富养",男孩子应该"穷养"。比如有人说,女孩子"富养"可以避免其因为物质诱惑而迷失,男孩子"穷养"可以培养其吃苦耐劳的精神。所以,对女孩子可以在物质上多满足一些。

很多父母其实知道不能在物质上过度满足孩子,也知道教育孩子做人比成才更重要。无法回避的是,一些家庭的教育已经进入一种畸形状态:父母对孩子的溺爱根深蒂固,往往舍不得孩子受苦;孩子的要求尽量满足,而对他们的要求就只有一个:好好学习!

有一个专家的建议很好:"富精神、穷物质。"当孩子的需要被过度满足时,他的快乐感会递减。从这个角度来说,家庭教育时时应牢记"再富不能富孩子"这一原则。被"过度满足"的孩子特别依赖父母,没有生活的体验和社会的阅历,更承受不了挫折和失败。特别当有大量金钱可以支配的时候,他们很容易迷失方向,做各种危险的尝试,沉迷于夜场、赌博、飙车……

家长们不是不知道在物质上过度满足孩子的教育方式不好,只是家长们没有让他们独立的心理准备,因此才会出现如此的落差。

这里需要强调的是,"富教育"不是指用金钱堆砌的教育,而是"富"孩子的思维、精神、能力;孩子对于生活的态度、情感以及对探索的欲望才是影响他们一生的关键。"穷孩子"也不是必须要让孩子过艰苦的生活,而是要让他们经历挫折教育,让孩子懂得生活的艰辛,懂得取舍、满足、克制、感恩与尊重,有意识地培养孩子独立、勇敢、自强的个性。

要让家长转变教育观念,首先是社会对于个人价值的认同趋向要变,不是高学历、高收入就是检验一个人成功与否的唯一标准。我们必须要更多元、更全面地来看待一个孩子的教育问题。现在许多人热衷于送子女到国外镀金。这本无可厚非,但也出现了一些新的问题。比如有的小孩长年在国外受不到严格管教,受国外自由散漫风气影响,可能会更加玩物丧志,失去拼搏精神。所以有专家表示,与海外教育相比,中国目前的基础教育更贴近青少年的需求,更能够为他们打下牢固的教育基础,而高考也为他们提供了一个难得的磨炼机会。因此,对小孩的教育也就是锻造成钢的基础,要让我们的子孙后代都能成器成钢,就要在烈火中冶炼。

二、笑 对 成 败

若有人问我,人世间最宝贵的是什么? 我会毫不犹豫地回答:"生命。"老天爷是公平的,他赋予每人一次生命,因而生命是宇宙间最宝贵的、最值得珍惜的。只要有了生命,什么样的人间奇迹都可以创造出来;只要还有生命,不管命运多么坎坷总还会有无限的可能性在等着你。生命既是脆弱的、也是坚强的。生命既是短暂的、也是永恒的。生命是美丽的,美丽的世界是由美丽的生命组成的。学会正确地对待生命,是人生在世的根本态度。幸福的存在,是用来珍惜的,而不是拿来肆意挥霍的。是不是拥有的幸福太多的缘故,以至于我们模糊了幸福的来路?

我们在这个多姿多彩的世界里生活,经历过快乐,也有过悲伤,在失败中体会到了人世间的酸甜苦辣,在美好的背后总有一些不愉快,每个人都有个东西叫烦恼。

人不能常常抱怨自己的命运太差,空自叹气或跺脚诅咒老天的不公。我们公司办公室曾招聘过一个女孩子小赵,她打字很快,一分钟能打120多字,键盘上的字母就像沾在手指头上似的,眼睛只看着文稿,手指如琴师一样灵活、神奇。她学的是设计专业,曾多次自己做工作室,期待她的专业能得成果。可是她的设计却并不受欢迎,因为没有人能够理解她的设计价值,没有人能接受她的想法,她更没有资金投入,但她不甘心在穷困潦倒中破灭追求和理想。她克服不断失败带来的痛苦,白天乘班车赶钦州港联通上班,晚上在店里守着挣钱,饿了也不舍得上街吃碗面,晚上只睡几个小时。有时挣来的钱还不够交店铺的租金,只能把打工的一份工资都填上。她很艰苦,我从没看到她穿过好的衣服,但她充满着探索的快乐,设计收费只收回了成本。有人问她一个月能挣多少钱,但她笑着说:"奶奶给的几千块钱都亏了,其实亏也不算亏,就当刚开始花广告的钱。"

其实在面对失败困苦的人生时,小赵也曾自弃悲观过,但是现实生活以及对成功的向往促使她一定要坚持下去。

她说:"看老板的自传,感受老板所经历的 2008 年金融危机以及种种困难,老板那种可以接受失败,决不轻言放弃的精神,就值得我去学习。我要一步、一步坚持,也许下一步迎接我的就是成功了。"

她的坚韧令人敬佩! 这个时候,我发现,坚韧不仅代表着一种热情,同时也象征着一种精神。小赵的精神感动了上帝,政府批准她在市中心步行街搭了一间亭子,白天她表姐帮她守着照顾,她下班后即回店忙着做夜市的生意。尽管是在街头做生意不体面,但她笑着面对人生。她对我说:"现在能挣钱啦,我要让奶奶过上好日子。"她迈着最坚定的步伐来实现自己的梦想。

一个 80 后女孩在困难里找到让自己继续前进的自信心,多么不容易啊。我觉得在现实的社会里,人不仅为薪水工作,为当老板而去努力,更重要的人生并不是只有现在,而是有更加长远的未来。没有人希望自己的人生渺小,微不足道,相反每个人都希望发挥自身价值。我所见过的不快乐的人,大概要算那些因失败而自弃的人了。

有一个成功人士说:微笑是人间最真实的语言,失败的时候给自己一个微笑,让自己更深入地了解自己,在这次的失败看到自己的不足,在下次避免走上次同样的弯路,这样似乎每一次失败在生活中都起了重要的角色,现在失败得越多,以后所遭遇到的失败就越少。最后我们走上的是一条已经历过风霜磨炼的平坦无阻大道,实现自己的价值。

我觉得他说得真是有道理。泰国商人施利华,是商界上拥有亿万资产的风云人物。1997 年的一次金融危机使他破产了。面对失败,他只说了一句:"好哇! 又可以从头再来了!"生活,也应该如此,在每一次失败中微笑,给予自己继续前进的自信心,把失败看作是成功的垫脚石,学会拥抱成功,走向成功!在平凡无奇的生活中,我们遇到了挫折,当我们望一望身边的人,也许我们就会感到心中的一点欣慰。

在我们身边总不缺少佼佼者,他们是成功的代表,但谁又知道他们生活背后遭到了多少挫折和失败呢?失败固然可怕,但是没有接受失败的能力就更加可怕。一个人没有接受失败的能力,只看到了成功的一面,这样在每一次失败中就会降低信心,没有好好认识失败对自己的意义,把失败看作自己的敌人,固执己见,最终失去了锻炼自己的机会,成了一个迷途的人。为自己树立一个目标,朝着目标勇往直前,在刻苦认真中无暇顾及身边的风雨,最终达到目的。我们最后会为自己付出而得来的喜悦微微地一笑。"啊,这件事太难了,以我的能力肯定不能做到的。啊,那件事也是,我还是挑一些小的来做吧。"这种想法在身边随处可见,但我们却没有在每一个成功的人士口中听到一个"难"字。

在媒体发达的当代,当有一个成功人士面对重大困难时,媒体总是加以炒作,这件事就成了众所周知的话题,然而每一位成功者都只是微笑着回答这些不知道将要怎样将他们的事情颠覆的记者。他们把自己的事放在最后,用微笑去迎接世界。

《战争与和平》的作者托尔斯泰大学时因成绩太差而被退学,老师认为他既没读书的头脑,又缺乏学习意愿。

发表《进化论》的达尔文当年决定放弃行医时,遭到父亲的斥责:"你放着正经事不干,整天只管打猎、捉狗捉耗子的。"另外,达尔文在自传上透露:"小时候,所有的老师和长辈都认为我资质平庸,和聪明是沾不上边的。"

爱因斯坦四岁才会说话,七岁才会认字,老师给他的评语是:"反应迟钝,不合群,满脑袋不切实际的幻想。"他曾遭到退学的命运,在申请苏黎世技术学院时也被拒绝。这些为人类做出贡献的伟大的科学家在无数失败中成长,在无数失败中纠正错误,最终都走向了成功。所以,每一次失败都成了一笔巨大的财富,我们应该珍惜每一次失败,用微笑去珍惜它们,认真面对它们,细心地体验它们,这样,我们最终就会走向成功。现在,我们可以很自豪地向生活发出这从容的微笑了。

人从生下那一刻起,就注定要面对许多的困难和波折;人生来就是要不断挑战未来,证明自己的价值,生存的意义。只有这样才是真实的,不然就枉来人世间。

　　当困难出现时,先走出来把问题看清,找出解决的办法。任何事情都有正反两面,权衡轻重后再做决定,要知道任何事情都没有绝对完美的,有颗宽容的心,生活就会快乐些,学会去爱别人,你也会被爱包围的。生活是个大染缸,把握住自己的情感,得意淡然失意泰然,生活就会平静的。何不把心放开,笑对人生,笑对失败。

　　微笑着面对失败,不要抱怨生活给予你太多的磨难,不必抱怨学习给予你太多的曲折。大海如果没有巨浪的翻滚,就会失去雄浑;沙漠如果没有飞沙的狂舞,就会失去壮观;人生如果仅求两点一线的一帆风顺,生命也就失去了存在的魅力。微笑着面对失败,把每一次的失败都归结为一次尝试,不去自卑;把每一次的成功都想成一种幸运,不去自傲。就这样,微笑着面对失败,面对挫折,去迎接挑战,去品味孤独。

　　微笑着面对失败,把"人"字写直写大,活出一种尊严,活出一种力量。把尘封的心胸敞开,让狭隘自私淡去,把自由的心灵放飞,让宽容和豁达回归。微笑着面对失败,不要把每一次考试成败看得那么重要;不要把每一场竞争看得那么自私;不要只看狭小的一面,放眼世界,乐观些;不必计较一个小小的挫折,即使是一次又一次的。我们也要永不言败,微笑着面对!

　　微笑着面对失败,在第四届"效益杯"暨首届"建设杯"篮球运动会中,许多篮球运动员做到了,他们在一场场的比赛失败后,没有灰心,仍然那么坦然,他们脸上的自信仍然还在。他们绝没有沉浮于失败的遗憾,而是敢于面对现实,接受挑战,傲视失败,体现了博大的胸襟。他们越是失败,越是表现出沉着冷静,越是具有自信,一点也不气馁,对自己的失败不是懊恼沮丧,而是勇于承认自己的不足,因为他们认为失败乃成功的"垫脚石"。人生,从自己的哭声开始,遇到挫折的打击是不可避免的,关键在于能把失败变为成功的垫脚石,微笑着面对。只要你有这样的心态,你便成功了一半,我们就可以享受成功,微笑着去迎接失败的下一场挑战。

　　古代诗人屈原有句名言:"路漫漫其修远兮,吾将上下而求索。"人生是一条坎坷而又充满挑战的道路。途中会有成功的喜悦,更多的是失败的痛楚,但只要我们拥有一份好的心态,用微笑来面对失败,你就能体会到:失败其实并不可怕。

　　"失败乃成功之母","不经历风雨,怎能见彩虹?"你跌倒了,不要祈求别人把你扶起来,你应该在哪里跌倒就在哪里爬起来。这样,当我们回首自己走过的路时,会发现失败早已成了我们迈向成功的垫脚石,而成功之门已在前方为我们打开。朋友,当你遇到失败时,请微笑吧!"不管风吹雨打,胜似闲庭信步。"只要你笑了,成功就向你招手了;只要你笑了,失败就被吓跑了。

风,追随远行的情愫,问,这坎坷的道路还有多少要走,心灵的深处,是否一一记述!如悄然飘落的冬雪,微笑是一缕阳光;如淅淅沥沥的春雨,微笑是一棵小草;如夏日浓荫里沙沙而过的风,微笑是一朵花;如轻轻随风舞动的秋叶,微笑是一阵风。

笑对失败,失去的是自己的痛苦,得到的却是成功后的喜悦。笑对失败,是流光溢彩的画卷上又添了一道彩虹;笑对失败,是在星光闪烁的夜空中又挂上了一轮明月;笑对失败,是在花香四溢的草原上又种下了一株玫瑰。成功是一种表象,而失败却是一种深刻。

三、过来人的忠告

人活着有时候不必要过于追问什么,有些人觉得活着没意思,一个原因就是发现人性原来如此复杂、如此深邃、如此不可捉摸。

天下没有永远的朋友,只有永远的利益。在生意场上你只可和别人谈利益,不要去谈友谊。如果你和别人做生意非要做成朋友也可以,那你就主动地离开这个朋友的行当。我的建议是,你如果真想交朋友,就去找那些与你没有利益瓜葛的人。

一定要牢牢记住《农夫和蛇》的故事,这个故事用来警示世人已经有上百年了,可惜老是有人记不住。

在上海江湾钢材市场有一个曾经赫赫有名的潘保成大老板,他在上海滩经营钢材的老板中称得上是老大。我和他有比较深的交情,业务往来也很频繁。他人品正、心地善良、重情重义,他那时公司的声誉和实力不亚于当今上海滩钢贸至尊的西本新干线。

潘总扶持很多小公司一步步发展壮大,只要和他公司有交情的,如资金发生困难,他从不考虑自己的风险,主动为他们融资作担保,可是有次被一个最好的"兄弟"拖损了大半片江山。这兄弟公司有一大笔的信贷,潘总在银行信贷合同书上做了经济责任担保人,这公司垮了,大笔的信贷都得他掏口袋。潘总的公司一落千丈,很多人才都跑了,连潘总的左膀右臂,和他称兄道弟的人也溜了。

潘总为朋友损了元气,人一下子憔悴了很多。那时有谁给他一点点心灵的安慰? 有谁能聆听他心中的感慨? 他只能重整旗鼓,去天津复苏元气。那些曾受潘总扶助恩惠的公司和商人,此时无动于衷,各人自扫门前雪,不管潘总瓦上霜。

我还有一位朋友黄某某,他为人厚道憨实,对兄弟姐妹掏心掏肺呵护有加。他在我上海的钢厂背后租了一块场地筛选废钢渣,每年给我几万元的租赁费,逢年过节总是提着大包小包上我家门,我对他能帮则帮。

黄某某30多岁时不幸得了鼻癌,在他治疗期间,把生意交给了他亲哥代管。一年后黄嘉福病故了,他哥哥却将他的公司变更在自己的名下,而他的弟媳和孩子却成了公司的局外人。黄某某的妻子含着酸楚的泪对我妻子说,她老公走了,公司和业务一块都被他哥占了,她们孤儿寡女咋办?

我很同情她的不幸遭遇,由此我感叹:人世间亲情何在? 金钱呀,你坑坏了多少人的良心?

有一位朋友对我说:"切忌把自己的兄弟姐妹和其他的家人拉进自己的商业经营里,特别是当你已做到了像袁宝璟那样的商业帝国时,你一定要把自己创业时帮助过你的亲人安顿好,免得影响亲情,也免得发生不愉快的事情。"

生意就是生意,那不是你的全部,为了生意上的怄气去搏命,则意味着你在商界的彻底失败。

我在唐山丰润李钊庄钢厂的那几个昧着良心的合伙人,他们为了控制联营企业财务大权,竟派人埋伏在途中抢了会计包里的财务印章。这会计是我公司出任联营企业的代表,他们欺人太甚,令人发指。换作其他人,岂能容忍此事,必定是个打得你死我活的结局。但我牢记着父亲当年对我的教导,当因为生意上的不快而产生和人搏命的冲动时,你一定要像看见毒蛇那样,看见它一吐信子就马上掐死它。你一定要记住,在"心"上给自己架把刀,那是"忍"字。只有忍人所不能忍者,才会笑到最后。你现在给别人低头,是为了日后更好抬头。

父亲还给我讲了当年韩信能忍胯下之辱,方才能够成就一番伟业,而法国的齐达内不能忍受一个意大利混混球员的几句话羞辱,结果与原本可以到手的世界杯擦肩而过。

诚信是经商之本。你自己必须守信,一诺千金,但对不守信的人例外! 你确认你一定能够做到的事情你才可以承诺,但不要夸大其词;你如果想一直做个商人,那么你必须树立自己的信誉! 虽然你可以不在乎外界对你的争议,甚至你也可以制造争议,但你不能失去信誉,否则你就不是一个商人而是一个骗子。信誉具体包括你如果和别人约了下午两点钟见面,那么你绝对不可以下午一点五十以前或者两点零一分以后出现;如遇交通堵塞或意外事件,那你必须及时通知对方,除非你出了车祸遇到空难昏迷不醒或者已经死亡,否则你都没有理由爽约、太早到或迟到太久,你的涵养就体现在对待对方不守时、不守承诺的态度与包容等方面。而一旦当你确认对方是在为了利益而一再欺骗你,那么你对对方做出的一切行为都不过分,甚至你可以将计就计,反过来给他画一个饼!

俗话说,要拿得起,更要放得下。那些你能赢得起但你可能输不起的生意最好不做。在做任何生意以前,你都必须考虑清楚,如果输了你是否输得起,而不是去考虑你如果赢了会怎样。在考虑输的范围时你也不要只考虑钱财方面,作为半个商人,有些东西你永远都输不起,包括你爱的人,你的家人,你的地位甚至你的信誉;所以你必须在做任何生意以前全面考虑清楚你究竟输得起输不起,如果输得起,那么 OK,你义无反顾地去做吧。

不管做什么投资,都不要把鸡蛋全部放在一个篮子里。不要先期投入太多,给自己留够底牌。不要把自己手里所有的牌全部亮出来,因为牌局随时会中途停止,而对方也随时会出新的牌,不到最后关键时刻,最好不要亮出你手里最有分量的牌,最后的赢家才是真正的赢家!

天下无事不可为,但商人有所为也有所不为。《菜根谭》上有句话说得好,"毋以善小而不为,毋以恶小而为之",说的是做人的道理,而生意也是如此:"不要因为利润少就不去做,也不要因为风险小就去做";同样,违背法律的事情不能做,违背道义的事情则坚决不能做。

我的一个经验是,慎重选择合作伙伴。无论是团队,还是个人,很多时候我们都渴望有能够和我们一起联手打天下的黄金搭档,但亲密战友是一定要慎重慎重再慎重选择的,慎重是对彼此而言,并非只针对单方,而亲密战友一定要符合下面这些前提条件:其一,他和你一定需要在一个战壕里一起战斗过至少一年;其二,在你没有负他的前提下,他对你所说的每一句话他自己都能负责任;其三,他必须是个实在而且能踏实干事的人;其四,他考虑更多的是你们之间共同的利益(无论是短期的还是长期的),而这个共同利益高于个人利益;其五,关键时刻他没有躲开,更没有出卖你或者大家,特别是在他能获得比合作利益还大的更大利益的前提下。以上五点缺一不可,否则彼此之间的合作不会长久。

有人曾经说过,不要在你的团队里有你家庭成员的影子,这话可以参考。无论是你老婆老公还是你父母,都不可以在以你为核心之一的商业团队里插手太多,因为以你为核心之一的团队接受的是你,而不是你的家庭成员。在你的团队全体成员主动接受并邀请你的家庭成员成为你们团队一员以前,无论你的家庭成员是谁,有多大的本事,或者可以给你们的团队带来多大的帮助,都不能成为你让你的家庭成员加入团队的理由。

虽然说无利不起早,但不要给人一种你过分在乎金钱与利益得失的印象。切记有所得就有所失,而有所失就有所得的古训,钱没有了还可以再赚,天下自然有的是你赚不完的钱和商业机会,所以何不在金钱与利益面前大度一些呢?更何况,更大的商业机会正在等着你去把握呢。基本上你应该没有时间去计较一时的得失才对,哪怕你有的是时间去品茗赏色。特别是对于那些已经不可改变的现实,最好的方法是微笑地面对,并耐心地等待东山再起的机会。只要你能坚持得住,机会肯定会再一次眷顾你的。

我们听说过很多因为炫富所带来的麻烦,甚至性命难保,所以要懂得低调,不要过分炫富。虽然面子对你而言很重要,但相对于你自己的人格魅力而言,有没有名车,有没有带游泳池的别墅,有没有高尔夫球会籍,有没有名贵的服饰,甚至发型这些都会显得微不足道;当然你可以按自己的喜好穿一双没有品牌的布鞋,甚至可以在你有时间的时候,飞到异国他乡去看一场你喜欢的球队的比赛,甚至你可以在很多人面前抽你自己喜欢抽的劣质香烟!过分露富对你没有任何好处,反而可能会为你招来无妄之灾。

还是那句话,做人要低调。虽然资本决定话语权,但你不应该轻易让别人知道你有多大的话语权。关心一下属于你的资本和你能控制的资本是正确的,甚至你该关心你的坏账和现金收益以及现金流量,但这些不应该让太多人知道;而当你意外获得一笔巨大财富的时候,你更应该学会不要把这个消息告诉别人!

俗话说,他山之石,可以攻玉。要善于总结别人的成败得失,但国外的案例你可以不用理会。不要羡慕别人的成功,更不要鄙夷别人的失败,你首要应该做的是学会分析和总结现象背后的本质,找出别人失败或者成功的全部原因,取其长,补其短,做你自己该做的事情。

有一句话,我说出来可能有朋友要反对,但我几十年都坚持认为它是正确的,那就是:商业永远是商业,而商业是有商业自身的游戏规则的。同样,即便你有很好的背景与资源,也不能轻易利用这些资源来解决你在商业中的冲突。既然选择了做商人,那你必须遵守商业中的一切游戏规则,愿赌就得服输,否则你千辛万苦打造的企业王国可能就会毁于一旦。

该放手时就放手,在能把握全局的前提下不要追求事必躬亲。如果你是男人,不要把自己搞得没有时间与朋友交流,最要紧的是不要让自己没有时间陪伴家人,以及放松和思考。如果你是女人,更不应除了生意就没有夫妻生活,长此以往,你的男人没有外遇才怪呢。所以,应该学会让别人去帮你打点生意,处理业务,虽然,业务的核心部分你自己必须牢牢把握。同样,把事情交给别人去做的风险你要考虑清楚并能够预防和掌控,以免你把事情交给别人去做以后,你自己又成了一名忙碌的救火队员,记住消防和救火是有区别的,消防的口号是"消防结合,预防为主"。

任何时刻,都要记得给自己留条后路,预防众叛亲离。可以在沉寂江湖多年以后重整旗鼓,但你不可以倒下以后就再也起不来。无论你是一个男人或是女人,你都必须给自己留一条属于你自己的后路,后路包括藏一个存钱罐,虽然里面只有几块钱,但你将来就是要靠这几块钱东山再起;后路也包括一栋法律意义上并不在你名下的房子(你可以有个地方一个人疗伤,以恢复元气),更包括一个并不经常来往的但很仗义,而且你也给过他很多帮助的朋友(他可以在关键时候收留你,陪你喝酒,而这样的朋友,一生中你能遇到一个也已经很幸运了)。如果实在没有后路,那么你就必须有去露宿街头沿街乞讨的心理准备,但那时候你只可以去向陌生人伸手,而绝对不要向你过去帮助过的、还欠着你很多债务或者人情但装作不认识你的人低头。

　　人都是要面子的,也是喜欢攀比的,即使在工作上也喜欢攀比,不管那是不是自己想要的。大家认为外企公司很好,可是好在哪里呢? 好吧,他们在比较好的写字楼,这是你想要的么? 他们出差住比较好的酒店,这是你想要的么? 别人会羡慕一份外企公司的工作,这是你想要的么? 那一切都是给别人看的,你干吗要活得那么辛苦给别人看? 另一方面,他们薪水福利一般,并没有特别了不起,他们的晋升机会比较少,很难做到很高阶的主管,他们虽然厌恶常常加班,却不敢不加班,因为"你不干有的是人干",大部分情况下会找个中国台湾人、中国香港人、新加坡人来管你,而这些人又往往有些莫名其妙的优越感。你想清楚了么? 500 强一定好么? 找工作究竟是考虑你想要什么,还是考虑别人想看什么?

　　不过话也说回来,对于自己想要什么,自己要最清楚,别人的意见并不是那么重要。很多人总是常常被别人的意见所影响,亲戚的意见、朋友的意见、同事的意见,或是过来人的忠告……问题是,你究竟是要过谁的一生? 人的一生不是父母一生的续集,也不是儿女一生的前传,更不是朋友一生的外篇,只有你自己对自己的一生负责,别人无法也负不起这个责任。自己做的决定,至少到最后,自己没什么可后悔。对于大多数正常智力的人来说,所做的决定没有大的对错,无论怎么样的选择,都是可以尝试的。人生道路有千万条,条条道路通罗马。比如你当初要是没有选择这个职业,没有加入现在这个行业,这辈子就过不下去了? 就会很失败? 不见得。

第九章　成金在黄昏

　　我常怀感恩之心,感谢上苍的眷顾,命运的垂青。有人幼年夭折,有人英年早逝;有人倒在老年门坎上,没能活到退休。

　　我庆幸自己拥有一个完整的人生,能够活出自己的洒脱,领悟生活的真谛,做自己喜欢的事,寻味独处的愉悦,领略美好的时光。带着这份天赐的福气,我去高山看日出,去海岸观波涛,去名山访大川,去跳舞飙歌。古代圣人孔子说,五十而知天命,六十而耳顺。世上最贵者,莫如生命。对天性的领悟,促使我为身心健康、颐养天年而静如处子、动若脱兔。

　　不积跬步,无以至千里;不积小流,无以成江河。生命就像河水一样,开始是细小的,被限制在狭窄的两岸之间,然后热烈地冲过巨石,滑下瀑布,渐渐地,河道变宽了,河岸扩展了。最后,河水流入了海洋,形成巨浪,永无间断和停顿,"黄河之水天上来,奔流到海不复回"。

　　我注视着早年所养的蚕结的茧子,兴致盎然,思绪万千。望着这些蚕固执地、勤奋地工作着,我感到我和它们非常相似,像它们一样,总是为自己的目标而打拼。有一分力,发一分光,有多大的能耐,就使多大的劲。如果一个人的生活到了无所事事、百无聊赖、消磨打发时光的地步,在我看来,仿佛是一种牢狱之苦,真是度日如年,简直无法忍受这种生不如死的精神折磨。

　　人不能生活在真空里,其情绪自然会因种种事情的影响,若没有顽强的自信来抵御,必会精神颓废,悲观失望。我对自己的健康有信心,即便到垂暮之年也还是笑对人生。因为我的生命是父母的厚赐,是一种责任,一种使命,尤其在此花甲之年,生命的时光无多,我就愈想增加生命的分量。去留住稍纵即逝的日子,我想将对时间的有效利用去弥补无情流逝的光阴,剩下的生命短暂,我要使之过得丰盈饱满。

一、结 缘 友 邻

古人讲,居有所安,心有栖处;开门而出仕,闭门而归隐。我从美兰湖朗诗小区刚搬到美兰金邸八号,正碰上邻居七号装修改造。七号的男主人齐鑫,北京人,30多岁,一口流利的普通话,中等身材,不瘦又不胖,脸色经阳光晒成了古铜色,黑黑的头发里略见几丝白发,高鼻梁上架着副棕色眼镜,他眼神有一种睿智,目光锐利,富有灵气。他身上友善的气质惹人注目,看上去相当正直,果断。

这小伙子年龄比我儿子还小,颇有一副少年得志的样子,见面便是连喊叔叔,说话和气,平易近人。他毕业于杭州大学,在上海一家电器公司推销产品,几年的拼搏,他得到师傅又是其领导的陈新阳的帮助与引导,创建了自己公司,在上海买了商品房。俗话说,百善先为孝,他做的第一件事,是把北京的老父老母接来上海一起生活。

齐鑫娶了上海姑娘为妻,又生了个宝贝女儿,家庭美满,其乐融融。他为了让父母和岳父岳母过上幸福的晚年,就买下了美兰金邸七号500多平方别墅。他老父近龄80,皮色很白,两道浓密的、白花花的剑眉,高高隆起的鼻梁,胡须修剪得很得体,额头上有几道浅细的皱纹,仍然显示着饱满的活力。老人在园子里种了很多蔬菜,有蒜、葱、萝卜,还有黄瓜、茄子、辣椒,等等。每次走过我家门前,便送一些瓜菜,聊聊家常。

我当过农民,知道农村生活可以让人感悟人间疾苦、人间真情。整齐的绿地,不仅仅是绿色,更重要的是孕育着丰收;绿树环绕着村庄,山区更有着青山绿水,果园飘香。在我看来,种菜的乐趣不只是在吃菜的时候,人勤地不懒,出一分劳力就能有一分收成。像苏东坡在《菜羹赋》里所说:"汲幽泉以揉濯,抟露叶与琼根。"老爷子在菜园花了不少心血,谷雨前后,栽瓜种豆、头伏萝卜、二伏菜,秋菜接上春菜。他来菜园子赶几十里路程,手里拖着装满瓜菜的方便车。他乐呵呵地说,这些菜是菜市场里买不到的。四围的住友邻舍,谁都不肯相信拖菜车的老爷子竟是从中央党校退休的。

齐鑫心肠热又好客,他聊起缅甸的汉白玉,滔滔不绝、逸兴横飞,在太阳下那眼睛显得明亮,就像两扇在夏天的野外屋宇里的洞开的窗子,是那么坦白,没有尘垢。我被他的激情坦诚和远大理想而感动,缅甸鑫华晖矿业股东四位,卢开晖、章寅初、齐鑫、陈新阳,四位股东投资了1000万元人民币,从2017年6月开始,花了一年时间,日夜奋战,将深埋在几十米下的大理石开挖了出来,2018年6月已月产量300立方米。目前,国家采取保护生态、整治环保的高压政策,国内很多矿业采石,几乎半死半活,有的被强制关闭。这或许是上帝的安排,给了他们走出国门的决策。

齐鑫带回了缅甸汉白玉大理石样品。我一看,简直被它迷住了!水晶般光亮澈明,像姑娘细腻的脸蛋,高雅、净化、白皙,令人倾倒,不胜欲望。我从娘胎出来定型了,身上有一股停不下来的孙猴子一般的折腾劲头。有人说我老了,但我自己从不服气,凭我的现状精力和心态,我还能干10年。

我有信念,即使全世界抛弃了我,我也不能自己抛弃自己。人生有很多梦擦肩而过,永不邂逅。我不奢望挣多少钱,做多大的老板,而是要看到我生命的奇迹腾空而起。这样,我死前可以问心无愧地说,我已经尽我所能了。

齐鑫看出了我的心思,他对我说:"叔叔,你能加入缅甸矿业投资,我们可以增添机械设备和工人,二班制作业。"他信心十足地告诉我,我的加入能让产量翻倍,我将得到丰厚的回报。他微笑和脸上的表情是那么诚恳、正直,而且表现出了他的自信力和聪明来。开矿,对我来说是一门陌生的行业,之前大半辈子滚打在钢铁的队伍里。目前,国家的经济转向重点,壮大发展国有企业为主流,对钢铁行业,国家以整治环保和淘汰落后生产设备和工艺为主,关闭了中频炉和环保超标的厂家,民营企业中多数实力不济的只能自生自灭了。

我广西的钢厂正和广钢国企谈并购,齐鑫推荐的矿山项目使我心动。我们毕竟是邻居,人常说远亲不近邻。齐鑫认真地对我说:"叔叔,我可以在合同上承诺,依法保证:我所陈述的开采矿石现状属实,已具备盈利能力,否则,宁做一辈子好邻居。"这番话,给了我更大的信心,钱只是单向的低矮的闸门,永远无法积聚起情感的洪峰,邻居是相处一辈子的事。而且以商言商,这是一个不可多得的机遇,国内的大理石价位日益上涨,国情和市场动向,有利于缅甸矿业并提供了成功的因素。

齐鑫确定了我和他们投资合伙的意向,召集了卢开晖、章寅初、陈新阳,在我家园子凉亭里商谈投资合同的草案。齐鑫对三位股东作了简介:卢开晖40

多岁,四川人,说话带有四川口音,"要的,要的"。他个头一米七三左右,方正的脸庞,一双眼睛特别有神,嘴巴总是挂着笑容。他带来了二瓶虎骨酒,对我说:"苏总,这是缅甸特产,治关节酸痛很有效果。"我接过礼物,向卢总表达感谢,就忙着给大家泡茶。齐鑫见我泡茶不内行,便让他妻子替代,他着重介绍了他的师傅即老领导陈新阳。这个人岁数也不过40,中等身材,却显示了出奇的智慧和深蕴的知识。他是个做事持重谨慎的人,是缅甸鑫华晖矿业的监事长。他对我方张律师的合同草案做了修改说明,着重评估了风险和责任,协商了股权和义务,以及企业章程。

陈新阳是一家上市公司总经理,博士学位,我们一见如故,很多问题都有统一的共识。还有一位是章寅初,四位股东中最年轻,人长得很赞,人称万人迷。这小伙子还没结婚,30出头,一米八多。他欧洲学业完成回国后,跟随他父亲一起,勘察石矿和营销大理石行业。也许他长年累月爬山越岭练出来的体质,身板壮得像钢铸铁浇的一样。他穿着短衣,隆起的肌肉,从衣服里突了出来,他笑眯眯地望着我,浓密眉毛下的一双眼眸,充满着生命并有着火样热烈的眼眸。他说:"有苏总投资,我们更有信心了。"他的声音那样生气勃勃,富有青春活力。

东晋诗人陶渊明写了一首《形影神赠答诗》,很能表达我此刻的心态:

纵浪大化中,
不喜亦不惧。
应尽便须尽,
无复独多虑。

我现在就是抱着这种精神,昂然走上前去。只要有可能,我一定要冲破年龄的禁锢,活出人生的自傲。心灵是一个人的翅膀,心有多大,世界就有多大。很多时候限制我们的,不是周遭的环境,也不是他人的言行,而是我们自己。看不开,忘不了,放不下,把自己囚禁在灰暗的记忆里;不敢想、不自信、不行动,把自己局限在固定的空间里……如果不能打破心的禁锢,即使给你整个天空,你也找不到自由的感觉。

"叔叔,这是鑫华晖矿业投资回报率分析,供您参考。"齐鑫十分尊敬地说。

接过分析数据测算表,像曙光就在前面,一种成就感充溢我的心灵。我们本着公平、公正、友好的原则,时钟的针脚还没走过午后五点,便达成了基本共识。我出资1000万元人民币,购买南邓大理石开采合作项目百分之二十股权,他们四个股东占合作项目股权百分之八十,南邓大理石开采五年合同制,这对我们有着一定的局限性,甚至是一种压力,因此,时间对我们来说,是决定成败的重要因素,是创造自我价值的最高体现。齐鑫对此坚信不疑,他身上从来不缺乏强大的激情。他有把握地说,我们的团队,具有竞争能力和经济实力,续签合同无可非议。

他坐在我身旁藤凳上抽烟,看烟头白灰之下露出红光,微微透露出暖气,我心头的情绪便跟着那蓝烟缭绕而上,从他的脸上我看到了一种特别的自信,特别的坚定。霎时,我那一颗徘徊在十字路口的心,果断做出了合作的选择。我不是野心家,追求的不过是一个简单、真实和踏实的结果,我不让那些东西永远停在愿望里,而是要去实现它们。带着火焰般的激情和必胜的信心,在创业的广阔天空中,高傲地飞翔,因为我始终坚信,胜利永远属于有梦想有智慧的勇士。此刻的我,仿佛听到了胜利的预言家在耳边呼唤。

夏天的黄昏,万物都抹上了绚丽而又纯净的金色,一幢幢环翠青秀的美丽别墅正在清静地度过这夕阳的夏日。天边渐渐地泛起层层红色的涟漪,云像波纹一样,慢慢地散开来。那层层漂浮不定的云,似乎像少女脸上的阵阵红晕。夕阳依恋着天空,温柔地注视着人们,散发着柔和的光芒。大自然在这幅画上尽情挥发着它的温和、美丽。夕阳依偎着山,层层光辉由深到浅,又由浅到深。我想,即使世上最好的画家,也不能渲染出这种美感。

我觉得眼前的一切都变得簇新,令人腾跃,我生来第一次感受这样的骄傲,我仿佛感受到了自己的四周都遍布了奇迹。"高山仰止,景行行止,虽不能至,心向往之。"太史公如是说。就像古人永远不能想到21世纪所取得的一切成果,正因为人类相信奇迹,今天的成就便成了一种奇迹。人只有信仰奇迹才能不断完善自己,才能通过不懈追求完成你不可能完成的"奇迹"。也正是因为奇迹,人类才能不断进步,日新月异。所以,当人们到太空去旅游时,去外星居住与外星人交谈时,人能够自行飞行时,到那个时候,你千万不要诧异,因为这正是奇迹的结果啊!鹰相信奇迹,才能飞击长空;蛹相信奇迹,才能破茧成蝶;人相信奇迹,才能完成梦想;国家相信奇迹,才能繁荣昌盛;人类相信奇迹,才能超越永恒……

天已降入夜幕，我还在纵情怒放，挥洒倾吐。这时，陈新阳拿着意向书催了："时间不早了，签了合作意向书，请苏总考察缅甸后，正式签协议。"我们都点头签了名，按上了手印。

傍晚，我的好感油然而生，上帝又赐予了我们一个美丽金色的黄昏，大自然在我眼前展开一幅夕阳无限好、成金在黄昏的风景，像生活在大自然的怀抱，给我快乐的向往，使我欣悦。生活中的快乐和宝藏要靠人们去寻找、去发现、去享受。不懂得享受生活的人，那和咸鱼有什么区别？可以说，我的乐趣就是我的支撑，真正的智慧来自生活，生活才是真正的艺术家，懂得生活的人才是真正有智慧的人。

"多好的园景，得好好观赏。"卢开晖提议说。于是，大家就走出亭子，风和日丽，蓝天白云，鸟语花香，在小区散步，感到心情舒畅，无比幸福。大家遛弯、聊天，畅所欲言，谈天说地，道古论今，乐而忘忧。

> 园里听到知了奏鸣曲
>
> 果然，金色的黄昏吻着地面
>
> 树在闪闪夕阳下变色
>
> 池里的鱼儿张着口
>
> 期待我给它们喂食
>
> 小狗狗摇着尾巴在园里兜风
>
> 炎炎酷暑，便留在园里避暑
>
> 夏天的夜，仙气缭绕
>
> 带来了美好的心情

常言道，每个人的心里，都有一道最美丽的风景。尽管世事繁杂，心依然，情怀依然，守住心底那最美的风景，成为一种风度，宁静而致远。每一天，不约而至，就是一种心情；每个人，擦肩而过，就是一次缘分；每条路，寒来暑往，就是一道风景，相遇靠缘分，相守靠真心，不是所有的人，都能一直在等，所以，机会来了就要好好把握，既然相遇就要好好珍惜。园里这么多美好的景色争相吸引观赏者的注意力，使人在每一株花木面前流连。

园里种了几棵名贵的黄杨,形成了一球球圆体,成就了一幅剪影。楼下西侧的罗汉松,那繁枝掩在金色的阳光里,色彩灿然,在晚风中摇曳,别有一种惹人怜爱的姿态。我头上树木的宏伟,我四周桂木的纤丽,我脚下花草的惊人香气,亭池里五颜六色的鱼儿,亭背那人造山石,九峰叠翠、石泉淙淙,亭前那小溪,细细静流,对岸楼外有楼,出神入化的佳境使我目不暇接。在亢奋激动中有时我想高声呼唤,啊!美丽的故乡!啊!美丽的故乡呀!如果有来生,要做一棵树,站成永恒,一半在土里安详,一半在风里飞扬,一半洒落阴凉,一半沐浴阳光。

我们一边观赏,一边聊起齐鑫家的别墅装修设计。实话说,他家的装修很多地方参照了我家的装修风格。他老婆方小也,30出头,中等身高,体态匀称,落落大方。从她的脸上,可以感觉到一种清澄,一种明亮,一种灵动。齐鑫对妻子的深爱,并不是甜言蜜语,也不是形影不离,而是让自己升华得更优秀。

我在朋友圈里说了,人真的很怪,夫妻常在一起的时候平静依旧,生活就像一杯白开水,喝着感觉不到甜蜜,但是离开了它,生命之泉就缺少了滋润。每次妻子去了加拿大,我总觉得心里少了最依赖的感情。齐鑫点赞说:"叔叔,你想阿姨了。"他说他也很想他的妻子和宝贝女儿,真的,好想,好想。有个名人说,爱情不是永恒的,可是追逐爱情是永恒的。齐鑫用自己的优秀,让爱情更充实,更崇高。

二、缅 甸 之 行

几天后,我随同陈新阳、齐鑫从虹桥机场直飞昆明,朱谷伟从广西直接登机,我们约好在昆明机场会合,然后又转机飞临沧,章寅初的车等在那里接我们去孟定。

我曾去过昆明很多次,昆明的特点,雨多,山多,菌多。以前我不知道所谓雨季。雨季,是到了昆明才有身临其境的感受,先是料料峭峭,继而雨季开始,时而淋淋漓漓,时而渐渐沥沥,下下停停,停停下下,不是连绵不断,是下起来没完。而且并不使人气闷,我觉得昆明雨季气压不低,我左脑缺氧也觉得气畅爽快,很舒服。昆明的雨季是明亮的,丰满的,让人感到一种动感。城春草木深,孟夏草木长,昆明的气候四季如春,昆明的山是浓绿的,昆明的牛肝菌,滑,嫩,鲜,香,滋味妙不可言。

我有打算,缅甸矿业采石见效后,在那里买套房,可以享有独特的大自然恩赐。对我来讲,一个城市是否宜居,除了自然环境外,还有很多别的因素。而昆明怀抱着这些气质,它对我而言是宜居的。"波光潋滟三千顷,莽莽群山抱古城。四季看花花不老,一江春月是昆明。"

我们约等了半小时,朱谷伟也到了昆明机场。朱谷伟是我广西钦州恒荣钢铁公司经理,跟随我也有十个年头了。他办事认真踏实,也勤奋吃苦,我很多决策都得听听他的建议。这次考察缅甸,我也让这个参谋从厂里赶来,如果这次广钢收购广西厂成功,缅甸矿业采石的重任,多半又要请他出任。实话说,他不论从人品还是工作能力都无可非议,信得过,托得下。朱谷伟最大的优点,为人和气,善于团结,原则性强,如果一个团队管理人之间,各自为政,互不尊重,就成了一盘散沙,仗不战而败。

陈新阳办好了飞临沧的转机手续,我们就赶到了登机口。那天昆明与上海的气候温差近摄氏十度,我幸亏带了外套,他们几个年轻火气大,仍然短衣短裤,没有半点示冷的神色。唉,人的岁月也极像循环不止的四季,他们的年岁处在春季旺盛的时候,而我的年岁已到了由秋至冬的边缘,犹如从斜度的山坡上走下去,即便不察其递降的痕迹,你不服老也得面对现实。

这时开始登机了,外面雨又下了。我坐在头等舱,透过窗外,那雨,在玻璃上嗅嗅闻闻,舔舔吻吻,像新郎吻新娘一样,多情多姿。在听觉上总是一种美感。雨,该是一滴湿漉漉的灵魂,浪漫的音乐。

昆明到临沧飞行时间约一小时,屁股还没坐热,便到了目的地。章寅初早就候在出口处,笑着对我们说:"你们真是好幸运,这天气我以为飞机又不能降落要返航了。"他介绍昆明飞临沧的航班,由于天气原因,返航是常有的事,不足为奇。他头发剪得短短的,显得格外精神,临沧赶孟定都是弯弯曲曲的山路,雨天路又滑,200多里山路,坐车急赶也得三小时。小章系上安全带说,找矿采石有七八个年头了,开山路习惯了,假如没开过山路,今天半夜也赶不到孟定。我同坐司机前排的位子,见小章座位右侧备了一瓶提神饮料。他开得很稳,始终保持在80车速。应该说,驾这高难度的路程,这车速算得上百里挑一的驾车高手了。

我不知怎么,坐惯了丰田阿尔法快速、宽畅、舒适的感觉,换坐小型现代汽车,像关在笼子似的,伸不直脚,直不起腰,累得腰酸背痛,疲惫不堪,或许老了经不起折腾,还是丧失了初期白手起家的那么一股劲,一股精神。

尘封的往事,历历在目,仿佛就在昨天。记得一天挣几块钱的日子,顾不上一个退伍军人的脸面,挨村挨户收次茹和茹根,半夜骑车赶几十公里路到市区换钱,过早没上市,放下麻袋躺在街头。我们这代人是从艰苦奋斗中走出来的,更应该懂得光荣的荆棘路。作家安徒生说,只有幸运的人才被送到条带上行走,才被指定为建筑那座连接上帝与人间的桥梁的不限年龄的工程师。

风霜洗去了轻薄的热情,初心洗去了我的疲惫和倦怠。不忘初心,方得始终,一个人做事情,只要始终如一地保持最初的信念,最后就一定能够成功。初心易得,始终难守,最初的美好梦想、伟大信念是很容易树立的,但实现梦想、坚守信念的路却很坎坷,能够做到坚守初心、善始善终却很难。相信每个人都有自己的梦想。只是经过时间的打磨,大多数已经渐渐地被尘埃覆盖。其实只要像太阳花一样,每天面朝太阳,那么心里总会有一片清明,可以记得初心。其实无论生活多么艰难,多么忙乱,只要我们心无旁骛,总能待到水滴石穿的那一天。

一路上,我们说说笑笑,聊了很多事,少了疲倦的感觉。这里的天像孙猴子的脸,说变就变,忽雨忽晴,一会白云回望合,一会儿青霭入看无。越靠近孟定,气温越高,路过的山,坡势陡峭,探出头观望,山沟深不可测。山沟边,明明有水流,却听不见雨声,车开到主峰盘道,山峡回环曲折,满山野花野草,什么形状也有,什么颜色也有,挨挨挤挤,芊芊莽莽,有的松树像一顶墨绿大伞,有的石头像莲花瓣,有的像大象头。快到孟定的山路上,雨天冲塌的泥石盖了半片路面,值得庆幸的是,我们的车挤了过去。不知是上帝开恩,还是一种合作成功的兆头。

下午五点二十分,我们赶到了孟定,关口的工作人员已下班了,章寅初说,晖哥已订酒饭,今天走不了。

孟定,人口约五万人,素有"黄金口岸"之称,地处云南省西南部,归耿马县所辖,是连接东南亚和南亚大陆的枢纽,距省会昆明802公里,距缅甸故都仰光1162公里。这里居住傣、佤、回等22种少数民族,傣族人口占75%,镇内街道宽敞,高楼林立。古朴浓郁的傣族风情,小巧精致的佛教干栏式建筑,独特的热带、亚热带自然风光,是云南省唯一的副县级乡镇。

我们在马路桥口的酒家坐了下来。齐鑫、章寅初忙着张罗饭菜,我和谷伟见对面街头水果摊没落市,便走过去买了一些当地产的时鲜水果。我还吃了一盒臭豆腐干,因为是糖尿病患者,饿过头就会低血糖,整个人就会头昏冒汗。正所谓自病自得知,健康是创造财富和奇迹的本钱,这把年纪了还不对自己好点,更待何时。

这酒家的桌台摆设在院子里,木柱瓦砖,竹篾墙,前廊后夏,木棚下不能避风,因为有木柱而无墙,风来则棚若凉亭,自有它的个性和特色。饭桌小木凳显得很矮,夹菜几乎弯着背。桌面上酒菜摆满,大伙都饿了,不等晖哥入座,便动起筷了。这菜的口味,酸醋口重,和越南的菜一样,不对我胃口。或许我的口味刁,还是吃惯了清淡民食。半晌,晖哥来了,跑得满头汗流,他很热情地和大家打了招呼。卢开晖和家人定居在孟定,他夫人在孟定开了一爿珠宝店,小孩都在孟定读书。

晖哥要来一瓶啤酒,小章揭开瓶盖,那瓶口的气直冲上来,像泡沫一样,差点喷在我衣上。朱谷伟平生最爱这口,白酒二两,啤酒一瓶。卢开晖,简称晖哥,他年龄略比齐鑫、齐寅初大几岁,股东之间称兄道弟不见外。酒友常说,酒逢知己千杯少。他们凑到饭桌,吃得津津有味,一会儿举杯相邀,一会敲盘击筷,那热气腾腾的气氛中,满口采石的话题。菜虽不对口,却觉得我们之间越靠越近。谷伟喝酒上脸,一瓶啤酒,红到脖颈,像涂上了一层红红的油彩。

饭毕后,雨已停歇了。卢开晖把我们安排在他朋友开的宾馆。那宾馆并不豪华,却隐蔽在花环之中,大厅门前有个园子,树木枝叶繁密交错,湿湿的围墙上爬满了葛藤,水泥地上还留着一块块积水的洼地。天色略带一点淡灰,呼吸着清新的空气,远离了城市的喧嚣。虽然万籁无声,我感到吸进肺的空气那么清新。他们安排我住的套间,客厅有玩牌的自动桌台,卧房的床又宽又大,睡在床上显得人更矮小。梦里觉得自己睡在无边无际的大草原,而自己就似一匹脱索的老马,焦躁地寻找何方才能走出一条"黄昏成金"的路。

我很欣赏一位哲人所说:"诚实地向自己展开自己,这是人生一道优美的风景线。"常言道,"人贵有自知之明",把人的自知称之为"贵",可见人是多么不容易自知;把自知称之为"明",又可见自知是一个人智慧的体现。我有一点自知之明,知道自己笨,我的笨不是脑袋不够用不好使,而是在面对眼前竖着"容易"和"艰难"两个路牌的十字路口时,我永远都会义无反顾地选择"艰难"的那一边。从大到小,在数不胜数的选择中,我一而再,再而三地这么干,就这样一路沿着"艰难"的路牌走过来,跌跌撞撞,步履维艰。

我很喜欢唐朝诗人王勃的《滕王阁序》:"老当益壮,宁移白首之心?穷且益坚,不坠青云之志。"如今即便是老了,我仍像齐鑫他们一样,热血沸腾,斗志昂扬,梦始终在奋斗的路上。因为我确信,无论一生遭受多少困厄和艰险,我们依然相信光明大于暗影,成功本来是在风险中孕育出来的。那夜,我想得很多,我无法适应凝然不动、静如死水的生活方式,出来的时候,也听到老友们的劝说,黄土已盖半身,岂想提着自己头发从泥里拔出来,我笑了,不得不承认,我就是自找苦吃,但是总比躺着吃老本强,因为我此生的梦,不希望寄托于来世。

第二天早晨,卢开晖和他夫人,带我们去关口,很快办了出境手续。一根烟的工夫,车进入了缅甸的地界,这时,车停在两国分界的石碑旁,拍照留影。那石碑不大,至多60公分正方,石碑正面刻了"中国"两个红字,反面刻了"缅甸",石碑立在并不起眼的花草丛中,青藤绕裹,地上长上青衣,清瘦的翠竹摇曳生姿,算不上风景如画,却有千般的娇,万般的柔。

车已钻进了一片丛林山群,橡胶树植茂盖山,花木香味咄咄逼人,红颜绿色的果子挂满枝头,树林中曲径幽幽,犹如通往天国黄金大街的小路,我的狂喜之情无法言表。在此之前,从来有人告诉过我林中景色有多么奇美,我原以为缅甸的山林和广西钦州丘陵一样,山不见流水,树木憔悴。然而,我却在这里看到了一片生机盎然,带有着女性般的诱惑力。

车盘上山中峰,是烟是雾,我辨识不清,只见灰蒙蒙一片,把老大一座高山,上上下下,裹了一个严实,车越过中峰,正如杜甫诗中"会当凌绝顶,一览众山小",一望山壁,悬崖峻嶒,石缝滴滴答答,泉水和雨水混在一起,天略晴一刻,云雾穿梭来往,耳听虫唱鸟鸣,绿木盖掩了山的躯体。烟雨中感悟一番,千峰如笋,泉水淙淙,生灵腾冲。章寅初介绍说,山的海拔四千多米,我们的采石基地在半山腰间,车大约开了半小时。

我们在采石扎寨的营宿停了下来。齐鑫说,这几间铁皮工棚,是工人和我们的生活区。我走进一看,和初期在广西建厂的工棚一样,铁皮瓦,十寸砖壁,水泥地,露天厕所。最要命的事,这地方手机没信号,也没网络,真是成了与世隔绝的世外桃源了。电话走出去才好使,齐鑫和章寅初就在这艰苦的环境里和工人同吃同住。可见,创业是多么艰苦,而这种艰苦境遇,现代的年轻人很少能承受的,他们一头挑着创业的收获,一头挑着未来的耕耘,一步步走向无穷的创业之路。

从生活区到工地有一千多米。路高低不平,路面铺的废碎石块,坡斜,走下去脚板得使力撑住下滑。齐鑫陪着我,一边介绍工作情况,一边讲述筑这段路的故事。他说,地方要发展,先筑路,而我们这里,要成功,必须筑实路。前几天,雨把路基冲塌了,石料车轮陷在低洼坑里,挖机推,铲车拉,足足花了六个小时爬出来。路不坚实,雨天走不了重车,客户定的料无法运出去。

他说,我们花了很大精力、物力,目前的路百分之八十完工了。路的两旁都挖了排水沟,否则,三天打鱼,两天晒网,商定的计划就成了纸上谈兵。这一切让人明白,磨刀不误砍柴工的道理。简单地说,办厂必须做好三通一平,路通,电通,水通,工人进厂,必须具备食堂、厕所、住宿,就像打仗也要做备战工作。准备工作看来平常,却是赢得成功和胜利的保证。我们大家几乎每天都生活在冲锋前的准备之中,也有人会说,有些事情是我们个人的力量所无法控制的,对于这些事情,做再多的准备也没有用。打住,我得提醒有这种想法的人,虽然你无法控制危险的发生,但可以凭借充分的准备来减少甚至避免危险所造成的损失。

齐鑫晒得黑亮的脸上执着、淡定,毫无半点灰心的情绪,一个创业者的责任心和不畏艰难的毅力,决定了成功和失败的关键。从齐鑫身上,我看到了团队的战斗力和希望。那眼前一层层汉白玉砌成的裸体,看到了创业者的心血和劳动果实。劳动的喜悦是人生的极大成就。我喜欢听《劳动最光荣》这首歌。歌里有勤劳的小蜜蜂,有爱玩耍的小蝴蝶。我特别喜欢提着小桶在花丛中飞来飞去忙着采蜜的小蜜蜂,从小就非常敬佩爱劳动的人,以及靠自己的双手勤劳致富的人。齐鑫的老父常夸,我儿子是最优秀的。章寅初父亲对我说,我只有一个独生子,家里也不缺钱,儿子在这么艰苦的环境里创业,心疼,舍不得啊。是的,常言道,可怜天下父母心,我也很爱我的儿子,愿自己一生辛苦和汗水给儿子创造优越的生活条件和环境,舍不得我曾吃的苦,让下一代去尝试。齐鑫的优秀,尽自己最大的努力,给家庭一个完美,让家人为他骄傲。他深情地对我说,我要让妻子带女儿来缅甸,看看烽火连天的采石战场,汉白玉是怎样从大山里开掘出来的,爸爸的钢铁意志是怎样炼成的,给女儿成长引见成功前的曙光。

走了半段斜坡,汗泡湿了上衣,脸上的汗,淋得眼睛都睁不开,体力有点支持不住了。我爱好面子,在小伙子面前装伪得毫不示弱,打肿脸冒充胖子。近临现场,采石工人,有的在爆破,有的在钻洞眼。钻石的有四个点,挖机正在开拓采石平台,铲车在配合短距搬运。

齐鑫介绍说,这批四川工人吃苦能干,雨天或高温气候,像机器人一样,无视炎热雨天的艰苦环境。这领队的肖师傅说,齐总比我们更辛苦,亲临现场指挥,起早摸黑,任劳任怨,老板的榜样,是无声的命令,工人哪有脸偷懒。肖队那般真情流露,感动了在场所有人。有人说"最凉不过人心,而最暖的也是人心",现在很多人感慨企业留不住人才,很多企业人才流失,很多员工拿了年终奖明年就不来了,这些都已经成为正常现象。但一位老板打从心里关心员工,用实际行动温暖到每一位员工的内心深处,对方也自然愿意留下来为他工作。老板愿意提供"暖心",员工自然愿意付出"衷心",老板你只有把企业建立成为员工的温暖港湾,员工才会与你风雨同渡、同舟共济。当老板和员工成为风雨同舟的一家人的时候,企业的凝聚力也就上来了。

我拍了拍齐鑫的肩笑着说,我投资就冲着你这股劲来的。说穿了,采石有风险,这矿山探测钻勘80米,往下开,一千多米深,天王老子都无法保证下面有多少资源和质量。齐鑫实说,我能保证控制人为导致的质量问题,但是,我无法保证下面的汉白玉如愿所求的质量。

他擦了擦额头上的汗接着说,我不能保证月月如意的产量,但是我能保证累月均产不折不扣,按年度效益计划完成。他实话实说,黑亮的面庞上,像画了一张宏伟的规划图。

我领教过艰难和风险的压力,成功与失败的感受,非常能够理解齐鑫的心情和激动的情绪。人的一辈子都在成与败的高潮和低谷中沉浮,只有最平庸最无能的人,才从来没有经历这些,像一潭死水一样地生活着。

成功和失败是人生这座大学里分量最重的两门课程,在成败这两门课程中,最重要的两个原理是两个效应:第一个是马太效应,即强者恒强,弱者恒弱,成功是成功之母;第二个是相反效应,即反其道而行之,失败为成功之母。在不同的环境、不同的人身上，这两种效应交替发挥作用。失败是成功之母，这句话有一定道理，但不是绝对的，它有一定的适用范围。试想一下，假如我们现在尝试某种事物，一开始就失败了，那还能不能像开始一样自信呢？如果我们屡屡失败，从未品尝过成功的甜头，还会有一往无前的必胜信念吗？

齐鑫凑到我身旁，指着一大片层叠如玉的大理石说，这片段碎石杂料都挖清了，就像杀好的猪在枕木上，宰肉罢了。

齐鑫那种创业者的狼性特征，从小胆大敢干，勇于尝试新鲜事物，别人不敢干的事情，他敢于去冒险，骨子里深信自己生下来不是平庸之辈。他有强烈的赚钱意识，他会想尽一切办法让自己变成富翁，变成在他妻子和女儿心目中最棒的丈夫和父亲。

陪我上山的谷伟、阿德，我发觉他们在暗暗议论。阿德吃石头饭几十年了，以他的经验，从石头外表能判定大理石的材质级别。我很想听听行家的实话，便走近问："阿德，料场的汉白玉品质怎么样，实说无妨。"他说："初期开采的，有裂缝和瑕疵正常的，挖下几层便见正果。"他又接着开导，开山采石，一口吃成胖子是不可能的，这活不像冶炼一炉钢，电脑控制，一个炉一个批号。而天然的东西之所以弥足珍贵，少之又少，是由沉积岩和沉积岩的变质岩形成，从中有各种天然元素组合。我慢慢知道一个道理，这些汉白玉，品质完美的，通常都在中底部。

阿德读书不多，像传授学生讲课的老师，津津有味，头头是道。我生平做什么事总急于求成，极容易激动，这是我的一个很大缺点。在采石程序的问题上，曾和齐鑫产生过分歧。他主张在注重产量的前提下，必须具备作业的一定条件，而我认为，时间就是金钱，见石便是钱，烂泥萝卜擦一段吃一段。齐鑫坚持从实际出发，批评了我所主张杀鸡取蛋的思路。幸而事后还能客观分析，周密思考，从齐鑫的战略中我明白了从长远利益考虑问题。

打仗先挖战道，采石先筑平台。他带我看了作业区的分布现场，七月份以筑路拓展作业平台为主，八月份必须把七月份的生产指标补回来的同时，突破八月指标。我错了，该纠正的就纠正，该向人道歉的就道歉，必须由理智来控制大局。

我相信一句话：知错能改，善莫大焉；不忘初心，方得始终。

是啊,人无完人,金无足赤。人在这个世界上生活、工作,就难免会犯错误,而知错能改才是最重要的;当别人犯了错误的时候,要以宽容的心态来对待,给他反省改过的机会。人最大的愚昧就是明明自己错了,还死不承认,固执地认为自己都是对的。他们总是以自我为中心,认为自己有个性。其实个性不是顽固不化,不是将错就错。一个明智的人,不仅知道自己的缺点并且善于改变自己的缺点;一个智慧的人,不仅知道自己的错误,还能立即改正自己的错误。一个大丈夫,不仅敢于承认自己的错误,还敢于面对自己的错误并努力更正自己的错误。

走上作业区制高点,我驰目远眺,环顾四周,一大片绿意扑面而来,那山林青翠,生机盎然,熏风妩媚,群鸟欢歌,烟雾云舞。山看不到顶,天看不到边,似乎飘着的雨丝儿也都是绿的。整个采石作业区,犹如层层的梯田,层层汉白玉似乎闪亮的白银,采石者流出的汗像腾起的缕缕蒸气,变成薄纱似的轻云,平贴于空中,就如一个山里的姑娘,穿了绝美的蓝色夏衣,而颈间围绕着一段绝细绝轻的白纱巾,我没有见过那么美的天空,那是创业者的心血和智慧绘画出来的奇景。

汉白玉,是诗是画,是情是歌,多少次让我魂萦梦牵。我与汉白玉同席对饮,它竟纹丝不动;我同它嘻嘻哈哈,它竟面无笑容;它对我如此陌生,是不是相处少,还是我哪里怠慢了它,我百思不得其解。

也许我对它少了齐鑫、章寅初、卢开晖炽烈般的热情,像他们那样无微不至对它的关爱。我并不生气,也没怨言,唯一的希望,能让它懂我。一个花甲老人,不辞劳苦,千里迢迢,穿山越岭,跨越千山万水,跑到异国他乡,就是为了见你,一睹你的芳容,一亲你的芳泽,不是为了赶来寻欢作乐,也不是来游山玩水,因为我知道我老了,不愿活在喊口号、做美梦、听讲座、毫无半点实惠的日子。愿存下的余光能与它看到生命的奇迹。我在心中默默许愿:亲,你应该给我勇气,成就我的自信。

创业很艰难,不是每个人都有这个命。在寻找方向的过程中,往往不是一帆风顺。"创业"这两个字意味着艰难、心酸、孤独……但依然有很多人能从这两个字之中感受到希望并憧憬着未来,他们为了理想一声不吭地默默坚持着。

听陈新阳介绍,原先我们的石矿和邻边石矿都是同一个创始人。他叫李卫国,也是上海人,他带着人马,勘察,劈山,筑路,花费几年时间,将要初见成效的时候,因患癌症,中途身亡。他在佤邦口碑很好,就是没这个命。而他的伙伴,因国内大理石市场疲软,顶不住风险的压力,自卑自怜,放弃发财梦走了。

从这说明,一夜暴富的造梦时代已彻底破碎了。陈新阳像打鸡血,吃了精神鸦片一样,底气十足地说,还是我们命好,花了一年时间,便开出了半个山腰的汉白玉地。话题转过又说,上帝又给我们机遇,国内关闭了多半的采石矿业,却给了我们有利条件,销售不要发愁了。

雨大起来了,涓涓的水声变成轰轰的雷鸣。有时风过云开,在底下望见山林,影影绰绰,耸立山头,好像并不很远,弯弯盘转,仿佛一条灰白大蟒,匍匐在山峡当中。

不知不觉间,车已到了缅甸鑫华晖矿业公司门口。据说这楼还有大园子,都是鲁书记家的,公司花钱重新将楼和园子装修了一番。这片园子面积接近五亩,楼前大半都种了玉米。一眼望去,整片玉米就像一个个从山中采花归来的美丽的少女,头上插着白色的尾羽,在风中轻轻摇曳,她穿墨绿色连衣裙,怀中抱着一丛五颜六色的野花,清风吹来,裙衣摆动,她轻轻起舞,用优美的身姿与色彩,快乐地向人们讲述着关于丰收的故事。

园子四环砖砌围墙,墙上敷了泥灰,楼间一楼一底,三上三下,阳台前廊摆着茶台和藤椅,几个穿着便衣的女兵和男兵忙着打扫院子,见我们回来了,便过来泡茶。

佤邦实行兵役制,那些军人看起来是实行终身制的,他们花甲之年后由子女替代,每月军饷200元人民币,大米50斤,每隔几年发一套军衣。卢开晖对我说,石矿上的事,常差他们搭搭手脚,跑跑腿,公司得为他们买几套军装。我毫不犹豫地说,必需的,我和卢开晖都是军人出身,对当兵的人有一份一见如故的感情。这些当兵的小兄弟,一张黝黑的面孔,浓黑的头发,健壮而匀称的身躯,从头到脚,黑不溜秋,而一双像熟透了的葡萄一样又黑又大的眼珠,蕴满着机灵和乐观的神态。

天已入黄昏,时间已近八点,在缅甸的傍晚赏景,平生还是第一次。我望着天边亮光,竟在发呆,是不是老天偏心,一样的天,却偏差如此大,现时上海已月星闪光,而眼前却清楚看到吹笙舞风松,虚无缥缈的雾,看得见雨后玉米枝叶上晶晶的水珠,斜阳从树叶的空隙落下来,在泥地上,在墙楼上,一抹一抹的金黄色。

偶尔也听得玉米田里虫在叫,最令人触景迷醉的那雾中的连绵的山峦,山光水色,千姿万态。瞬间感动,心头充溢着阵阵狂喜,也许只有纺织女才能织出这种勾魂的画面。

桌上,饭菜丰满,大家围着吃得很香。有一种菌子,中吃不中看,叫作干巴菌。乍一看那样子,真叫人怀疑,这种东西也能吃? 它的颜色深褐带绿,有点像一堆半干的牛粪,也有点像一个被踩破了的马蜂窝,里头还有许多草茎,撕成蟹腿肉粗细的丝,和青辣椒一起炒,入口便会使你瞠目结舌。

卢开晖的夫人,不论年龄比她大的还是小的,都喜欢叫她大姐。也许是由于她人和气的原因,大姐的眼睛,灵活,锐利,把什么思想都尽情显露。她总是从正面看人,明净的前额,披上浓密的黑发,更惹人亲近。

饭后,大姐从自家的果园子里,摘了一竹篮子火龙果。她说:"苏总,火龙果糖量极少,你的血糖高,适量吃几个也倒无妨。"大姐和孩子都已加入了中国籍,按中国人的传统风俗,树高千丈,叶落归根。

陈新阳手头活儿忙,一个人在四个地方顶老大,一会儿接电话,一会儿发信息,真是忙得不可开交,我顾不上插嘴。这次赶来的目的,主要是召开股东会议,围绕相关的实质性问题展开协商和决策。陈新阳说:"赶了一天路,股东会议明天上午开吧。"接着他笑着说,晚上陪大姐打四川麻将。阿德马上表决:"行!"这话音刚落,麻将桌上都坐满了。我知道自己是个急性子,要是换在我的地盘,股东会议绝对是说开就开,一言九鼎,下面无人多嘴。但这次是和别人合伙,看来我也得改改一言堂的家长作风了,大家相互合作,就必须学会相互尊重,互相包容。

齐鑫没有参加打麻将,他陪着我聊了一些事情。过一会儿,他还得赶回工地。我的主张是,石矿的大型挖机和铲车晚买不如早买,有机械化设备,便有机械化效益。齐鑫也赞同这观点,他负责地说:"叔叔,我要为你投资负责,原先股东会明文规定,杜绝股东之间尔虞我诈,恶意侵占公司财物,三万元人民币以下处十倍罚款,三万元以上将取缔持有股权。"齐鑫说话的神色十分严肃,对员工不会绞尽脑汁编织一套中看不中用的"梦想",继而压榨他们。他和我的主张相似,都认为必须人性化管理。

我能理解齐鑫的规矩,因为我创业的过程,的确是血雨腥风、痛彻心扉的回忆。创业,并没有传说中的那么容易,排除艰难和险阻并非就可以靠所谓的"成功学"来诠解。德国伟大作家歌德说过,理论是灰色的,生活之树常青。我们从成功学中学到的东西,永远不如从自己的挫折、失败和痛苦中学到的东西管用。那些没有经历过真正的创业失败、诚惶诚恐、彻夜难眠的人,根本没有资格奢谈成功。

天黑了,雨下个不停,齐鑫穿上雨衣,跳上车,冲向苍苍交叠的山影。缅甸的雨,即使在梦里,也似乎把伞撑着,连思想也都是潮润润的,看来雨停不下来。时间近半夜,桌上的麻将牌还碰得啪啪响,卢开晖便开车送我和谷伟先回佤邦宾馆。

我在昆明考察氧化镁时,曾碰上一个老乡,叫楼国强。我们互相加了微信,还留了联系电话。他曾是我们这石矿的元老,多才多艺,谈起事来像演说家,使人听得入迷,他向我介绍了佤邦的风土人情。

楼国强年龄比我略小几岁,他和章寅初的父亲是好友,他们一起投资研发从碎石的含量中提冶氧化镁,已花了近九个头年。章寅初父亲称得上魔鬼身材,近60岁年龄的人了,腰直背板,身架丝毫没走样,背影去看,会感觉他像是个18岁的少年,十个姑娘九个爱。难难可贵的是,他身上总是散发出一种创新、研发、不畏风险的精神,此刻正与长沙某大学科学院合力研发从碎石中冶炼氧化镁的项目。据他们实践测试,国内的碎石中含量,至多20%的氧化镁矿质,而缅甸的矿石中氧化镁含量39%,相比之下,废碎石成了宝,从效益上看,也是一份可观的收入,双方都皆大欢喜的事。

那夜,我怀疑自己是不是茶喝多了,睡在床上翻来覆去合不上眼,雨刷在窗玻璃上,鞭在墙上,打在阔大的芭蕉叶上,像时钟走的针脚声,滴答滴答滴答地响着。

缅甸并没有传说中说的那么恐惧,四处都是刀兵,四处都是喘息着生和死的呻吟,四处都洒滴着血和泪的遗痕,大仗小仗常有,人身安全得不到保证。有的人一说去缅甸旅游便一脸惊慌失措的样子,像要他命似的,不敢,怕挨子弹,我不评价他们怕死,还是珍惜生命,只想将我的所见所闻告诉他们,缅甸很安全,并非在恐惧的枪林弹雨中生存,即便让生命像关在保险箱里,撬保险箱的案例也不少见。你不论在何方何地,那种想象不到的意外谁都无法预料和控制的。

三、再 次 出 发

我揭示这曾经发生的案例,说明一个简单的问题,人不是生活在真空里,生死不因恐惧而能回避。人有旦夕祸福,天有不测风云,意外处处都有,不以人的意志而转移,不论在哪个地方,哪个国家,做人低调和气,遇事理性,你便有一种相应的安全感。我们在缅甸创业,为当地政府作贡献,实现奋斗的目标,这才能打造企业和人生的安全保障。

第二天,卢开晖接我和谷伟在方便店吃早餐,卢开晖告诉我,昨晚麻将打到天亮五点多,大姐大获全胜,齐鑫安排好工地的工作赶过来参加会议。

这次股东会议由陈新阳主持,会议议程是:第一,设立董事会和矿业的领导班子。第二,讨论企业的规章和财务制度。第三,讨论石矿设备投资的决策。我猜想一开始大家都有所顾忌,说话没有放开。或许是情面,或许是见解不同,迟迟没谈到重点。我没有耐心,觉得毫无价值,磨时间简直是浪费生命,最后还是"倚老卖老"地直奔主题。

我提议,由企业法人卢开晖任董事长,齐鑫任总经理,陈新阳任财务及法务总监,章寅初任副总,朱谷伟任总经理助理。我还提议,董事会是企业的最高权力机构,决定总经理的任免和企业的重大决策。总经理职责,是履行贯彻董事会决议和目标。

会议的气氛肃然静了下来。齐鑫再三推辞,我执意推荐,卢开晖任董事长,齐鑫任总经理,选举在热烈的掌声中通过。会议上,股东们也给我戴了一个高官头衔,名誉董事长,我笑着说:"你们太抬举我了,那我就毛遂自荐一下,担任老龄会会长,也许挺合适的。"所有人听到后,会场上响起了欢快的笑声。

陈新阳出笔很快,逻辑性也强,半杯茶工夫,已形成了文本。然后,一条一条,修改确认。对实质性问题,从长远利益展开了深入研讨,从实从股东利益考虑,如何规避风险,实行利润最大化,会议达成了一致的决议。

好的开始是成功的一半,这次股东会议非常重要,很庆幸的是,这次会也开得很成功。陈新阳意想不到如此顺利,感到团队的战斗力和凝聚力,史无前例高涨,成功走向势不可挡。陈新阳透露,过去曾为一个问题不统一,闹得鸡飞狗跳,敲桌击盘。

有件事是我挑起来的。在担保问题上,齐鑫、章寅初、陈新阳均有上海的房产抵押,而对卢开晖我不知根底,因此,让他们三人做了反担保,这挫伤了卢董事长的自尊心。为此,我真诚地向晖哥道歉。我想向他解释,生意场上几十年摸爬滚打下来,什么样的人我都见过,不是生性多心怀疑,而是无数次的教训成了"惊弓之鸟"。但是我坚信,人与人之间只要多接触多交流,想法会改变的,心态也会改变的。之前和晖哥彼此沟通还不充分,这次考察了缅甸,彼此增加了了解,打消了我很多顾虑和担心。

晖哥在大是大非问题上,原则性强,思路敏捷,为人处事值得信赖。会议结束,近午后一时了,便坐下吃饭,不讲究形式。即便家常小饭桌,眼前仿佛萝卜染了色,西红柿雕了花,地瓜叶、南瓜叶,清香四溢,是饿了产生幻觉,还是夸张其辞,这顿饭吃得有滋有味,有一种前所未有的大快朵颐之感。我经常感叹道,胃才是最好的评委,来时准备缅甸多住几天,趁身子还利索,多跑几个地方,贴近更真实的人间烟火,给自己一个真实的自我。有句话叫趁现在阳光灿烂,抓紧放飞自我。有一种幸福,叫作不辜负好时光。人的潜能是无穷的,缅甸也没有让我失望,再一次让我有了自我实现的成就感,让我在创业中完成了一次全新的自我超越,发现自己还有这样一种全新的可能性。

陈新阳和阿德急着回国。朱谷伟问我,是走还是再待几天。我觉得齐总和章副总忙得不可开交,卢董和大姐忙着小孩上学校的事又走不开。人老了识相点,欠情难还,决定一起回去,免得下次多付一笔路费。

章副总分管统计和出纳的具体工作。临走时,在我心里的疑惑必须要解开,藏着掖着不是我做事情的一贯风格。六月份财务报表和现场石场的实际数量,据我目测尚有偏差。陈新阳的月报表,只是汇总而已,我想要看到的是详细的流水账目。

财务和实际操作,像一个没成熟的孩子,和父母不在同一城市生活,仅听孩子的电话,你能得到孩子成长真实的结论吗? 或许这比喻不恰当,我只是想说清楚一个问题:月底盘货,必须由生产部门、统计部门、销售部门共同估量估价,再由总经理审核签字认可后,上报给陈新阳,误差必须降低到百分之十以下。我要的结论必须具备真实性,亏是亏,盈是盈,实际多少产量就多少,不必弄虚作假,更不能隐瞒事实。

财务是股东的窗口,也是指挥员心里的尺度,如果财务给股东提供的是不真实的月报,股东们像无人搀扶的盲人,走到了悬崖,还不知已面临死亡的边缘。失真是财务的大忌。

我和章寅初交换了想法,希望在短期内清盘库存,给股东们一个真实的交代,否则,我的心像挂在半空悬着。陈新阳有些不耐烦了,走了吧,工作的话永远谈不完。是的,工作是没有理由的心疼和不设前提的宽容。

一路上,雨打在车的挡风玻璃上啪啪响,无心观赏眼前所有山水美景。我并非怀疑投资石矿的选择,也丝毫没有减退念头,而是在琢磨如何加强石矿管理,切切实实落实在行之有效的点子上。股东会上,顾不上自己是刚刚入门的新股东,也顾不上占股权多少。

我唯一的想法其实很简单,就是决定做的事,必须做大做好,投资必须有回报,失败对我说,已经没机会了,老龄人,上帝都不允许我失败了,也不再给我翻身的时间,也许年轻不在乎,他们有足够的时间,恳望股东们谅解和支持。

会上,我再三提议,石矿必须组建经营领导班子,股东的权益在董事会,经营管理的班子,必须具有一定能力和有资历的人选,股东有建议,或则发现问题,可通过董事层面协调、推荐、处理,充分发挥经营者的积极性和他们的职权。否则,股东都为老板,这条船必翻无疑。

以齐总为首的新的经营班子,我不怀疑他们的执行能力,卢开晖对我说:"苏总,我不关注过程,关注的是结果。"我觉得卢董的话,淋漓尽致,入木三分。经营者肩上的压力不轻呀,有压力才有动力,这话言之有理,我们都在巨大的压力中拼搏,比一般人付出多五倍十倍的努力,甚至更多。

钱多的不一定比钱少的活得自在,活得乐趣。就说家乡的同辈和村民,罗店老镇改造后,房子都拆了,土地也被征用了,每家每户新房分了几套,看病有医保,退休有退休工资。我原来的司机杨金宝,一幢楼房分了五套商品房,一夜之间成了千万富翁。他活得比他老板轻松多了,想钓鱼便钓鱼,想玩牌便玩牌,想喝酒便喝酒,想旅游便旅游,自得其乐,活得洒脱。而他的老板还在创业道路上摸爬滚打,一刻不停地闯荡折腾,在艰险的路上来回奔波,一般人还真是受不了这份苦差事。从缅甸赶路回上海,飞机坐两次,四个多小时,坐车赶路四小时,累得腰酸背痛,压力大,还会失眠。俗话说,只见贼吃肉,没见贼挨打。在旁人眼里,他们的老板坐的是好车,住的是好房,可是他们没有看到老板背后付出血泪的代价。

也许人与人之间人生观不同,我对自己的选择无怨无悔。我走的是血淋淋的路,舔的是刀口上的血,我再苦再累无所畏惧,也不需要有人可怜和理解。我自己选择的路,是苦酒,是毒药,愿为自己的信念,奉献毕生的精力,甚至生命的代价。我不为别的,让我儿子记住,父亲的爱,融化在你们的快乐和幸福之中。当你们安好的时候,如果我走了,清明莫忘了坟碑上献一束花。

我的喉咙突然卡住了,心里一阵心酸,说不出的味道,压倒了回家的喜悦和期待。我仿佛听到有一阵声音在催促我,叫唤我,西边越走越近了。我在心里回答,不用催促我,我正忙着,西方是一切人的归宿,我也不例外。实话说,我并不是害怕那个地方,只是在走了这么长路以后,我真想停下来休息片刻。然而我不能这样做,因为我必须珍惜当下的每一分每一秒,"一万年太久,只争朝夕",我可以停下来,但是生命的车轮停不下来,不管你愿意不愿意,每天朝西方非走不可。

我前面还有多少路呢?我说不出来,也没想过,愿上帝在我归西的地方说个情,放慢脚步。我的黄昏岁月已经留给了缅甸石矿,我的灵魂在石矿上安营扎寨。我知道,缅甸的路也不会比过去的更笔直,更平坦,但是我并不恐惧。我眼前还闪动着汉白玉的影子,几个年轻的股东像小号兵那样,挺直着胸膛,举起喇叭,吹着嘹亮的冲锋号。而采石工人像战士,枪尖的刺刀闪着寒光。还有挖掘机和铲车的轰鸣声仿佛让我看到了,我们的团队冲向了山峰,吹着喇叭的红绸子迎风飘扬着。

回到上海时,已经是晚上。谷伟回市区去了他儿子家,我习惯了清静的生活,孤家寡人住在1 000多平方米的别墅里。夜幕徐徐落下,园子一片碧绿,听不到一点声音。门下院里凉亭下的鱼儿,都在池底仿佛睡着了:它们真的很好看,白的像白玛瑙,红的像红宝石,紫得像紫水晶,黑的像黑玉,一条条,一群群,美得不可胜收。

我的四近越来越黑了,雨点在我头上乱跳,忽然一转身,发现齐总家的隔墙角有两个碧绿的东西在发亮。哦,那是我看见的老猫,老猫又生了一群小猫了,常在园子里窜来窜去,成了园子里的常客。我弯过大门跑去菜田,夜幕中,茄子,黄瓜,西红柿,辣椒,挂在青藤上,舒舒展展地在上面待着。

我回家第一件事,先去接我的宝贝回家,它是我最忠诚的朋友。柯柯(英文名字 Coco)出生在美国,孙子他们喜欢,就养在加拿大家里,家里养了两条狗狗,柯柯和它的哥哥卢卡斯(英文名字 Lucas),它们常为主人的宠爱"争风吃醋",好不热闹。

柯柯体重不过 10 斤,而卢卡斯 80 来斤,柯柯岂是卢卡斯对手,常被欺侮,像一个弱不禁风的小女孩受了委屈,敢怒不敢言,可怜不堪。于是,儿媳把它送回了中国。别看它不过 10 斤,藏在旅行袋里也足足有余,再小它也是小生命,狗狗在加拿大是受法律保护的,虐待狗狗是触犯法律的,它也有一定的地位,回国上飞机必须给它买票,儿媳说花了 9 000 多元人民币。

柯柯到家,穿着贴身的花衣,手舞足道,像一个快乐的孩子,一会疯蹦,一会打滚,嘴里还咕噜咕噜汪汪叫,不知它说的英语,还是汉语。从它的眼神里可以看出,一定在说,老爷爷,你的家和园子真大,好玩,好开心。柯柯好聪明,很懂得见风使舵,我老婆在,它寸步不离跟着,还会做出一副讨人喜欢的怪脸,其他人都近不了它身。每次见我老婆回来,它像孩子似的,站起来,张着手,嘴啃着她的腿,示意抱它,可爱极了。

这小家伙真是人小鬼大,门槛精得很,老婆去加拿大了,它唯一的靠山是爷爷了。就会献股勤,坐在我腿上,一会替我抓痒痒,一会舔舔我手,打牌它睡在我桌底下,写东西它跳上我坐的椅上休息,晚上睡我枕边上。被它迷得晕头转向,甚至在生活中成了我家人一样。

一会儿,我小舅子把狗狗送回了家,它刚洗好澡,白净净的,香香的,几天不见,它扑在我怀里,摇头摇尾,又亲又嗅,像走失的孩子又回到了家似的,格外激动,兴奋。

人是到了家,而我的心却还在石矿上。我的投资款,按照合同在八月底前全额打进了合伙人的账户。卢董、章寅初来信息说,全款已收,还说了几句开心话:苏总,守信,可敬。守信,是商人必须具备的品行。有句格言说得好,诚信是企业的最大财富。一个团队,一个公司,发展靠诚信,赚钱靠诚信。

石矿有今天的规模,就是靠诚信打造出来的。有一次,我和齐总闲谈家常时,齐总把他娘说的话告诉我,做什么不要为了自己利益,损害他人利益。是呀,君子取财,取之有道,不义之财使不得,这条乃是团队的禁令。第二天,便接到章副总来电,我们库存的石料,老爷子托旅长找了家客户,按照原先定位的价格,打包一次性处理。他还说,现在开采出来的料,比前期的质量好多了,价格也涨了三四百一吨。卢董盯得很紧，齐总一手抓生产，一手抓销售，石矿一派大干快上的新高潮。

我做事的风格，一是一二是二，好的要更好，对存在的问题不能姑息。原先签约的两家代理商，为何不履行合同，章副总给我做了解释，一家实力小，资金周转不了停了，这家已经构成了违约责任。齐总指示给对方发函提出警示，否则，取缔代理商资格，没收保证金，另一家在履行合同中。

商人有商人的规矩，生意有生意的法则。从实践中摸索出来的契约精神，自古到今都必须得到所有人的遵守，除了政策、法令，和不可抗拒的自然因素外，任何一方不得中途变更或解除，违约是没有责任、缺乏严肃性、也是不讲信誉的行为，违约人必须承担另一方的经济损失，不是不给对方面子，或者定论为心狠手辣，而是一种规矩，一种自我保护的定律，否则，生意不成了儿戏。

我在石矿经营上没有担任具体职务，而是作为一个股东主人翁的身份，可就石矿的管理，为大家献谋献策。毕竟在商场滚打了40多年了，多少积累了经验和教训，尽管行当不同，但是管理上还是有很多相通之处，很多道理是一样的。采石工艺和轧钢工艺一样，设备是提高产量的重要因素，而要优质多产的决定因素是人。

佤邦雨季雨多雷多，而且维修配件很多从国内采购过来，一个配件坏了，便会停工减产。一个指挥员要学会十个手指弹钢琴的能耐，不仅要有一支有专业技术、能吃苦耐劳、踏实肯干、兢兢业业、有责任心的开采队伍，还要有对企业的信心。天好大干，雨天抢着干，心里要有目标，步步扣紧，确保季度均产实现，对设备的保养和维修落实到人，像维护一架飞机启航前的检修准备一样，严格考核各种设备的工作效率，加强岗位责任制，尽早实行蹲岗工资制。此外，还必须在制度上落实对员工的奖罚分明，季度均产完不成指标，没有任何理由解释，结果是检测一个指挥员唯一的水准。

五年的合同期，目前一年已经过去了，时间是无情的，钟的针脚不会停留，浪费时间，等于加重成本。我们是商人，商人的脑袋里都装着计算机，不是一台游戏机。开采出一个立方费用多少，装口袋多少，心里都必须一清二楚。

我们有400平方米采石的作业区，而我们目前的胃口，一半都消化不了。人不能被尿憋死，应该从智商中借助外部力量，横向合作，我们作为资源投资，而另一方承担前期开山的经费，采石所得的净利润，各得一半。我们深知，想要有所收获就必须前期有所付出,既不给马儿喂草,又要骑着马儿背钱跑,世上哪有这般好事?这个道理既适合做人,也适合办企业。智慧便是金库,像石矿一样,取之不尽的财富。

花甲之年的人,有很多还没如愿的事想去圆梦,时光不允许我静坐休闲,得为自己一生做出评估。人入黄昏,难免多想,此生最英明的决策,就是选择后辈移民。移民后,你会有更多的时间陪伴家人,家庭关系会更加亲密。如果你看重这一点,那么你非常适合移民。我从不后悔选择了移民这条路,这是一个新的开始。

齐鑫、章寅初和陈新阳,他们三人投了近一千万元,也只花了一年的心血,一千万元的盘子成了五千万元盘子,这账可算不可计较,商机先给了他们,成就了他们,也给了我未来的希望。有一个故事说,有一块大理石,曾被多位雕刻家批评得一无是处。有些人认为这块大理石采凿得不好,有些人嫌它的纹路不够美,用它绝对雕不出好的艺术品。总之,他被批评为一块不受人赏识的普通石头。但是,当意大利著名的雕刻家米开朗琪罗以独特的眼光,和这块人人认为无用的石头相遇后,它就成为举世瞩目的"大卫像"了。我觉得每个人都应当成为一名雕刻家,他的雕刻对象就是自己的人生。我也希望自己就是米开朗琪罗,善于在那些看似平常的东西身上寻找到它的闪光之处,善于把平凡的人生过得不平凡。

他们给了我承诺和目标,给了我信心和真诚。不是花言巧语,也不是高谈阔论,而是让我从他们身上看到了石矿的明天,石矿的美好未来在我面前不再那么遥远,变得那么触手可及。石矿不是一束中看不中用的美丽花朵,而是一块外表朴实,内在珍贵的璞玉,它是我们每一个创业者用心血谱成的最珍贵的诚信,最珍贵的信誉。诚信,是一股清泉,它将洗去欺诈的肮脏,让世界的每一个角落都流淌着洁净。

诚信并不是一句美丽而动听的赞词,而要落实,兑现自己的承诺得到这至高无上的声誉,不是谁都容易做得到的。

七月份的雨季,给石矿带来了前所未有的艰难和压力,天忽雨忽雷,雨可以穿着雨衣不影响作业,而打雷不能拿工人的生命作为赌注,丧人性的活不能干。

卢董、齐总从不向老天低头,利用可利用的时间,从战略和战术上,调动一切积极因素,填补指标和份额的不足,石矿团队经历了老天严峻的考验、信心和毅力的测试,像雨中的四面林木,更昌盛茂繁,显得生气勃勃,齐总几个月不回家,坚守在石矿工地上,不是不想家,他想,想得入心入肺入骨入髓。一种难言的柔情,即使不言不语,即使山高水远,他与家人依然贴近,惺惺相惜没有远离,家人就是那个走进自己内心深处的挚爱。

他爱妻不辞辛苦,带着她父母和女儿上矿探望丈夫,按常规说,齐总应该让他家人住宿在瓦邦宾馆,而他的安排却令人出乎意料,他让家人住在山上的铁皮临时工棚里。那工棚我去过,粗糙简易,外涂瓦灰,漆灰多处已经剥落,地面刮了一层水泥,特别返潮,天下雨水泥地潮乎乎的,工人都挤在工棚里,雨来能蔽风雨,雨大则渗如滴漏,像废品站回收的锈旧集装箱,厕所设在露天,几根树干搭成了三脚架,上面盖着铁皮,风大左右摇曳,尿急顾不上遮羞,凑合罢了。

这地方的艰苦环境,齐总和工人都习以为常了,换我一天都难待,宁可睡在车里,也比住工棚强,若让我住这地方一个月,不得痴呆症才怪,这工棚四周除了绿林蓝天外,一片烟雨茫茫,通信设施不具备,如同困在与世隔绝的山腰中间。

齐总的家人,毕竟生活在大城市里,过惯了舒适的生活和优越的物质条件,住这工棚里,像换了另一个世界似的,从琼楼玉宇和摩天大厦落魄在木棚土瓦屋里,很多人不理解,我能懂,齐总很爱他女儿,他爱的方式并不是仅仅给予丰厚的物质享受,而是怎样升华女儿道德观念和提升价值的追求。

他说,让小孩从小有个好习惯,就是做有益于自己、有益于他人、有益于社会的事,从小逐步形成一种惯性。齐总对我说过,要让女儿体验父亲创业的艰难和辛苦,理解"谁知盘中餐,粒粒皆辛苦"的道理,我知道齐总的心思,要让女儿目睹,父母的成就是怎样拼搏出来的,钢铁是怎样炼成的。

他爱人很心疼丈夫,更敬重丈夫的责任心和创业不畏辛劳的精神,眼前她的丈夫,不光是为了家人更好的明天,更是受董事会的委托,代表股东利益的执行官,又是石矿大业的统帅,石矿正处于吹响冲锋进军号的千钧一发,指挥员的岗位举足轻重,她知道齐总没时间陪着兜风赏景,逛店购物,作为一个女人是多么希望爱人能翻山越岭直达心灵,给她特别的感动,而齐总用他的优秀,能穿越千里触动妻子和家人的心情,给家人勇气和信念。家人为他骄傲,爱人为有一个好丈夫而庆幸。

有些情,无须轰轰烈烈却能深深铭记在心底一辈子,真正地懂得,不必言语、不必刻意,有时只需浅浅一个微笑,真正懂得是一种心情,一种欣赏,更是一种心灵的默契。

齐总爱人在工地上,为丈夫洗衣收拾房子,带着女儿在采石场军训式教育引导,齐总对我说,她女儿很懂事,好学、礼貌、善良,必须培养她创新能力和实践能力。

几天后,他家人都走了,齐总言出必行,和采石队立下誓言,八月份一定拿出成绩,给股东一个交代。卢董事长和章副总赶往厦门和福建水头镇,选购挖机、铲车和考察大理石市场。

四、再见,我的老伙伴

回首过去,吃钢铁饭已 40 多年了,这段路有过辉煌,也有过低谷。如人饮水,冷暖自知,时常感到疲惫,有过多少无奈。很多故事已经写在《浮沉岁月》之中了,此处就不再赘述。事业的发展不是一帆风顺的,商场如战场。市场环境瞬息万变,同行如摔跤场上的对手,卓越的背后是血淋淋的灵魂,导致战场爆发的根源就是金钱。

"恒荣是我,我是恒荣。"记得恒荣的发展,是从小作坊里的钢材搬进搬出一步步发展到万吨轮船装运钢材钢坯的规模,这是来之不易的成果。过程中有过忧伤、烦恼、酸楚,有过兴奋和精彩,这神出鬼没的钢材市场,连上天都摸不透它的心思和企图。

2018 年 11 月,钦州恒荣钢铁厂转让给国企——广钢集团新材料公司,卸下了我一个钢铁老兵的盔甲,少了压力,多了休闲和老有所好的兴趣,人都是有思想和感悟的,钦州恒荣钢铁从唐山、上海迁建在广西钦州,我付出的心血无法用语言表达,只能说是我一生的造就和奋斗的血泪史。

一纸转让合同,结束了我曾经倾注大半生心血的钢铁生涯。今后我将全身心地投入海南自贸港建设的大潮之中。我满腔热血,心潮澎湃,干劲十足,一股热情冲刺在海口盛荣投资有限公司、广西柳钢代理商、申华口腔、海口广昌房地产开发有限公司和金水门餐饮有限公司的营造浪潮之中,这些合作项目进行得如火如荼。此外我还参与了广西柳钢的代理商和矿业的国际贸易。

我在矿业项目中投入了 1 500 万元。我投资的"汉白玉"矿业项目,地理位置极佳,它毗邻中国与缅甸最大的通商贸易口岸云南孟定镇。尽管由于疫情暴发,一定程度上影响了国际贸易和货物流通,但我着眼于未来,仍然有信心把矿业项目做好做强。

国家在海南设立自贸区,为我在海南的一系列投资项目创造了天时地利人和的优越条件。我与当地医生投资创办了一家牙科诊所"申华空腔",我是控股方。我们的指导思想是在海口地区开设三家连锁的牙科诊所,从上海引进高端牙科人才与我们开展合作。这家诊所的服务设置和医疗设备一流,开业以来受到患者和家属的一致好评。海南不仅是投资创业的天堂,也是颐养天年的风水宝地。我把海南当作第二故乡,为了营造一个老有所安、心有所属的心灵港湾,这几年我在那里倾注了大量心血,争取无愧我心,不负韶光。

第十章 夕 阳 无 限

"前不见古人,后不见来者。念天地之悠悠,独怆然而涕下。""初唐四杰"之一的陈子昂,留下这首千古绝唱时常在耳畔萦绕。俗话说,人活七十古来稀。时光荏苒,岁月如梭。抽刀断水水更流,没有人留得住时间。转眼之间,我也快 70 岁了。当年 60 岁生日时的情景,历历在目,恍如昨日。今天的我,站在古稀之年的门槛上,回首过去,有感悟,也有感恩;面对未来,有梦想,也有期待。

一、草 原 之 约

现代社会,旅游已经成为一种时尚,成为越来越多国民的共同爱好。游览祖国大好河山,又能锻炼身体,享受健康生活。每年的节假日各个旅游景点都会挤满游客,尤其是那些比较著名的景区,每到这样的时间,各大新闻一定会争相报道各地的盛世境况。

这次从缅甸石矿回来已是 8 月 6 日,我便赴承德万利通集团张建勇董事长"草原之约",从浦东登机直飞海拉尔。海拉尔位于内蒙古呼伦贝尔市,是呼伦贝尔市政治、交通和文化中心,也是呼伦贝尔市人民政府所在地,因其旁边的呼伦湖和贝尔湖而得名。她还是世界三大草原之一,世界上最优质的草原,蒙古族发源地,内蒙古主要的畜牧区,出产著名的三河马、三河牛,境内有上千个大小湖泊。

我们的"草原之约"两年前就确定下来了,这次终于有机会大家都有空闲。团队的成员包括来自海南、唐山、上海、承德的新老朋友。为此张董做了周密的旅程安排,也花费了不少精力和费用。我们准备尽情畅游大草原。

张董和唐山泰钢孙董的人马是开车赶过来的。而我上午 10 点就到达了海拉尔,张董派了车接我先在海拉尔宾馆住下。海南周财兴一家五口将于 11 点 50 分到达机场,而孙书舟是张建勇董事长的结拜五弟,我和他虽见面不多,但他待我却像老朋友一样,热情,好客。他到房间找我说,12 点在大堂集合出去吃中饭。我笑着对书舟调侃说:"真想吃你店的烤全羊。"

还记得上次我和妻子带了朋友去承德避暑山庄游乐,张董安排去书舟店里吃烤全羊,这美味至今回味无穷,称得上人间至味。我没来过呼伦贝尔,听人常说,这儿的草原很美,蒙古族的手抓羊肉好吃。张董曾介绍,蒙古族人从小吃惯羊肉,几天吃不上羊肉就会想得慌。

蒙古族极爱喝酒,此话所言不虚,而且几乎每饮必醉,那里有句俗话:"骆驼见了柳,蒙古人见了酒。"——骆驼爱吃柳条,蒙古族人爱喝酒。蒙古族人非常好客,草原上流传这样的美谈:有人骑马在草原上漫游,什么也不带,只背了一条羊腿。日落黄昏,看见一个蒙古包,下马投宿。主人把他的羊腿解下来,随即杀羊腿。吃饱喝足之后,那人便和主人一家同宿在蒙古包里,酣然一觉。次日一早,主人送客上路,便二话不说,给他换了一条新的羊腿背上。

这个典故我是听张董讲的。他真是见多识广,国内国外风俗习惯了如指掌。让我印象深刻的还有他讲的那些官场里的顺口溜,真是让人忍俊不禁,和他在一起也长进了不少知识。

12 点了,我按约定时间到了大堂,书舟带着我和财兴一家人,请我们在一家有名气的馆子吃手抓肉。我们走进包房,便闻到一股羊肉味扑鼻而来,满屋子都是烤炙的肉香,这气氛就能使人增加三分胃口。

按照当地的习惯,

饭前先喝奶茶。内蒙古的奶茶制法比较简单,不像西藏的酥油茶那样麻烦,只是用铁锅放一锅水,水开后抓入一把茶叶,加牛奶,放一把盐,即得。

桌上有各种做法的羊肉和羊腱子,书舟攥了一大块肉,用刀把肉割成碎块,让大家吃手抓羊肉。

"好吃吗?"书舟笑着问。

"好吃!"大家异口同声回答。

手把肉,也就是白水煮切成大块肉。一手把着大块肉,用一柄刀割了吃。书舟用刀子割肉真有功夫,一块肉吃完了,骨头上连一根肉丝都不剩。周财兴夫妇吃羊肉像牧民一样,使刀子也有三分功底,盘子的羊肉两三下切了下来。他的儿子和外甥挺喜欢吃,没等他父母切下肉块,早就按捺不住大快朵颐的热情,筷子摆开了夹肉的姿势。财兴和他妻子酒量均可,三四瓶啤酒像喝白水,大家吃得脱得只穿一件衬衫,足蹬长凳、宽衣解带,一边大口地吃肉,一边割剔,酣畅淋漓,好不痛快。

在我一生中吃过不少地方的羊肉,我以为蒙古族手抓羊肉是当之无愧的第一。如果要我给它一个评语,我将毫不犹豫地说:无与伦比!

下午三点多,各地赴约的朋友都齐了。张董开来一辆全进口车,孙来斋董事长和孙书舟都开车来了,张董还在呼伦贝尔租了两辆越野车。团队指挥部决定,今天赶路太累了,晚饭后,留宿海拉尔宾馆休息,明早八点出发,旅程第一站——莫日格勒景区,包括两个景点:额尔古纳和根河。

莫日格勒河发源于大兴安岭西麓,由东北向西南,流经著名的呼伦贝尔大草原,注入呼和诺尔湖后流出,汇入海拉尔河,全长290多公里,属中俄界河额尔古纳河水系。莫日格勒河是一条河道十分狭窄,但却极度弯曲的河流,如果从空中俯瞰,蜿蜿蜒蜒的河水,就像是一条被劲风舞动着的蔚蓝色绸带,悠然飘落在碧绿如玉平坦无垠的大草原上,一会儿东行,一会儿西走,一会儿南奔,一会儿北进,其弯曲程度,用九曲十八弯来形容是远远不够的。

兴之所至,诗意盎然:

> 草原一片碧绿净土
> 拉开了草原之约的帷幕
> 重逢的友情分外亲切

我们没有生意的交易

更不以金钱权衡高低

十多年情义如呼伦贝尔的蓝天白云

春夏秋冬心里形影不离

草原为我们的友谊作诗作画

羊群在山坡上唱赞歌

群群牛和马如昂首在绿草上的乐队

奏成最美的友谊交响乐

　　第二天早晨,我们坐车赶到额尔古纳。千百年来,多个民族生产、生活、繁衍生息创造了这里独特的人文环境。额尔古纳是蒙古人发祥地,境内留有蒙古祖先穴居遗址、室韦部落传说、黑山头古城遗址、三河原、金界壕等。

　　啊!美丽的额尔古纳,远远比我想的美多了!有河、沙滩,有鹅卵石浅滩,有草甸子,踩在上面像练梅花桩,有山,山上是原始森林和不计其数的灌木。

当团队的车驶入草原深处,这里有山的男性威力,水的灵动,云的缥缈,风的洒脱,茵茵绿草,丛丛鲜花,点点毡房,袅袅炊烟,像少女的祈祷,那样迷人心醉,神飞梦萦。

呼伦贝尔我来啦!

呼伦贝尔大草原闻名于世的美丽风景,给团队人都有美好的心情,很多人还是第一次来草原,手机忙不停拍照,特别是财兴一家和海海、婷婷,玩疯了,摆出了各种姿势和造型,有坐在越野车头的,有草原上展开双臂拥抱大自然的,有跳的,有奔的,有躺下的,有相抱的,摄下了一张张不胜亢奋的留影。

周财兴和妻子,已有两个孩子,大的十五六岁了,照片上谁都看不出他们是父子、母子关系,给观众造成错觉,像哥哥、姐姐、弟弟似的,财兴双臂展开,跃空跳起来的兴奋,他妻子站在鲜花丛中微笑的甜蜜,定睛望去,他们两口子上草原,仿佛欢度新婚蜜月一样,浪漫,亲热,疯狂,情不自禁……

泰钢董事长孙来斋,重情重义,在朋友中的口碑,赞论不绝。我和他交往了近20年了,他是我在唐山唯一值得深交的朋友。孙董好酒量,一杯白酒毛三两，便一口入肚，脸色不变，他是那种"宁伤身体，不伤感情"的豪爽性格，从来不会让人觉得不够朋友。这次赴草原之约，孙董顾不上身体欠佳，坐了 15 小时的车，累得酒喝不下了。他和我一样得了糖尿病，由于工作的压力，50 多岁的人有点见老，张董和孙董也是结拜兄弟，张董排老大，孙董排老二，天津马总排老三，老四没见过，书舟排老五。

他们五兄弟有事无事经常约在一起，寻味一份超然物外、与世无争的愉悦生活。他们认为，享受生活乐趣是自己正常的活动，而营商才是非正常的活动。我认为，他们持有这种看法是明智的。我们的责任是调整我们的生活习惯，而不是掏空身体，是使我们的举止井然有致，而不是把自己泡在"钱河"里无法自拔，这样，金钱非但无助于幸福，反而还会折断那"蜡做的枪头"。

车进入了辽阔的草原，中隔有一条河，说河又浅又窄，说沟却水茫茫一片。越野车从浅滩上开了过去，那不是前后轮启动的车，轮胎打滑过不去，同队有一辆车已陷在浅滩上进退不是，孙董和司机小冯从车里拿了绳子去帮忙。我走到河堤上，不由得惊喜交加地站住了脚。

近处，凉飕飕的，润湿而又清新的雾气中，横着蔚蓝、清澈、深邃的小溪，水里鱼儿摇摆着身躯，仿佛同我一起贪婪地享受草原风景。夏夜的草原给人一种沉静的惬意。月色朗朗，微风徐徐，灯影摇曳，虫鸣啾啾，草香幽幽，是何等的姣丽、静谧。而草原赏月更是别富一番意趣。当皓月中天，银辉四溢，满天的群星都黯然失色。不似在城市所看到的月亮——虽圆却也小得可怜，无精打采地透出萎靡的淡黄微光，这里的月亮又大又圆，白白亮亮仿佛悬挂在空中

的银质托盘,那皎洁的月光洒下,似薄纱,又似清清流水从草上淌过,愈发烘托出草原的宽阔圣洁。

抬头远望,四环青山消融在亮晃晃的晨岚之中,山脊好似一条细细金线,逶迤于半空之中,草地细密而柔软,闭上双眼,微风抚摸着脸,呼吸着清新的草原气息,直沁肺腑。山坡下,马儿正低头吃草,细嚼慢咽,像仪态端庄的贵人,在这天堂般的绿色草原上,群群白色绵羊悠闲自在,遍地粮草,养成了它们不紧不慢的心理。总之,没有什么能够阻挡它们,它们成了自由王国的主人。

张董说:"今年天公作美,雨量充足,草肥水美,生机盎然。"草原空气湿润而干净,虽然不像想象的辽阔无边,却让人陶醉,不是雄壮而是柔和而连绵,是自然而实在的美。草地里传出虫鸣声声,就是看不到虫儿的影子。爬上对面的小山坡,我已是气喘吁吁,坐在地上不想起来。上面有敖包,噢,原来敖包是这个样子,临走的时候远远地拜了敖包,自己感觉样子怪怪的。下了山坡,坐在草地上近距离闻着花香,不想时间过得太快,仿佛我们都变成了孩子,没有任何的顾忌,可以好好地疯一把。

这世界充满着爱,生活中有人让你默默怜惜,也会有人牵挂你,爱无须多言,深藏在一个人心中。有一种爱,能穿越千里触动你的心,再长的路也是近的,再淡的水,也是甜的,再长的夜,也是短的,再冷的天,也是暖的。这次的草原之约,物有所值,因为它播满了暖暖的友爱,还有无法忘怀的情感。

张董玩得有艺术,他是我们这个团队的专业摄影师,专业的照相机肩上扛着,航拍遥控无人机在头顶上飞着,望远镜手里拿着,全身上下一副现代化高科技的装备,有了他,草原成了摄影圣地。张董的五弟,像草原上的侠客,处处有绿林好汉,他去每一个风景名胜,都有朋友宴请。在满洲里途经的那个民族寨子,书舟买了很多大家喜欢吃的甜瓜,在他朋友赵哥的蒙古包里,圆桌可坐20人,酒菜丰盛,为我所欲,大快朵颐。

吃煮全羊是非常讲究门道的。佐料便是酱油、韭菜花之类,羊肉是现杀、现煮、现吃的,口味鲜嫩,回味无穷。吃羊贝子也有规究,必须先由主客下刀。赵哥邀请张董下刀,切下两条脖子后面的肉,然后其他客人才动刀,各自选取自己爱吃的部位。那天,赵哥和张董、书舟喝多了,宴后,在月牙湖的广场中间,堆了木材,燃火冲天,客人们手拉手围着火,又唱又跳,周财兴和他的妻子,跳得那般恣意,宛如青春少年般,给予你来年的希望与活力,也为他们夫妻营

造了神秘与完美的人生。

　　月牙湖,水天一色,风光旖旎,这些都是其他任何景点所无法比拟的,自然的原貌,没有任何人工的痕迹。我相信,如果我能够洞悉月牙湖的奥秘,我也许不会体会这种令人惊异的心醉神迷。

　　月牙湖有一段美丽的传说。公元前33年,王昭君出塞和亲,行至黄河渡口处,望着滚滚而去的黄河水,心中不胜凄凉——渡过黄河,离长安便又远了一步。临行前,昭君下定决心,一路上绝不回头,可刚一渡过黄河,心中对远方父母的思念猛然涌上心头。于是,她情不自禁地回头望着家乡的方向痴痴发呆,不知不觉泪水滑过脸庞,滴落在河岸的沙地上。昭君走后,她的泪水化作一汪湖水,形似月牙,人们称之为"月牙湖"。还有一种传说,月牙湖是月老的化身。

　　傍晚,风景无限好,夕阳霞正红。华灯初上,万籁俱寂之时,我在湖边来回踱步,曾经多少次地扪心自问,人生何意,为何而活。心里涌上一种"剪不断理还乱"的感慨和惆怅,看来苏东坡讲的"不识庐山真面目,只缘身在此山中"很是切中肯綮。最后,还是书舟发来的答案给了我启示,得之坦然,失之泰然,随性而往,随遇而安,一切随缘,是最豁达而明智的人生,不管是阳光灿烂,还是聚散无常,一份好心情,是人生唯一不能剥夺的财富。

我的年龄已进入人生之秋,也如黄昏里的夕阳。张董说,最美不过夕阳红,地球上再也没有能与这相媲美的了,人生犹如变化着的四季,有着不同的色彩,不必为晚霞落叶悲伤,而是要正视现实,把握好人生的第二个春天,不再意味着落日黄昏,不再意味着孤独寂寞,正是"莫言秋色山容淡,山到深秋红更红"。

我拥有一个好心态,草原让我变得更有活力了,似乎忘记年龄与死亡,玩滑草,刷"抖音",玩"快影",忙得不亦乐乎。人老了也爱美,装饰自己,美颜拍照,让自己显得朝气蓬勃,不减当年的雄风,依然自信在夕阳掩不住的绚丽下有一个永不没落的夕阳。周财兴年轻力壮,赛球高手,这我不夸张,他比我年龄小20多岁,草原上拉手臂赛力,他败在了我手下,我的胸肌宛如青春少女般令人怦然心动,上帝恩赐了我健壮的身板,男性的好强性格。

平生第一次散步大草原,我就被这淳朴的民情风俗,原生态的自然风光深深打动了。我不相信世界上还有别的什么,能给我以更深刻的美的启示。我又一次陷入了对美的冥想之中,寻找世间万物的可爱之处,思考各个民族的天

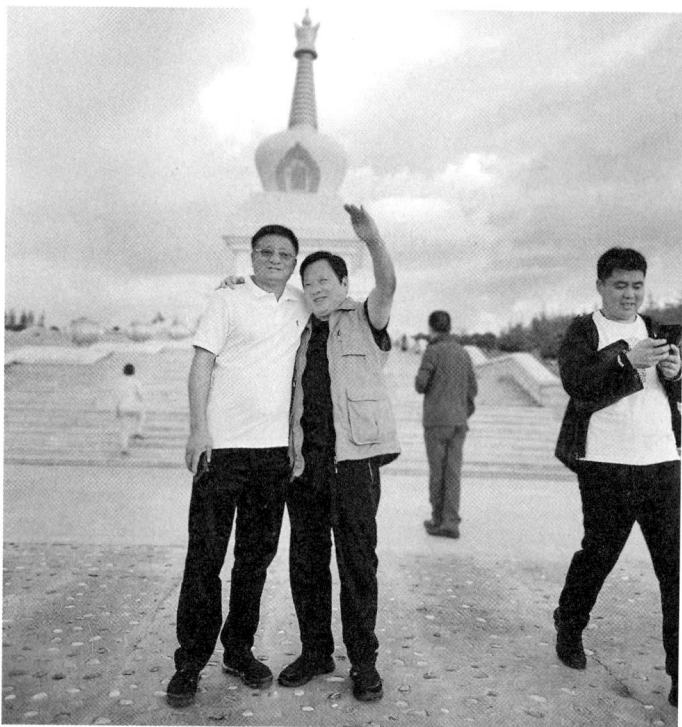

性是怎样以不同的美的方式自然流露出来的。这一直是我引以为乐的事情，也就是说，我关注的不是那些旅游者趋之若鹜的名胜，因为在那些游览胜地很少能看到呼伦贝尔大草原的普通牧民。

草原之旅如梦一般，让人惊喜不断，真是不虚此行，只不过当我醒时，很难想象在茫茫草原的东北部还有这样一座充满异城风情的美丽城市——满洲里。

她的美超出我的想象，她厚重的历史同样超出我的想象。

满洲里市是一座拥有百年历史的口岸城市，融合了中俄蒙三国风情，被誉为"东亚之窗"。满洲里，一座典型的口岸城市，繁忙的铁路网、公路网连接着欧亚大陆，哥特式的尖顶建筑，被粉刷得五颜六色。城市的雕塑，街道熙熙攘攘的俄国商人，俄国文字牌匾，这些都深深烙上俄罗斯民族文化印记，让人仿佛置身于异国他乡。

满洲里的夜城更是美不可言，整个城市金碧辉煌，有国内排名第二的亮光工程。有人说上海外滩的夜景没有满洲里夜景美，上海外滩夜景景观是一条直线，而满洲里是整个城市。满洲里整个城市的色彩十分统一，勾勒出建筑的线条和轮廓，加上建筑风格的多样性，让异域风情一览无余。高耸的塔尖、浑圆的穹顶，粗壮的罗马柱子，联排的木刻楞，汉、蒙、俄三种文字的广告牌，这些都在述说着这是一座边城。夜渐渐深了，喧嚣的城市慢慢宁静下来，各色各样闪耀的灯陆陆续续地灭了不少，只有一行行的路灯、高楼顶上一盏盏的小灯泡星星似的闪着。

我踏上金子般街石，明亮的高楼包围着行人，这里没有黑夜、无眠的亮光，城市廓清，晶莹得人与神浑然一

体,你是否会同我一样发出啧啧的赞美呢,慢慢去体会才能听到这城市浪漫的声音吧!

街道两侧弥漫着奶茶的香气,俄罗斯的恋人们亲吻着,拥抱在微风八月的满洲里夺目的亮光下。满洲里拥有独特的饮食文化,满洲里的饮食文化是内蒙古饮食文化的一个典型代表。奶茶、马奶酒、奶皮子等蒙古族风情的特色美食你一定不要错过。这街上的奶茶好上口,浓香至味,大家喝了还想喝。

我听他们说,当地的奶茶是用鲜牛奶跟茶叶煮的融合水制作的。制作奶茶,要先从茶砖上用刀把茶叶捣碎裂,放入热水锅中煮沸,然后用布袋将茶叶捞出,茶水置于桶内。将小米在锅内炒至散发出香味。再将桶内茶水和鲜牛奶倒入锅里煮沸,并用勺反复扬晾,待茶乳交融后即可饮用。

很多人喝惯了会上瘾,使人联想起母乳的温暖和丰足。这种女性般的温暖与丰足,正是内蒙古的生命。

满洲里的夜晚,像个缠绵的恋人牵绊住你,让你不舍得离去。

张建勇董事长洒脱的生活方式,就是我们追求生活的指南。青春气贯长虹,风华常在,他的小弟孙华鑫村长和小妹甄丽美,那种自由如歌的快乐和富足的生活方式,给草原之约带来了重要成分,如爱、关怀、善良和温柔、体贴和怜惜。他们相陪在草原的日子里,幸福如花朵一样,纵情起舞,传播着人生最美的风景:

> 幸福是一次旅程故事,留在草原
>
> 尽情洒脱,仿佛你走进了姑娘的闺房
>
> 放手去爱吧,仿佛你挖掘自己的灵魂之矿
>
> 纵情起舞,就像世界上只有你我
>
> 爱,没有围墙的城
>
> 尽管大草原覆盖了大地
>
> 却让爱的记忆更加清晰

孙村长虽与我草原相识,就像我与草原珍视的感觉,对谈论爱。我们的老师张董和孙董会毫不含糊地说,有了爱,可似帮助你战胜生命中的种种虚妄,以最长的触角伸向世界,伸向你自己不曾发现的内部,开启所有平时麻木的感

官,超越常年累月的倦怠,剥掉一层层世俗的老茧,把自己最柔软的部分暴露在外,如果人不能表达自己欲望和激情,活有何意。记住,别辜负每一个当下,明天不会比今天更年轻了。

第二天,我们离开了有呼伦贝尔"小巴黎"之称的满洲里,重回到海拉尔城市,晚饭在俄罗斯餐厅欢聚一堂,品尝了俄罗斯特色的佳肴和酒菜,那餐厅生意兴旺得忙不过来,很多客人都在等候座位。听书舟说,我们是前天预订的,否则,也得后面排着,这店的酒菜名不虚传,既有中国的中式菜的色味,也似有巴西烧烤的肉香,我毫不保留胃的容量,爱吃的,大口大口吃,像冬天饿荒的马,见了草原,嘴就停不下了,饭后,书舟很热心,带我去朋友的店铺里,选购了一些牛肉干和当地特产。

第二天,我们从海拉尔出发,游程目的地——阿荣旗,听书舟说,他的哥们上山打了野鸡野鸟之类的猎物,早就恭候我们去做客了。也许是野味的东西引人入胜,而非口尝,令我食欲膨胀,舌头痒痒的。

阿荣旗地处呼伦贝尔市东南部,背倚大兴安岭,面眺松嫩平原,东以扎格敦山为界,与莫力达瓦达斡尔族自治旗为邻,西与扎兰屯市隔音河相望,南以金界壕为界与黑龙江省甘南县毗邻,北部以华拉河为界和鄂伦春旗相连,西北与牙克石市接壤,是呼伦贝尔连接东北三省的南大门。

我们坐车两个多小时,赶到阿荣旗接近午后一时了,书舟的哥们在酒店门前迎接,并安排了宴席,书舟的闺女也在这里度假,小女孩才十岁出头,长得像她爸爸,浓眉大眼,嗓音如风铃,轻而伶俐,她不畏陌生,桌台上以茶代酒,敬了爷爷和叔叔、阿姨,小孩懂事又乖巧,大家赞不绝口,书舟在这里如自己的家一样熟悉,哥们感情,如血浓于水的同胞兄弟,亲热、实在、厚道,毫无半点虚情假意的伪装。我很喜欢书舟的性格和品行,是一个不可多得的朋友。

午饭后,书舟的朋友把我们安排在附近民宿休息,明早,草原之约告一段落,我们将各回故地。

二、意犹未尽

阿荣旗景点不少,抗联英雄园,内蒙古索尔奇湿地公园,美人湖,乌兰泡,东光朝鲜族民俗村,举不胜举,阿荣旗景色秀美,层峦碧透,百花拥怀。书舟和他的哥们去准备今晚的欢送宴席去了。

我和张董同住一幢小别墅,财兴一家和孙董另住前二排,民宿的四周种满了玉米和农作物,园子里有坐的木凳,各种花草,真是花团锦簇,有风,花在动,无风,花也潮水一般动,在阳光照射下,每一个花瓣都有它自己的阴影,婷婷、海海与花草合了影,真是美女与鲜花相陪,人美花更艳,孙董中午酒多喝了点,已在床上发出了呼呼声音,司机小冯在园后摘了玉米蒸了一大锅,我在凹凸的墙脚下,蹲着身子,和石台齐平,定神细看,两只虫子在草间争斗,看着兴味正浓,忽然有庞然大物,拔草倒花地扑过来——原来是一只癞蛤蟆,舌头一吐,两只虫子都被吞了。

初秋的蚊虫像一架架小飞机,从玉来田里飞了出来,咬得婷婷和海海手臂都肿了,不知怎么,我光着背,蚊子不咬,也许人老血也没味了。想到秋天的意味,这时才想起,向来诗文里秋的含义,并不是这样的,使人联想的是肃杀,是凄凉,是凋零。我所谓初秋的意味,那时喧气初消,月正圆,蟹正肥,桂花皎洁,也未陷入凛冽萧瑟气态,这是最值得赏味的。

秋代表成熟,60出头的男人正处初秋阶段,庄子的境界,正得秋而万宝成,或如文人笔下的格调,最美不过夕阳红,而世人只会吟咏春天与恋爱,真无道理。

须知秋天的景色更华丽,更恢宏,而秋天的快乐有万倍的雄壮、惊奇、瑰丽,可是有些人偏偏视若无睹。我真可怜有些女人见识偏狭,使她们错过秋的宏大赠赐,只有从爱情的失败中悟醒,才知道成熟如初秋的男人靠谱、大器、有正能量。

或许有人听了我的演说,会觉得是个"不正经"的人。我承认自己不是一个循规蹈矩的人,如果这样也算"不正经",那就让我"不正经"一回吧。我始终都自认是个理性的人,说一个人是正经人,意味着你要遵守社会规范,尊重传统习惯,符合世俗道德,他甚至没有个性,没有爱恨,不敢恣意地放飞自我。

我承认自己不是这样的人,而是个理性的人,希望自己的生活是有目的,不管故事多悲伤,都应该有笑声。笑声,是我们能够给予自己的最大奖赏,而且笑得要有力量。我的人生观是要追寻某种意义的,我讨厌废话,讨厌枯燥、无趣,讨厌缺乏意义的闲谈,否则,我宁可闭嘴。

"苏总,吃晚饭了!"孙书舟园外的喊声,打断了我的沉思。

书舟像一个出色的领航员,把我们从民宿带到了一家演艺场所,内无包房,200多平方米的菜厅,摆了三个大圆桌,前堂的中间,设有舞台和用来表演走秀的T台,T台上铺上了红色地毯,虽不豪华,却有浓浓的朝鲜族风味。张董很客气,每次台桌上让我坐在主位,无奈之下只能倚老卖老,恭敬不如从命了。

三桌的人都坐满了,其中有书舟的哥们和家人,气氛像过节一样,桌上几乎都是山珍野味。我们一边欣赏文艺歌舞演出,一边喝酒、一边品尝野味,很有点剽悍豪霸之气。通常来说,人到夏天,便没有什么胃口,饭食清淡简单。初秋风一起,真是胃口大开,想吃点好的,增加一点营养,补偿补偿夏天的亏损。北方人谓之"贴秋膘",而今晚一顿野味,草原之约谓之"贴情人",真是雪中送炭,一场及时雨。

文艺演出很精彩,朝鲜敲鼓舞、二人转、杂技、歌手演唱,书舟上台为大家献了歌,唱腔、音调、表情,真情投入,均不输于专业歌手。宴会结束后,广场上空烟花冲天,像满天的彩画,闪烁光芒。朋友们握手高举,心潮澎湃,热烈感谢欢送迷人的景色! 那一刻,让我真正体会到,友谊的可爱。

回到民宿,我乃无法抑制感情的波澜,几天的草原畅游,眼前如幕幕电影都是草青水绿,蓝天白云,牧民和蒙古包像是"中邪"了,如果有缘,处处都是羊群流云,马儿蹄舞,鹰击长空般自在,这是一种多么自在的人生情怀。明天早晨,张董、孙董、书舟开车回承德、唐山,我和财兴一家乘飞机告别我的梦中之都——呼伦贝尔。

也许大草原不舍得我回去,齐齐哈尔回沪的航班被取消了。原因是上海有台风暴雨。无奈之下,书舟出了主意,让我从齐齐哈尔赶高铁到哈尔滨,那里航班多,还可能有航班,他让哈尔滨的朋友金总在高铁站接我,并安排了晚餐。

我遵照书舟的"旨意",坐高铁去了哈尔滨。我曾去过哈尔滨几次,那已是七八年前的事了。金总在车站接了我,这时已下午三点多了。我订了晚上九点十五分返沪的机票,期待好运光临。金总分外热情。他说,晚饭的时间还早,带你去热闹的地方兜一转,我感到过意不去。他笑着说:"书舟是我的兄弟,他的朋友就是我的朋友。"金总很豪爽,陪我逛了步行街,还尝了哈尔滨出

268

名的雪糕马迭尔冰棍。我们像熟人一样,聊了很多,金总的公司主营金属制品加工,工艺技术要求很高,主要承接飞机制造厂的配件加工。俗话说,端着技术铁饭碗,走遍天下有饭吃。他女儿在美国,男朋友也是上海人。我们越说越近,真想不到的是,金总给女儿在上海买的连排别墅挨着我家的美兰湖,近在咫尺,相见恨晚,我们都笑了,笑得那么开心。

五点多了,金总陪我吃了西餐。饭后,他开车送我到机场,临别送了哈尔滨的特产。金总的盛情,驱散了我一路奔波的疲倦,给了我愉快的心情和真挚的感动。

我提前两小时到了机场,换了登机牌,过了安检。约到登机时分,广播传来航班延误的消息,并不确定飞行时间,我孤单地坐在铁椅上,回家的心很迫切。虽说家人在国外,回家也孤守空房,但你们可不知道,我的宝贝柯柯还寄养在宠物店里,它能赶走我的寂寞和烦扰!

从夜梦中惊起,突然睁开双眼,惊奇于梦中的白色已汇集到你床边,瞬间你发现自己多么无助和恐怖,而我的枕边,柯柯睁着明亮的眼睛,那热乎乎的舌尖轻轻地舔着我的手,像安慰我说,就是全世界的人都放弃你,至少还有我。这话虽过头,略显夸张,但我和它的感情是无可非议的,相互依赖和牵挂。我打开手机相册,柯柯那可爱又调皮的样子又出现在我眼前浮现,我真的好想它!柯柯,爷爷快回家了,你好吗?

柯柯,睡了?

外出六天

像你想我一样想你

听说你天天上楼等在我的房外

那种丢魂落魄的样子

禁不住我心酸阵阵

在我孤独的时候

你不弃不舍伴着

彼此养成了依赖的习惯

你那可爱可亲的模样

常逗得我在梦中笑醒

这几天下着雨

别在雨里等我

知道你忠诚于我

我非草木……

东方既白,天快亮了。我足足在候机厅等了九小时,凌晨三点半才检票登机,飞机在浦东机场落地,天已经彻亮了。此次草原之约,虽然辛苦,我还是要感谢上苍的安排,让我铭记住草原之约的感动和精彩的瞬间,记住朋友的友谊和祝福。花甲之年,难得欢乐;古稀至珍,更该庆贺! 感谢张董的草原旅程,给了我快乐和难忘的美好! 朋友不是先来的人或者认识最久的人,而是那个来了以后再也没有走的人,好友的盛情,我定当铭记在心。

三、古稀感怀

现代社会,物质富裕,医疗发达,老年人也比旧社会的人更健康,更长寿。据报道,上海市男性人均预期寿命已经高达82岁。说实话,每个人都希望自己能超过这个平均寿命,原因很简单:要么你去驾驭生命,要么生命驾驭你,在人生的赛场上,只有那些坚持到最后的人,才是最后的赢家,有句话是这样说的,"笑到最后,才能笑得最好"。每次从新闻上看到百岁寿星的报道,真是让人羡慕不已。毕竟谁不希望自己生龙活虎,活力四射呢?

年轻时,我们坚信敢拼敢闯,就能把握未来;其实,人的身体往往都是在年轻时搞坏的,"莫等闲,白了少年头",世间最值得珍惜的,就是自己的青春。人到老年疾病缠身,后悔也晚了,如果花钱能买到健康和快乐也值得,我们应该明白,健康才是最珍贵的财富。

俗话也说,人有旦夕祸福,月有阴晴圆缺。人的寿命这件事情不是按照这个数字做计划的,老天爷会不会成全一个人,他自己说了不算。每个人都希望自己安享晚年,健康长寿,可是也不要忘记一句流行语:理想很丰满,现实很骨感。

这几年,发生在我身边的活生生的现实,不断提醒我死亡的残酷无情,它就像晴天霹雳一样，你不知道它什么时候会来，也不知道它会带走什么。一切都是命运的安排，我们唯一能做的，就是坦然地接受它。身边的亲朋好友，才50多岁，他被医生查出绝症晚期，在医院里只躺了三四个月，就离开了这个世界。这个事情对我们的打击都很大，以前总觉得死亡离自己很遥远，趁现在活着可以做很多事情。当老朋友的死讯传来时，我真的不敢相信，仿佛死神就在眼前。

无独有偶，我妻的妹夫也突然走了，这让活着的人有一种感触，生命是多么脆弱和无奈，若是诊断出癌症，人的精神就彻底崩溃，死者一半是吓死的。我家和妹夫家面对面，几步距离，我们空闲一起玩牌喝茶聊天，几乎形影不离，他才60，简直像小伙子，生龙活虎，中气十足，沪剧唱得赛过专业表演，从体检诊断绝症，从160多斤体重，几个月就被病魔折磨得只存下一具躯壳，人不经疾病折磨，病来如山倒。他走了，让人难以置信，他的声音和影子，还有那死亡前的挣扎和煎熬，一幕幕在眼前晃着。

说实话，对我来说，死亡本身并不可怕。我也目睹过双亲的离去，承受过失去亲人长辈的痛楚。正因为目睹过死亡，才会有如此的达观心态。人固有一死，不管是帝王将相，还是平头百姓。真正让人觉得难以接受的恐惧，来自死亡之前的心理煎熬，同病魔作斗争的苦苦挣扎。每一个在死亡线上挣扎的人，身体已经不属于他自己，人为刀俎，我为鱼肉，像是有千万只蚂蚁在撕咬，又像是被千万枚刀片在绞割，让人求生不能，求死不得。很多病者受不了这种痛苦而自尽。

如果我终究有一天要离开这个世界，我的最大心愿，就是祈求老天爷，让我走得痛快一点，让我在睡梦之中离开。人生在世，快快乐乐地活着，舒舒服服地死去。我奶奶就享有这个前世修来的福分，20分钟前还说说笑笑，待我上水桥淘米回来，她已安静地走了。

我已然接受了老去的事实，在心态上也调整得很好。与年轻的时候相比，我放下很大心理上的负担。现在的我，不想跟别人比财富，只想跟别人比心态。对财富的追求是永无止境的，但是如果不注意身心健康，再多的财富都没有身体去享受。垂暮之年，该吃的时候吃，该睡的时候睡，该说笑的时候说笑，该走路的时候就去散散步。

练习书法也是我的一大业余爱好，写毛笔字，不仅能够涵养性情，陶冶情操,更重要的是让一个人在内心深处不再浮躁,排除一切心思杂念,将心沉浸到笔墨纸砚之间。不少朋友见了我的字,有的夸写得不错,有的夸进步很快。其实我并不在意别人的评价,只在意自己心里笔走龙蛇的畅快。我这个年纪,从来没有想过要成名成家,我练习毛笔字,就像一个三岁孩童玩玩具,兴致来了就挥毫几把,兴致走了就搁笔作罢。写字对我来说,只是享受,不是负担。活到这个年纪,乐能养寿,动能养身,静能养心,有望得到要用心珍惜,无望得到不必介意,想开了自然微笑,看破了肯定放下。

命是爸妈给的,路是自己走的,命里该有的都已经有了,别人也抢不走,命里不该有的,也不必去强求,相信一切都是最好的安排。任何命运的安排,都可能带来好的结果。生活中总会遇到不尽如人意的事,如果消极面对,也许结果会更不如意,但是如果能够以积极的心态,在不如意的时候努力地去选择一条光明的路,人生也会有另一个结果。"苦难会毁灭一个人,也会成就一个人。"世事无常,但一切又都是最好的安排,就看面对世事的我们,如何选择。

宋代文学家文天祥。他在弥留之际,为后世留下了无比宝贵的诗词篇章:"人生自古谁无死,留取丹心照汗青。"每当读到这两句诗词,我的心里都难以掩饰一阵阵激动。

我年轻的时候当过兵,扛过枪,对运筹帷幄、决胜千里的将军元帅一直都非常崇拜。他们身上有很多的美德,很多的优点,值得我们学习。新中国有一位元帅叶剑英,年轻时驰骋疆场,戎马倥偬,老年时收获了很高的评价:"诸葛一生唯谨慎,吕端大事不糊涂。"他活得清醒,死得也不糊涂,特别是在事关身家性命、民族前途的大是大非问题上。将军也会老,何况是我们小兵。将军活得明白,死得坦荡。在这方面,他们也是我们学习的榜样。

每个活得明白的人,在活着的时候就冷静地考虑清楚,自己为什么而活,活着最大的梦想和追求是什么,如何去实现它。每一个死得坦荡的人,就应该在年老之时提醒自己,余生为时不多,应该怎样安顿自己的晚年,还有哪些心愿没有实现,还有哪些事情需要办理;他还应该考虑自己的身后之事,趁自己的身体还算可以,腿脚还能走路,嘴巴还能说话的时候,各方面的事情早做安排,考虑周全。这样才能不留遗憾,莫要等到自己身体不能动弹,嘴巴不听使唤,意识模糊不清之时,一切都悔之晚矣。

我这一生,大半时间都在商界的摸爬滚打中度过。人们都说,生意人对数字很敏感,因为他们都很精明。其实我觉得生意人最大的优点,就是时刻保持清醒的头脑,对做过的事情、取得的成绩,或者将来要做的事情,列出一个清单,时刻提醒自己做到哪一步了,还有哪些没有落实下来,这些在自己心里都必须清清楚楚。按照这个思路,我对自己将来的计划有一个大致的想法。当然这些想法主要不是事业上的,而是家庭和生活上的。我知道,一个人,这辈子最大的事业,不是开了几家公司,也不是有多少的银行存款数字,而是能否把自己的生前身后的事情料理得井井有条,原因很简单,一个男人不管年轻时如何在外面奔波忙碌,年纪大了,还是要回归家庭,和自己的亲人、晚辈生活在一起才是真正的天伦之乐。年轻时打拼的一切,目的也是为自己的晚年和自己的子孙留下一笔能够维持幸福生活的财富。

我已近 70 岁了,还能活多少年只有上帝才知道。据以色列学者发现,人在 60—69 岁这个年龄段是危险期,这段时期各种器官衰老较快,是各种老年病的多发时段,常出现高血脂、动脉硬化、高血压、糖尿病等。我是一个典型的"三高"患者,但心态很好,我常笑着对朋友们说,早晨醒来眼睛睁着,知道自己还活着。过于对死亡恐怖,心态能好吗? 我始终保持内心淡定与从容,在孩子们面前,老有老的风骨和优雅,保持住自己的活力,拿出精力来过好晚年的日子。

我儿子很孝顺,几乎每天都会和我视频聊天,叮咛我要爱惜身体,血糖高要管住嘴巴、多运动。每次听到儿子的话,就像打了一针鸡血,浑身热血沸腾,觉得自己年轻了许多。对老人来说亲情的力量是无穷的,是无可比拟的礼物。

以我现有的体质和智力,两腿还能够跑步,手还没有颤抖,脑子还好使,挣钱持家,还能不动家底,有能力解决现有的全家生活开支。仔细想想,我真的不简单,也常为自己点赞。

爱默生说,一个朝着自己目标永远前进的人,整个世界都给他让路。这话虽然简单但却经典,一个人有什么样精神状态就会产生什么样的生活现实,这是毋庸置疑的。

我们合伙在缅甸佤邦南邓开矿,这活很辛苦,去一次缅甸坐飞机还得中途转机,赶山路过关得四个小时,整整一天的时间折腾在赶路,我要让儿孙们知道,至少我还在努力,没有停下脚步。

我觉得做生意挣钱,这是一种经营方式,我们经营好自己的身体,那是真正的盈利,锻炼自己体质,多活一天,就是挣了,因为任何拥有的东西,身体是资本,所以说花钱旅行,有个健康的心情,也是一种投资,一种回报。

很多老人临终前留下遗嘱,死后还要左右小辈,实际多余的,你管他们也过,不管他们依旧过,离开你这根萝卜也能开席,说穿了,人走了你还知道什么呢?或许人刚走的时候,还会有人惦记,反之就是惦记你,怀念你,时待何年。我们这代人,在儿子这辈里可能知道有你这样一个父亲,曾经来这世界。论到孙子那一辈,他们打游戏都来不及,哪有时间想你,做梦吧!我为这社会担忧,现有的教育,传统美德一代不如一代。怨谁呢?只有留给社会来回答这个问题。

我生前不论有多少资产,如果我走在妻子前头,于情于法她享有30%的资产权,这是无可非议的,余存的70%均由儿子权衡。我妻子操劳了一辈子,没享过清福,一路上风雨无阻地陪伴着我,岁月的行囊里装满酸甜苦辣,她是个好妻子、好母亲、好奶奶。

活着是多么美好,谁都不愿离开这个世界,离开自己亲近的人,但又有谁能让时间的针脚停住脚步,谁能让我把失去的青春找回来呢!望眼欲穿只给你冰冷的秋冬。生命的年轮不停地旋转,似水流年的岁月把我带进了垂暮之年,那些辉煌随风而去,成为过眼云烟。

好好安慰自己吧,安静地在时光的隧道里漫游,思绪的闸门在夕阳的光辉里打开,感悟你年轻时不曾领悟的心中的烛火,这样你会感到轻松许多,也感到一片坦然。

历史上,著名爱国将领岳飞有一句名言:"莫等闲,白了少年头,空悲切。"我愿意将这句话送给儿孙们。爷爷所努力取得的一切成绩,都将成为过去,未来还是要靠你们的双手来打造。躺在长辈的功劳簿上,肯定不是长久之计。"扶不起的阿斗"这个历史典故,不管在什么年代都是反面教训。我们苏家留给后辈的,除了充裕的物质生活,更重要的是艰苦奋斗的精神传统。你们的爷爷、太爷爷,也就是我的父亲,当年所过的生活就是艰苦朴素的,他当年骑着多年辛苦积攒起来的钱买来的"二八大杠"自行车走街串巷,就是为了给全家人换口饭吃。

我自己年轻的时候吃过的苦,也可以讲三天三夜了,足足写了一本厚厚的

书《浮沉岁月》。两个孙儿，我希望你们长大后，看到爷爷当年的事迹，能够受到教育和感染，激励自己就像爷爷那样，在事业上拼搏敢闯，在生活中奋发向上，对家庭勇于承担责任，对家人充满感恩之情。

我大半辈子都在为事业而奔波，为家庭而忙碌，活得很累很辛苦。到老了才突然明白人生苦短，世事无常的深刻道理。老天留给自己的时间不多了，好好珍惜余光，高高兴兴快快乐乐活一把。

人老了，不可能回到年轻的身板那样富有活力。老伴的大姐已70多岁了，她说，趁我腿还能跑，一定要去呼伦贝尔大草原，看看羊群马儿，那儿的柳青草绿，肥田黑土，这是她的心愿。我老伴的姐妹都已 60 开外了，我带着她们建组了一个"草原溜达团"，让大家在充满生命力的大草原忘记自己的年龄，精神长存，在草原上她们和年轻人一样骑马，滑草，蹦迪，睡在蒙古包，大碗喝酒，大口吃肉，好像回到年轻的时候。

在大上海过着安逸富贵的生活，在大草原的蒙古包里围着热气腾腾的羊奶、牛奶、羊肉串，大快朵颐。看她们那狼吞虎咽的样子，顾不上平时的矜持，三桶羊奶喝得精光，羊肉串吃得只剩下满地竹签，留在蒙古包里的只有一种声音，"好吃"，"好吃"，她们嘴唇里上都涂上了一层厚厚的油，像口红一样性感。

人老了，别总把自己封闭在老年人的小圈子里傻等尽头，心态决定健康，决定生命的抗衰作用，我患有糖尿病，在大草原跳跳蹦蹦，吃的土菜野草，血糖明显下降，空腹状态下从原来数字 10 降到数字 8。

老人更需要健康,常旅行出门散心,与大自然交流,排除污染的杂念。钱对我们来说只是游戏的筹码,健康是人在这个世界里拥有的资本。我们老年人怎样把资本运作得完美,就得拜金庸笔下的周伯通为师,活在快乐的每一天,吹起向前的进军号角,不停留脚步,让世界记住我们曾经来过这里有过刻骨铭心的故事,让子孙们记住我们曾经为他们奋斗过,为我们骄傲和赞美。

丹红为我们制作了"陪着你一生变老"的相册,是我和老伴在大草原许下的承诺。生命有一天,不辜负,不放弃,且行且珍惜,我们每天都是新的开始,我们承诺一定会一直在炽热的恋爱之中慢慢变老。"最美不过夕阳红,美丽又从容。夕阳是陈年的酒,夕阳是晚开的花,夕阳是迟来的爱……"这首《夕阳红》唱出了我们此时此刻的共同心声。

心态决定健康与否,大草原视野无比开阔,在这个环境下心胸也会豁然开朗许多,没有放不下的心事。我们从海拉尔告别美丽的呼伦贝尔,一路追恋那一幕幕景色风光,那香甜奶茶,那牧民骑在马背上抽打的马鞭啪啪作响,那一张张被永久记录在相机里的笑脸,那令人魂牵梦绕的蓝天白云,那更是让人刻骨铭心的相亲相爱的陪伴。心中明亮的烛光,就像草原上夜幕中那璀璨的繁星。再见吧,呼伦贝尔,我们还会重逢的。

四、希 望 种 子

我的 70 岁生日将至,对我来说是一个意义非凡的日子。总想给自己留下一点什么,借助文字和影像资料记录下来,证明自己没有白来这世上走一遭,也向自己的儿孙证明,你们的父亲和爷爷生命里的每一天,都在承担着家庭的责任,心里都想着你们。我的心里有牵挂,牵挂着家人和儿孙的幸福安康,这份牵挂让我心底踏实,让我从来不曾迷失方向。我并不希望儿孙们将来多么大富大贵,只希望他们能够平平安安。儿孙自有儿孙福。孙子们都很帅气,也都很优秀,他们将来一定能够依靠自己的聪明才智,加上有父亲和爷爷助他们一臂之力,也一定能够从事一份理想的工作,过上他们自己想要的生活。

下面谈谈我的未来计划和当下感想。首先要说的,是对子孙的期望。

宋代诗人陆游写过一首《示儿》,表达拳拳爱国之情和对儿子的殷切期盼。有感于此,我也写了一首《示儿》,表达了自己对孙子的期待和愿望:

喜看苏府楼满光,尽享庭前春满园;
呕心沥血铸家业,励精图治谋未来。
可怜天下父母心,望子成龙业腾飞;
身先士卒载厚德,擎起苏府一片天。
光阴易老奈何去,为父龄近斜阳暮;
不图儿孙何回报,只愿后辈永康安。
为父一生留自传,灌溉岁月汗滔天;
儿孙自有儿孙福,家业兴盛慰乃翁。
人生自古谁无死,岂能陪儿永无止;
家基再厚坐吃空,天道酬勤展宏图!

我把这首《示儿》请了书法家的墨宝。他写好后,我装裱起来,挂在我的办公室墙上,时刻勉励自己,激励儿孙。

这是我内心世界的告别,也是我一生的梦。

能够找到让自己为之奋斗一生的事业,我是幸福的;在这份事业上摸爬滚打多年终于小有成就,我是幸运的。我想,对于大部分人来说,更容易接受的生活或许是这样的:一份稳定但不至于太累的工作,一份不高但基本上够花的薪水,一场简单但还算是体面的婚礼,一个平凡但大体上和谐的家庭。但是,我从年轻时起就浑身是使不完的劲,我不愿意接受平庸的生活,我发誓一定要让老婆孩子过得比别人家好。我所做的,只是作为一个男人应该对自己的家人和孩子承担的义务。多年以来,只要我看到家人的幸福快乐,不管我再苦再累,都没有怀疑过自己的辛苦的价值。

我就有一个儿子,是我唯一的法定继承人,他是我生命的全部。他已40多岁了,我的两个孙子,大孙子已上大学,小孙子也快要考大学了。他们都移民在加拿大,2019 年 5 月,儿子和儿媳协议离婚了,两个孙子都跟父亲生活,对于他们离婚,我们老人不做任何评价。我们一家都是通情达理之人,考虑到儿媳是两个孙子的母亲,这血缘关系是不可割舍的,尽管他们婚后无工作,无收入,无经济来源,但她毕竟为我们苏家生了两个孙子,我儿子很善良,商定补偿她 100 多平方米房产百分之五十的产权和使用权。我为人处事的原则,就是载德行善、和气生财,亲人一场,何必闹红脸,缘来缘尽,顺其自然。

儿子离婚后像解脱了枷锁,心情突然豁达开朗了,他很爱两个儿子,愿为孩子们有个健全的家庭,在已没有感情的婚姻下委曲求全,至女方直言不讳道破了真相,儿子便回国与女方协议离婚,他为两个孩子的不幸和婚姻的失败,如坐针毡,甚至觉得对不起父母,看到儿子眼神中流露的悲哀,像刀扎在我心上,儿子那么善良,那么憨厚老实,却被人当傻子一般鄙视,只有我做父亲的知道,儿子的品质和睿智在我之上。

俗话说,有什么样老子就有什么样小子,我傻吗,很多人说,说你傻的人才是傻蛋,也许是夸张了点,但我其实不傻,儿子不善于表达,却有很多真诚的朋友。

儿子后续婚姻,让他自己选择和决定,我们只希望他幸福快活,如果儿子的婚姻是一种痛苦的煎熬,那么我们辛辛苦苦挣来的钱就没有任何意义,只要我还活着,不容许任何人对他有半点伤害,我没有多么高尚的思想境界,一生的付出、就为了家,为了儿孙们过得安康幸福。

我不是家财万贯,更不是富甲天下,对于财富从来都是心存敬畏,不敢妄言的。我希望自己在人生的每一步都能做出正确的选择,尽量少犯决策上的失误。我比较庆幸自己在花甲之年的紧要关头,将自己一手经营起来的广西恒荣钢厂和与之相配套的货运码头转让给了国企,得到了相对合理的投资回报,对家庭能有一个生活保障的交代。这是我做丈夫、做父亲,也是做爷爷的责任和义务。"春蚕到死丝方尽,蜡炬成灰泪始干",为了我的家庭,我的至爱,我始终都会不忘初心,勉力而为,鞠躬尽瘁,死而后已。

每个人的心中都孕育了一颗希望的种子,希望是甜蜜的,在你心头充满春意;一颗希望的种子躺在细密而柔软的暗色泥土上,它像母亲怀抱中的婴儿,充满了生命的活力,就这样安宁而静谧,微微敞开它赤色的花蕊。

我不由得对这小小的种子怀满了敬畏,小心地将它放到原来的土地上,不知这小小的心将来会开出怎样的花朵呢?我的两个孙子和小孙女,你们都是爷爷的希望和全部的财富。在《笑傲人生》这本书面世的时候,爷爷已经70岁了,黄土已盖了大半身子。爷爷的夙愿是,你们都能过得健康快乐,茁壮成长,给苏府锦上添花。

爷爷留下的时间已不多了,就想和你们说心里话。

宝贝们,上辈留下的只是让你们起航腾飞的基础跑道,绕过了爷爷当年无本创业的艰辛。但是,当下的社会竞争很激烈,也很残酷,上辈留下一份家业,也不能坐吃山空,你们要努力,要奋斗。在你们成长的道路上,钱只是燃烧的油而已,把控方向的永远是你们自己,是你们的睿智,是你们的才能,是你们的精神。孙儿辈在国外深造多年了,融入了当地的生活,成了名副其实的"世界公民"。爷爷半句洋话说不来,拥有今天的家业都是爷爷奶奶指头缝里一点一滴地节省出来的,把钱看作自己的心血,看作给你留下发动机器的油料。

至于你们将来打算入籍加拿大,还是留在中国,选择权在你们自己手上,将来的世界属于你们,谁都无法驾驶你们的命运。你们从小受人宠爱,被当作是手心里的宝,生活都有依赖性,自理能力处在长不大的孩子一样,这里爷爷奶奶也要作自我检讨,剥夺了你们锻炼和学习的权利,我们的责任不可推卸,孩子们要珍惜少年学习好时光,青春作伴好读书,年少不努力,老大徒伤悲。

时光荏苒,岁月如梭。爷爷奶奶和父母都不会永远在你们身边。将来,你们也会组成自己的小家庭,也会有做父母的那一天。做爷爷的我,真心希望你们莫在网络游戏上浪费宝贵的时间,更要懂得感恩,要有做人的担当。我没想过求得你们报恩,只想看到你们幸福快乐地生活,不负人生使命,延续老一辈优良传统,不忘初心,砥砺前行,有所作为,有所发展。

一个人也好,一个家庭也罢,若要拥有美好的前程,仅靠前辈留下的家底远远不够,你们不能生活在老一辈的缩影里,必须靠自己打造新的天地。你们从没吃过苦,没有压力,花的钱不知它所蕴含的血汗和艰辛的故事。

现在的孩子都是温室里的花朵,难以理解前辈们当初创业的心酸,也无法体会一茶一饭来之不易。每一代人有每一代人的活法,养成你们现在的生活习惯,现在的社会风气和大环境也是一个原因。我们做长辈的,愿意承担属于自己的那份责任。说白了,你们今后的路很长,很遥远,我至多还能再陪你们10年、15年,走了别让我为你们担心,更不要让我带着遗憾走。你们的父亲是我唯一的儿子,他身心脆弱,却很善良,很正直,也很爱你们。他不善于口头表达,他对你们的父爱是发自内心的,表现在行动上,在生活的一点一滴之中,把对你们的爱深深地埋藏于心中。你们每个人的生日他都铭记在心,会为你们送上一份生日礼物。他也曾经和我这个老父亲吐露过心声,不希望你们给长辈多么丰厚的回报,只希望你们能知恩感恩,珍惜来之不易的家庭幸福,继承敢闯敢拼的家族基因。古人讲,百善孝为先。将来他老了你们要多陪陪,要善待孝敬,他需要你们的尊重和亲情。敬老爱幼是我们中华民族的传统美德。不管你们未来的生活方式会有什么样的变化,始终要铭记在心。